跨境电子商务创新型人才培养系列教材

跨境电商供应链管理

左锋 赵亚杰／主编

沈子杰 闫高杰 刘涛／副主编

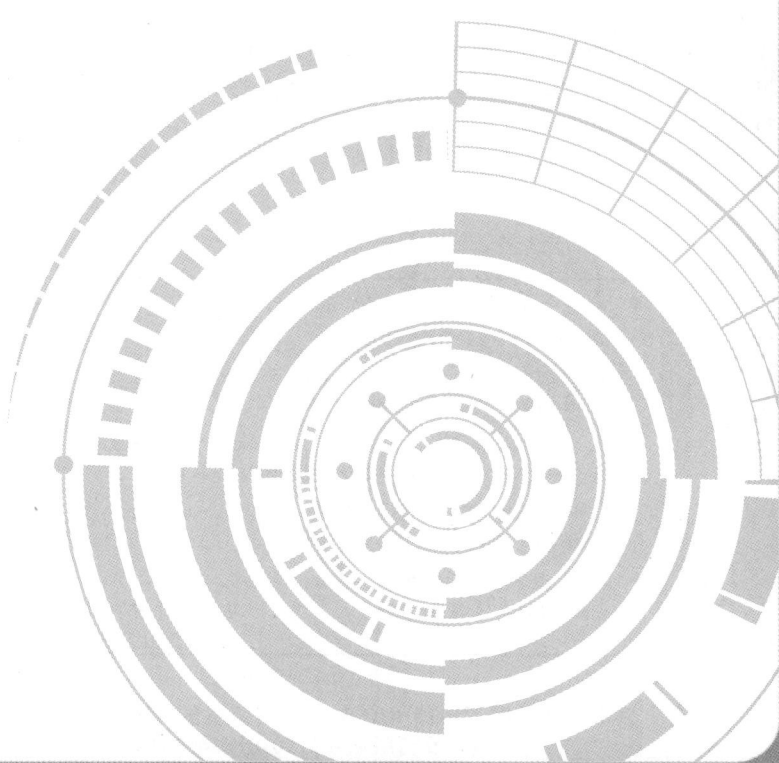

人民邮电出版社

北 京

图书在版编目（ＣＩＰ）数据

跨境电商供应链管理 / 左锋，赵亚杰主编. -- 北京：
人民邮电出版社，2023.11
跨境电子商务创新型人才培养系列教材
ISBN 978-7-115-62736-0

Ⅰ．①跨… Ⅱ．①左… ②赵… Ⅲ．①电子商务－供
应链管理－教材 Ⅳ．①F713.36②F252.1

中国国家版本馆CIP数据核字(2023)第182134号

内 容 提 要

本书采用活页式编写体例，聚焦跨境电商供应链管理专员岗位"采—仓—运—关"典型工作任务，设计了跨境电商供应链认知、跨境电商供应链采购、跨境电商供应链仓储、跨境电商供应链发货、跨境电商供应链通关五个项目供读者学习。

本书全面对接专标、证标、岗标，通过"学习目标—职业技能等级要求—案例导入—新知准备—测试与实训—巩固拓展"构建知识模块库和实训模块库，并嵌入素质提升案例，方便学习者进行模块化和结构化学习。

本书可以作为高等职业院校国际经济与贸易、跨境电子商务、国际商务、现代物流管理、电子商务、商务数据分析与应用、移动商务、商务英语等专业的教材，也可供对外贸易、跨境电商、国际物流等行业的从业人员学习使用。

◆ 主　　编　左　锋　赵亚杰
　　副 主 编　沈子杰　闫高杰　刘　涛
　　责任编辑　崔　伟
　　责任印制　王　郁　彭志环
◆ 人民邮电出版社出版发行　　北京市丰台区成寿寺路 11 号
　　邮编　100164　电子邮件　315@ptpress.com.cn
　　网址　https://www.ptpress.com.cn
　　天津画中画印刷有限公司印刷
◆ 开本：787×1092　1/16
　　印张：10.25　　　　　　　　　2023 年 11 月第 1 版
　　字数：292 千字　　　　　　　2025 年 7 月天津第 4 次印刷

定价：59.80 元

读者服务热线：(010)81055256　印装质量热线：(010)81055316
反盗版热线：(010)81055315

FOREWORD

////////////////////// 前　言 //////////////////////

党的二十大报告指出："稳步扩大规则、规制、管理、标准等制度型开放。推动货物贸易优化升级，创新服务贸易发展机制，发展数字贸易，加快建设贸易强国。"目前，我国跨境电商发展正从以中低端产品出口为主的规模型"跑量"模式，向品牌塑造和中高端产品进出口平衡的质量型发展模式转变。根据海关总署数据，2022年我国跨境电商进出口规模达2.11万亿元，较上年增长9.8%。其中，出口1.55万亿元，增长11.7%；进口0.56万亿元，增长4.9%。我国围绕跨境贸易商品采购、仓储、运输、通关等环节，打造了连接制造业企业、中间商、跨境物流企业、境内外消费者，集信息流、货物流、资金流于一体的跨境电商供应链，为跨境电商企业提高国际市场占有率和抢占国际高端市场提供了重要引擎支撑。

本书具有以下特色。

（1）以《关于深化现代职业教育体系建设改革的意见》《"十四五"职业教育规划教材建设实施方案》为指导，围绕党的二十大报告提出的"加快建设贸易强国"的要求，紧密对接国家制造业和跨境电商现代商务服务业融合发展对数字转型升级的需求，聚焦跨境电商供应链管理专员岗位"采—仓—运—关"典型工作任务和职业能力要求，基于工作过程系统化设计了跨境电商供应链认知、跨境电商供应链采购、跨境电商供应链仓储、跨境电商供应链发货、跨境电商供应链通关五个学习项目，形成了完整的岗位工作任务闭环。

（2）依据职业教育国家教学标准（国际经济与贸易、跨境电子商务）、跨境电商B2B（B2C）数据运营职业技能等级标准和跨境电商供应链管理专员岗位标准，力求做到对接专标、证标、岗标，融入跨境电商新技术、新规范、新标准。

（3）遵循跨境电商相关专业职业教育教学规律和人才成长规律，每个项目均按照"学习目标—职业技能等级要求—案例导入—新知准备—测试与实训—巩固拓展"构建内容体系。整合"新知准备"可形成教材知识模块库，整合"测试与实训"可形成教材实训模块库。本书将"素质提升"案例融入各个项目，同时提供"敲黑板"等巩固拓展内容，通过模块化、结构化的设计，满足不同专业、不同层次学习者的个性化学习需求。

（4）在国家职业教育智慧教育平台开设配套线上MOOC课程"跨境电商供应链管理"，提供丰富的数字教学资源，方便学习者开展线上线下自主学习和满足其探究提升的需求，真正做到以学习者发展为中心，以学习成果为导向，通过项目学习、案例学习、模块学习有效激发学习者的学习兴趣和创新潜能。

（5）坚持以落实立德树人为根本任务，创新"价值引领、职业理想"双线并进的素质教育体系。价值引领从家国情怀、国际视野、创新意识三个维度横向延展实现"宽视野"，职业理想从爱岗敬业、劳动精神、诚信精神三个维度纵向深化实现"踏实地"。

本书由广东科学技术职业学院牵头，联合天津海运职业学院、茂名职业技术学院专业教学团队，以及广东省高职教育示范性产业学院珠澳跨境电商产业学院、广东省产教融合型企业纳思达股份有限公司和珠海全朋友电子商务有限公司共同完成。本书具体编写分工如下：项目一由广东科学技术职业学院左锋完成，项目二由天津海运职业学院闫高杰和珠海全朋友电子商务有限公司丁立强完成，项目三由广东科学技术职业学院沈子杰、茂名职业技术学院刘涛、纳思达股份有限公司戴永强完成，项目四由广东科学技术职业学院赵亚杰、曾华声和纳思达股份有限公司戴永强完成，项目五由广东科学技术职业学院左锋、罗鹏和珠海全朋友电子商务有限公司丁立强完成。左锋负责编写大纲、内容总体设计及统稿、定稿。

在本书立项和编写过程中，广东科学技术职业学院商学院院长林海教授、北京智欣联创科技有限公司辛玉麟总经理、广东省跨境电子商务协会钟阳秘书长、珠海众子供应链有限公司张少韩总经理提供了宝贵意见和建议，在此一并表示感谢！

限于编者的水平，书中难免会有疏漏之处，恳请广大读者批评指正。

编者

2023 年 9 月

CONTENTS

////////////// 目 录 //////////////

项目一
跨境电商供应链认知

🎓 学习目标

知识目标	1. 掌握跨境电商供应链的概念、构成和驱动因素; 2. 掌握跨境电商供应链管理流程; 3. 了解跨境电商供应链企业的分类及功能; 4. 掌握跨境电商供应链网络构成及功能; 5. 掌握跨境电商供应链风险分类。
能力目标	1. 能够正确描述跨境电商供应链管理专员岗位工作任务; 2. 能够根据实际工作需要选择合适的跨境电商供应链网络; 3. 能够正确识别和防范跨境电商供应链风险。
素养目标	1. 培养国际化视野,将家国情怀厚植于跨境电商供应链管理专员岗位的工作实践中; 2. 培养劳动精神和正确的职业观; 3. 树立跨境电商供应链管理助力服务型制造的创新发展意识。

🎓 职业技能等级要求

📖 **跨境电商 B2C 数据运营**

能够根据店铺运营目标,制定跨境电商供应链管理方案。

📖 **跨境电商 B2B 数据运营**

能根据货物到达国家(地区)和物流公司情况,选择合适的物流公司。

🎓 案例导入

近年来,我国持续出台多项支持性政策,跨境电商行业得到快速发展。根据网经社电子商务研究中心的数据,2022 年我国跨境电商市场的整体规模已经达到 15.7 万亿元,过去 5 年间的年复合增长率接近 15%。传统外贸逐步向线上转移,渗透率呈现逐年上升趋势,跨境电商供应链服务需求不断增加。数据显示,2021 年我国跨境电商物流市场规模达 2.5 万亿元,其中跨境电商出口物流市场规模为 1.9 万亿元,占整体市场规模的 76%;跨境电商进口物流市场规模为 0.6 万亿元,占比 24%。跨境电商出口物流市场按交付模式划分,出口直邮模式约占跨境物流总体规模的 12%,海外仓占 65%;按终端客户划分,出口 2B 端约占总体规模的 56%,出口 2C 端约占总体规模的

21%。近年来，跨境电商供应链行业人才需求量不断增加，面临的人才缺口达 450 万，年增长率达 30%；跨境电商供应链行业发展面临着全球经济形势不确定性增加带来的挑战，国际物流成本激增对买卖双方都造成不同程度的困扰，直接影响服务质量和客户消费体验。

【请思考】（1）什么是跨境电商供应链？
（2）跨境电商供应链行业发展面临的机遇和挑战是什么？

新知准备 ↓

📖 思维导图

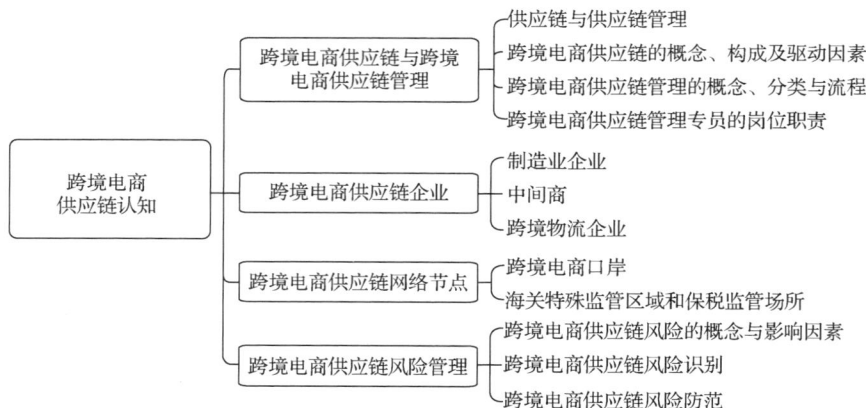

一、跨境电商供应链与跨境电商供应链管理
- 供应链与供应链管理
- 跨境电商供应链的概念、构成及驱动因素
- 跨境电商供应链管理的概念、分类与流程
- 跨境电商供应链管理专员的岗位职责

跨境电商供应链企业
- 制造业企业
- 中间商
- 跨境物流企业

跨境电商供应链网络节点
- 跨境电商口岸
- 海关特殊监管区域和保税监管场所

跨境电商供应链风险管理
- 跨境电商供应链风险的概念与影响因素
- 跨境电商供应链风险识别
- 跨境电商供应链风险防范

跨境电商供应链认知

一、跨境电商供应链与跨境电商供应链管理

当前，全球化与数字化已成为不可逆转之势。随着跨境电商交易规模的不断扩大，各国供应链物流基础服务和设施进一步完善，跨境电商供应链相关行业发展迅速。

（一）供应链与供应链管理

1. 供应链的概念和分类

《物流术语》（GB/T 18354—2021）指出，供应链（Supply Chain）是指生产及流通过程中，围绕核心企业的核心产品或服务，由所涉及的原材料供应商、制造商、分销商、零售商直到最终用户等形成的网链结构。

根据范围不同，供应链可以分为内部供应链和外部供应链：内部供应链是指企业内部产品生产和流通过程中所涉及的采购部门、生产部门、仓储部门、销售部门等组成的供需网络；外部供应链是指企业外部的，与企业相关的产品生产和流通过程中涉及的原材料供应商、生产商、物流商、零售商及最终消费者组成的供需网络。

2. 供应链管理的概念和构成

《物流术语》（GB/T 18354—2021）指出，供应链管理（Supply Chain Management，SCM）是指从供应链整体目标出发，对供应链中采购、生产、销售各环节的商流、物流、信息流及资金流进行统一计划、组织、协调、控制的活动和过程。计划、采购、制造、交付、退货是供应链管理的五大基本内容，如图 1-1 所示。

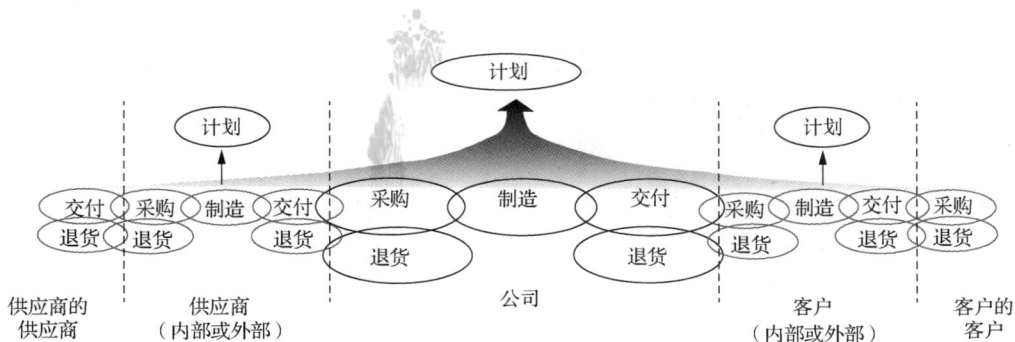

图 1-1　供应链管理基本模型

根据发展水平和成熟度不同，供应链管理分为原始供应链、初级供应链、整合供应链、协同供应链和智慧供应链五个层次，专业化职能分工驱动原始供应链升级到初级供应链，跨部门的流程构建驱动初级供应链升级到整合供应链，供应链领导力驱动整合供应链升级到协同供应链，新技术应用驱动协同供应链升级到智慧供应链。随着信息技术的发展，供应链与互联网、物联网深度融合，智能化、数字化的产品和服务成为企业标配。随着环境保护要求不断提高，绿色化、低碳化成为供应链发展趋势。

（二）跨境电商供应链的概念、构成及驱动因素

1. 跨境电商供应链的概念

跨境电商供应链是指围绕跨境商品采购、运输、销售、消费等环节提供服务，构成连接上游品牌方、下游消费者并承载信息流、物流、资金流的功能网链服务结构。相比境内电商，跨境电商供应链的链条更长、涉及环节更多，物流流程更长，资金周转更慢，信息流更复杂。跨境电商供应链将跨境电商中在设计、采购、生产、销售、服务等环节具有纵向关系的企业组成企业群，把供应链中的制造业企业、中间商、跨境物流企业和海关、最终消费者形成网链结构，通过跨境电商供应链平台实现企业群内信息、物资、资金、人员的交换，畅通供应链内信息流、物流、资金流，促进跨境商品增值和产业发展。跨境电商供应链的目标是从境内外消费者的角度出发，通过企业间的协作，从而实现供应链整体最佳化。要达成这一目标，跨境电商供应链就要做到以下几点：一是核心工艺要本地化；二是供应链要集中化、不分散，方便出现异常时快速调整；三是异地采购要选择可靠的中间商；四是要专注垂直类目，做精产品线。

跨境电商供应链示意如图 1-2 所示。

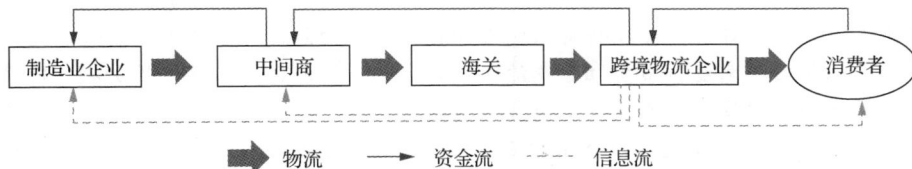

图 1-2　跨境电商供应链示意

2. 跨境电商供应链的构成

跨境电商供应链由供应链载体、供应链实体、供应链周期和供应链系统四个部分组成。跨境电商供应链载体包括跨境电商信息流、物流、资金流；跨境电商供应链实体包括跨境电商供应链企业内部职能部门和不同跨境电商供应链企业；跨境电商供应链周期包括跨境电商产品采购周期、制造周期、补货周期和订单处理周期；跨境电商供应链系统包括客户关系管理（Customer Relationship

Management，CRM）系统、集成供应链管理（Integrated Supply Chain Management，ISCM）系统和供应商关系管理（Supply Relationship Management，SRM）系统。跨境电商供应链通过四个部分整合协同，实现全球范围内产业链、价值链、交易链一体化，助力企业业务增长。跨境电商供应链的构成如图 1-3 所示。

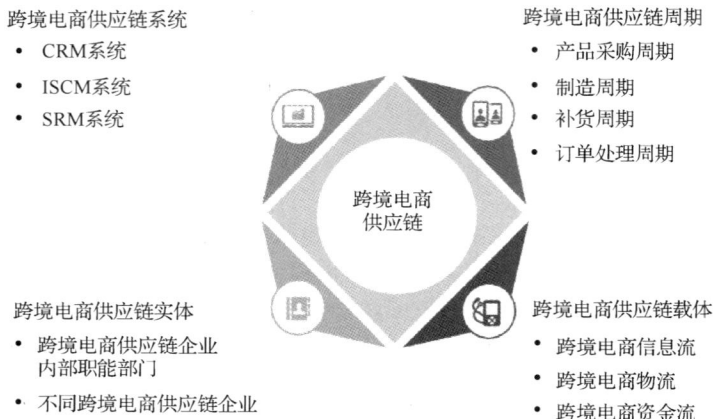

跨境电商供应链系统
- CRM系统
- ISCM系统
- SRM系统

跨境电商供应链周期
- 产品采购周期
- 制造周期
- 补货周期
- 订单处理周期

跨境电商供应链实体
- 跨境电商供应链企业内部职能部门
- 不同跨境电商供应链企业

跨境电商供应链载体
- 跨境电商信息流
- 跨境电商物流
- 跨境电商资金流

图 1-3　跨境电商供应链的构成

3. 跨境电商供应链驱动因素分析

一是采购痛点显著，品控、成本、需求洞察等关键要素使得跨境采购困难，而境外消费者的消费需求日益增加，迫切需要增加和改善跨境商品供给，供需之间的矛盾凸显跨境电商供应链价值，驱动供应链采购发展。

二是跨境电商流通成本高、效率低，市场对交货期要求越来越严格，中小零售商小批量采购与稳定供货之间的矛盾突出，清关报批程序复杂，跨境物流配送时间长，导致物流仓储运营成本高，库存管理困难，驱动跨境电商供应链采购发展。

三是跨境电商市场中下游零售商不断增加，但面临资金、信息、客户、人才等多方面挑战，驱动跨境电商供应链规模化服务，降低跨境零售商经营门槛。

素质提升：创新意识　　拉长的跨境电商供应链

近年来，跨境电商市场交易规模稳步扩大，全球网购渗透率快速提高，使得跨境电商行业迎来发展高峰。目前，跨境电商已成为外贸发展新动能、转型升级新渠道和高质量发展新抓手。从供给端来看，由于地缘政治因素的影响，供应链的不确定性加剧，跨境电商供应链的协同与整合变得更加重要。消费者对物流时效、服务差异化的要求，也使得跨境电商的物流交付需要具备更强的全球响应能力。因此，建立一体化的跨境供应链系统成为同质化竞争加剧下跨境电商企业突围的关键。同时，由于境外消费者需求个性化和订单碎片化等特点，柔性供应链更能满足跨境消费需求，实现降本增效。供应链中上下游企业密切高效合作能缩短产品信息流通渠道，加速供应链环节中的信息流通，实现整个流程中的供需平衡。

【请思考】（1）跨境电商供应链对跨境电商产业发展有何影响？

（2）如何创新跨境电商供应链模式，以适应境内企业"出海"发展新要求？

（三）跨境电商供应链管理的概念、分类与流程

1. 跨境电商供应链管理的概念

跨境电商供应链管理指整合跨境电商供应链中涉及的制造业企业、中间商、跨境物流企业及最终消费者形成的链式网络中的信息流、物流、资金流，对其进行计划、组织、协调、控制和优化，以此来提升跨境电商供应链企业在全球供应链中的地位，满足全球消费者需求，降低供应链成本，提升企业价值。

跨境电商供应链管理与境内供应链管理在基本环节、基本要素和基本目标上是一致的，二者的区别主要体现在应用范围、运输方式、风险程度、涉及政府部门等方面。应用范围上，境内供应链管理主要涉及境内节点企业及对应的信息流、物流、资金流，跨境电商供应链管理主要涉及境内外节点企业及对应的信息流、物流、资金流。运输方式上，境内供应链管理主要采用公路、铁路、航空等运输方式，跨境电商供应链管理除境内运输外，还涉及海运、国际多式联运等。风险程度上，跨境电商供应链管理相比境内供应链管理，还面临国际货物运输风险、财务风险、信息传输风险、境外市场风险等。涉及政府部门方面，境内供应链管理主要涉及地方交通部门、税务部门、商务部门等，跨境电商供应链管理则还涉及海关、关联国家或地区相关政府部门等。

2. 跨境电商供应链管理的分类

（1）根据涉及范围不同，跨境电商供应链管理分为境内环节供应链管理和境外环节供应链管理。前者指境内各节点企业合作协调管理，后者指境外各节点企业合作协调管理。

（2）根据稳定性不同，跨境电商供应链管理分为动态跨境电商供应链管理和稳定跨境电商供应链管理。前者指在当前供应链企业实现阶段性目标后就结束合作关系，重新考虑与原有供应链组成企业合作，还是更换合作伙伴重新组建供应链；后者指构建包括货物生产、库存协调、运输配送、沟通协作、信息共享、管理平台统一规划等在内的稳定网络链条。

（3）根据模式不同，跨境电商供应链管理分为 M2C 模式、B2B 模式、BBC 模式、海外仓模式、S2B2C 模式等。M2C 模式指生产厂家直接对接消费者提供自己的产品或服务的一种模式；B2B 模式指企业与企业之间通过"保税自营+直采"模式开展交易活动的一种模式；BBC模式指跨境电商企业将商品从境外运进保税仓，然后进行拆包、检验、清关、分拣和打包等，待跨境电商平台销售形成订单后，再由保税仓分拣、检验和包装，快递给境内消费者的一种模式；海外仓模式指跨境电商企业在境外目的地建立仓库，将货物预先送进仓库，通过海外仓完成运输和配送的一种模式；S2B2C 模式指跨境电商平台筛选大供应商（Supply）给渠道商（Business）集中采购，同时给渠道商提供技术支持和服务培训，使渠道商更好地服务消费者（Customer）的一种模式。

3. 跨境电商供应链管理的流程

跨境电商供应链管理的基本流程都是从制造业企业采购原材料开始，制造业企业将原材料加工形成产成品，然后再将产成品分发给各个中间商，中间商通过物流企业完成运输、仓储、流通加工等，供应链平台为供应链各环节提供信息数据的传输及共享。

跨境电商供应链管理包括生产端、物流端、消费端等部分。生产端是制造业企业采购原材料并进行加工，得到粗、精加工品和实体产品，中间商收到用户订单后，把信息传递到物流端，并支付相应费用，发起物流服务需求；物流端确认服务需求，提供运输、包装、仓储、加工、报关等服务，将商品运抵消费端；消费端在用户下单支付后，对订单商品进行跟踪并最终确认。跨境电商供应链管理的整体业务流程如图 1-4 所示。跨境电商供应链管理以采购平台为核心不断延伸整合服务链条，为零售商提供商品采购、物流仓储、报关清关、融资信贷、平台提供、支付服务、运营协助等服务。

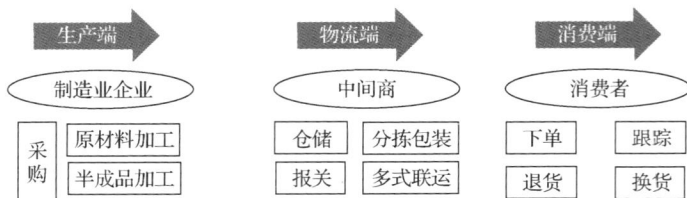

图 1-4　跨境电商供应链管理的整体业务流程

（四）跨境电商供应链管理专员的岗位职责

跨境电商供应链管理专员岗位的典型工作任务包括采购管理、仓储管理、物流方案设计与发货管理、通关管理等，跨境电商供应链管理专员应能够熟练使用企业仓库管理系统、运输管理系统、与境外连接的货运系统、客户端系统、第三方数据分析工具等软硬件工具完成工作任务。

跨境电商供应链管理专员需要掌握跨境电商产品采购环节操作技巧，能够通过销售数据分析采购需求，建立供应商资源库，采购基于生产流程的外协外购物资；能够根据业务需要做出跨境电商库存决策，完成仓储作业管理、海外仓备货和库内管理，熟练计算境内外仓储费用；能够根据产品特征，分析各发货方式的优劣，制定合理的物流方案，完成发货，收集和处理物流信息；能够完成跨境电商供应链风险评估和风险管理。

要想成为一名优秀的跨境电商供应链管理专员，前端要重点做好制造业企业的原材料采购、品牌打造和研发创新，以及中间商的选品和产品生命周期管理；中端要综合产品销量、生产周期、物流周期、安全库存等因素做好库存管理，根据销售数据、采购数据、在途数据、库存数据合理备货，协调好供应链前端仓储和末端配送；末端要做好跨境物流企业的选择和管理，协调好淡季和旺季时效，确保配送高效和客户满意。

二、跨境电商供应链企业

（一）制造业企业

制造业是指对制造资源（物料、能源、设备、工具、资金、技术、信息和人力等）按照市场要求，通过制造过程，转化为可供人们使用和利用的工业品与生活消费品的行业，包括农副食品加工业、纺织业、家具制造业、化学原料和化学制品制造业、医药制造业、金属制品业、化学纤维制造业、通用设备制造业、仪器仪表制造业等。制造业企业是指以制造业业务为主营业务，固定资产投入带来的当年主营业务收入占企业收入总额 50%以上（不含）的企业。制造业企业的特征包括：是以营利为目的的经济组织；是从事工业生产经营活动或提供工业性劳务的经济组织；是自主经营、自负盈亏、独立核算的商品生产者和经营者；是具有法人资格的经济实体。在我国国民经济行业分类中行业门类为制造业，年销售额在 4 亿元以上的企业为制造业大型企业，年销售额在 2 000 万元以上（含 2 000 万元）4 亿元以下（不含 4 亿元）的企业为制造业中型企业，年销售额在 2 000 万元以下的企业为制造业小微企业。

制造业企业将自制或外购原材料、零配件或半成品通过加工程序和手段，制造为产成品。在跨境电商供应链中，制造业企业位于供应商和中间商之间，作为跨境电商供应链生产加工的核心主体，与供应商共同决定着跨境电商交易产品的质量。制造业企业不仅承担产品生产制造任务，还承担产品生产加工所需要的准备工作，如采购、仓储、配送等，尤其是供应商的选择、需求预测等对整个跨境电商供应链至关重要。在一定条件下，制造业企业与供应商之间的角色会发生转换。对于跨境电商产业的下游企业来讲，制造业企业为其供应商。

素质提升：家国情怀　中国制造业企业加速"链"动全球，助力建设制造强国

2022 年 9 月 6 日，中国企业联合会、中国企业家协会发布"2022 中国制造业企业 500 强名单"，该名单的入围门槛为实现营业收入 147.78 亿元。党的十八大以来，中国制造业企业 500 强海外营业收入总额从 2.81 万亿元增长到 6.04 万亿元，增长了 1.15 倍；海外资产大量积累，增长了 1.69 倍。2022 年我国制造业规模已连续 13 年居世界首位，65 家制造业企业入围 2022 年世界 500 强企业榜单。近年来，我国坚持把发展经济的着力点放在实体经济上，加快建设制造强国。制造业企业通过智能化转型、数字化升级，带动产业链上下游"上云"，打破行业领域边界，优化海内外供应链，让智造能力不断外溢，为全球提供优质产品与服务。

【请思考】（1）我国制造业企业的发展趋势有哪些？

（2）跨境电商供应链如何助力"制造强国"战略？

（二）中间商

跨境电商供应链中间商是指介于制造业企业与境内外消费者之间，专门从事组织或参与商品跨境流通业务，促成跨境电商交易行为的企业。中间商处于跨境电商供应链分销渠道的中间环节，它们将购入的商品再销售，以获取利润。中间商的功能主要体现在：可以提高跨境电商销售活动的效率；从不同制造业企业购买产品，完成产品境内外储存和分销；监督检查商品的设计、工艺、生产、服务等；在制造业企业和境内外消费者之间传递信息，促进行业竞争。

中间商是跨境电商供应链的重要参与者，选择合适的中间商对制造业企业更好地拓展跨境电商业务非常重要。选择中间商时，要考虑中间商的市场范围与产品预计销售地区是否一致；中间商的商品促销政策是否有竞争力；中间商的地理区位优势是否明显；中间商的商品认知度是否较高；中间商的预期合作意愿是否强烈；中间商的财务状况及管理状况是否较好；中间商的技术水平是否较高；中间商的综合服务能力与制造业企业的产品销售要求是否一致。

中间商按照是否拥有商品所有权，可划分为经销商和代理商。经销商是指在某一国家（地区）和领域只拥有跨境电商销售或服务能力的单位或个人，经销商具有独立的经营机构，拥有商品的所有权（买断制造业企业的产品），可以开展多品类商品的跨境电商业务，经营活动过程不受或很少受制造业企业的限制，与制造业企业责权对等。代理商代理制造业企业进行跨境产品销售，不买断制造业企业的产品，而是由制造业企业给额度，产品的所有权属于制造业企业。按照销售对象不同，中间商可以分为批发商和零售商。批发商是指向制造业企业或经销商购进商品，供给其他单位（如零售商）进行转卖，或供给制造业企业原材料、半成品进行加工制造产品的中间商。零售商是指把商品直接销售给最终的境内外消费者，以供应消费者个人或家庭消费的中间商，零售商处在商品流通的最终环节。

（三）跨境物流企业

跨境物流企业是指经营与跨境电商物流相关的采购、运输、仓储、配送等业务的企业，介于制造业企业、中间商和消费者之间，负责集货、理货、库存、配送等，包括跨境电商平台类物流企业和跨境电商非平台类物流企业，是实现货物流动，衔接制造业企业、中间商、政府部门和境内外消费者的重要载体，对跨境电商供应链的畅通至关重要。

1. 跨境电商平台类物流企业

跨境电商平台类物流企业是指为跨境电商 B2B 或 B2C 平台提供运输、储存、装卸、包装、配送等服务的物流企业。此类企业的定位是为跨境电商出口平台提供发货、包装、配送等服务，使卖家可以更专注商品和品牌的推广。跨境电商平台类物流企业分为自建类物流企业、第三方物流企业、第四方物流企业。跨境电商出口平台主要依靠第三方物流企业和第四方物流企业实施运输配送。

自建类物流企业是指为提高平台商品的配送时效、监控商品运输路径、提升客户物流体验，平台自身建立的集物流运输、仓储管理、快递配送于一体的企业，如亚马逊物流、菜鸟无忧物流等。

第三方物流企业是指专门开展跨境商品运输、仓储、快递配送等业务的专业性物流企业。其又可细分为境内第三方物流企业和国际第三方物流企业。前者主要包括中国邮政、顺丰速运、圆通速递、申通快递、中通快递等，这些物流企业目前在立足境内市场的同时，大力拓展国际市场。后者主要包括 DHL、UPS、联邦快递（FedEx）等，这些物流企业的网点多，覆盖范围广，服务涵盖主流跨境电商出口平台（如阿里巴巴国际站、中国制造网、敦煌网、eBay）等。

第四方物流企业是指提供跨境商品运输、仓储管理、快递配送等服务的综合服务类物流企业，出口易、俄速通、燕文物流、运去哪、4PX（递四方）等都是典型的第四方物流企业。

素质提升：国际视野　中国快递出海，助力全球跨境电商产业发展

国家邮政局大力推动"快递出海"工程，快递企业积极拓宽出海通道，加大海外仓建设力度，增强国际航空运能，依托当地加盟商快速构建境外网络。随着跨境运递能力的提升，快递企业为制造业走出国门、跨境贸易深化发展提供有效保障，跨境寄递通道的畅通将为快递企业积极参与国际供应链体系构建、西部陆海新通道建设、服务"一带一路"高质量建设发挥更重要的作用。

【请思考】（1）我国跨境物流企业面临的机遇和挑战是什么？
（2）我国跨境物流企业为全球跨境电商供应链构建做出了哪些贡献？

2. 跨境电商非平台类物流企业

跨境电商非平台类物流企业主要指传统国际物流企业，包括集装箱班轮公司、航空公司、船代公司、国际货代公司、报关公司、集装箱码公司等，为跨境电商供应链提供托运、包装、通关等服务。

（1）集装箱班轮公司。集装箱班轮公司也称船公司，是指运用自己拥有或自己经营的船舶，提供国际港口之间班轮运输服务的船舶运输企业。根据 Alphaliner 统计，截至 2022 年 7 月 10 日，全球在运营集装箱船总数为 6 406 艘，总运力增加到 2 579.33 万 TEU[①]（标准箱），折合 3.09 亿载重吨；全球排名前 10 的集装箱班轮公司运力达到 1 960.08 万 TEU，占全球 100 大集装箱班轮公司的 84.8%；排名第 11～20 位的分别是：万海航运、太平船务、高丽海运、Unifeeder、X-press、海丰国际、伊朗国航、中谷物流、德翔航运、森罗商船。根据统计，排名前 20 的集装箱班轮公司运力占全球总运力的 91.7%。

知识园地

世界前十大集装箱班轮公司

（2）航空公司。航空公司是指以各种航空飞行器为运输工具，以空中运输的方式运载人员或货物的企业。根据国际航空运输协会（IATA）统计报告，2021 年，全球货运航空公司共完成运输量 2 313 亿吨。其中，联邦快递、UPS、阿联酋航空、卡塔尔航空、国泰航空位居前 5，中国南方航空、中国国际航空分别位列第 9、第 13。

（3）船代公司。船代（Shipping Agency）公司全称是船舶代理公司，主要负责船舶业务，办

---

① TEU 是 Twenty feet Equivalent Unit 的缩写，意思是 20 英尺标准集装箱，通常用来表示船舶装载集装箱的能力，也是集装箱和港口吞吐量的重要统计、换算单位。注：1 英尺≈30.48 厘米。

理船舶进出口手续，协调船方和港口各部门，完成船方的委办事项，如更换船员和船舶维修等。根据中国船舶代理及无船承运人协会数据，截至 2021 年 12 月，国际船代备案企业总数达 2 935 家。代表性企业有中国外轮代理有限公司、中国船务代理有限公司等。中国外轮代理有限公司成立于 1953 年 1 月 1 日，是中国国际船务代理和国际运输代理行业的领导者，总部设在北京，在美国、日本、韩国、新加坡及一些欧洲国家和地区设有代表处。中国船务代理有限公司成立于 1985 年，是中国外运股份有限公司（以下简称"中国外运"）的专业子公司。

（4）国际货代公司。国际货代公司是指接受进出口货物收发货人的委托，以委托人的名义或者以自己的名义，为委托人办理国际货物运输及相关业务并收取服务报酬的法人企业，业务范围主要包括境外提货、境外报关、订舱、包装、境内清关、境内仓储、境内派送等。根据第三方物流市场研究机构 Armstrong & Associates 发布的"2021 全球海运货代 50 强"名单，德迅（Kuehne +Nagel）、中国外运、DHL 位列前 3，共有 16 家中国的货代公司进入全球 50 强，国内代表性企业主要是中国外运长航集团有限公司、上海环世物流（集团）有限公司、景华峰国际货运代理有限公司、长帆（上海）国际物流公司等。在"2021 全球空运货代 50 强"名单中，DHL、德迅、DSV Panalpina 名列前 3，中国共有 8 家货代公司上榜。

知识园地
世界前十大海空运货代公司

（5）报关公司。报关公司（Customs Broker），是指经海关准予注册登记，接受进出口货物收发货人委托，以进出口货物收发货人名义或者以自己名义，向海关办理代理报关业务，从事报关服务的境内企业法人。报关公司可以分为代理报关公司和自理报关公司。根据海关总署令第 251 号《中华人民共和国海关注册登记和备案企业信用管理办法》要求，海关根据企业信用状况将企业认定为高级认证企业、失信企业和其他企业，按照诚信守法便利、失信违法惩戒、依法依规、公正公开原则，对高级认证企业实施便利管理措施，对失信企业实施严格管理措施。

（6）集装箱码头公司。集装箱码头是指包括港池、锚地、进港航道、泊位等水域，以及货运站、堆场、码头前沿、办公生活区域等陆域范围，能够容纳完整的集装箱装卸操作过程的具有明确界限的场所。集装箱码头的运营商就是集装箱码头公司，全球主要集装箱码头公司有新加坡国际港务（PSA International）、和记港口（Hutchison Ports）、中远海运、马士基码头（APM Terminals）、迪拜环球港务（DP World）、招商局港口、TIL（Terminal Investment Limited，码头投资有限公司）等。

素质提升：家国情怀　中欧班列稳定增长，助力跨境电商飞速发展

丝绸之路上，"钢铁驼队"纵横驰骋。阿拉山口是中欧班列向西出境的主要通道。目前在阿拉山口口岸常态化通行的中欧班列线路主要包括"渝新欧""郑新欧""长安号""蓉新欧"等 22 条，可到达德国、波兰、比利时、俄罗斯等 13 个国家，为"一带一路"共建国家和地区加强经贸合作提供了动力，释放了潜能。中欧班列依托"数字口岸"系统，通过牢牢把握住关键点，做好政策沟通、设施联通、贸易畅通、资金融通，更好地服务"一带一路"建设。中欧班列保持快速增长势头，为加强全球互联互通发挥了重要作用。为保障中欧班列能够快速通关，铁路部门在部分口岸推进无纸化通关，加强国际协调合作，提高口岸双方换装效率，提高票据传输效率，缩短通关时间，最大限度满足开行需求，保障国际供应链稳定畅通，同时也彰显了中国经济发展向上向好的强劲韧性，从而促进跨境电商的飞速发展。

【请思考】（1）跨境电商物流与跨境电商供应链有何关系？

（2）我国跨境电商物流为全球经济发展提供的中国模式、做出的中国贡献各是什么？

三、跨境电商供应链网络节点

跨境电商供应链网络节点是连接跨境电商供应链各环节的重要载体。跨境电商供应链网络是指由多个收发货节点连接而成的物理网络及与之相伴的信息网络组成的整体，包括跨境电商口岸（国际港口、国际航空港）、海关特殊监管区域、保税监管场所等。在跨境电商业务中，境内工厂生产的货物通过集运、直运、转运等方式运到装运港（站、机场）等，完成货物出口发运，经过国际货物运输，达到目的港（站、机场）等，再通过分运、拨交、转运等方式到达境外客户手中。

（一）跨境电商口岸

口岸（Port）是国家指定的对外往来的门户，是国际货物运输的枢纽和节点，除了对外开放的沿海港口之外，口岸还包括国际航线上的飞机场，山脉国境线上对外开放的山口，国际铁路、国际公路上对外开放的火车站、汽车站，国际河流和内河上对外开放的水运港口。

1. 国际港口

港口由水域和陆域组成。水域通常包括进港航道、锚泊地和港池。陆域指港口供货物装卸、堆存、转运和旅客集散之用的陆地面积。港口是具有水陆联运设备和条件，供船舶安全进出和停泊的运输枢纽，是水陆交通的集结点和枢纽，是外贸进出口物资的集散地。港口吞吐量（Port Handling Capacity）是指一段时期内经水运输出、输入港区并经过装卸作业的货物总量，计量单位为吨或标准箱（TEU）。2021年全球十大集装箱港口分别是上海港、新加坡港、宁波舟山港、深圳港、广州南沙港、青岛港、釜山港、天津港、洛杉矶港、香港港，我国港口占7个席位。

知识园地
2021年全球十大集装箱港口

2. 国际航空港

航空港（Airport）是指位于航线上的、为保证航空运输和专业飞行作业用的机场及有关建筑物和设施的总称，是空中交通网的基地。航空港和机场是不同的，所有可以起降飞机的地方都可以叫机场，而航空港专指可以经营客货运输的机场。航空港由飞行区、客货运输服务区和机务维修区组成。航空港的主要任务是完成客货运输服务，保养与维修飞机，保证旅客、货物和邮件正常运送及飞机安全起降。

根据国际机场理事会（Airports Council International，ACI）报道，香港国际机场、孟菲斯国际机场、上海浦东国际机场、仁川国际机场和泰德·史蒂文斯安克雷奇国际机场是2021年排名前5的货运枢纽港。

（二）海关特殊监管区域和保税监管场所

海关特殊监管区域是指经过国务院批准，设立在我国关境内，赋予承接国际产业转移、联结境内外两个市场等特殊功能和政策，以海关为主实施封闭监管的特殊区域，主要包括保税区、出口加工区、保税物流园区、保税港区、跨境工业区、综合保税区等。海关保税监管场所是指经海关批准设立的，准予在保税状态下存储货物的仓库、场所，包括保税仓库、出口监管仓库、保税物流中心等。通过跨境电商平台进入海关特殊监管区域的货物，一般被称为保税货物，这里的保税是指暂缓纳税而非免税。保税货物具体是指经海关批准未办理纳税手续进境，在境内储存、加工、装配后复运出境的货物。

知识园地
FTA与FTZ都叫自由贸易区

海关特殊监管区域和保税监管场所（见图1-5）分为三个层次：第一层次是综合保税区、保税港区、保税区、出口加工区、跨境工业区等，区域面积大，功能完备，由政府机构（地级市及以上）管理；第二层次是保税物流中心，区域面积比较小，由一个企业管理，分为 A 型保税物流中心和 B 型保税物流中心；第三层次是保税仓库、出口监管仓库，区域面积更小，主要是功能性区域，享受免征、免税或保税政策。这三个层次的海关特殊监管区域和保税监管场所中的货物流向主要有

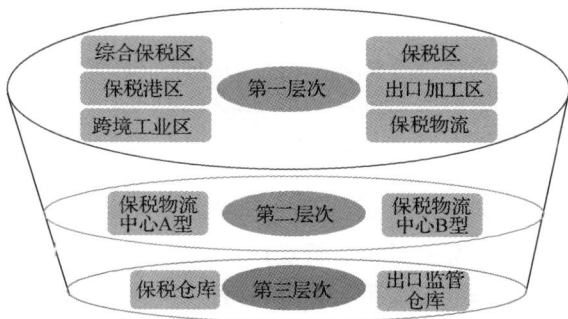

图 1-5　海关特殊监管区域和保税监管场所层次

五个：一是境内至区内，境内货物进入园区，再出口时办理退税手续；二是区内至境外，园区内货物出口到国际市场；三是境外至区内，货物从境外进入园区，可以免配额，暂缓缴纳关税、增值税、消费税，企业资金压力较小；四是区内至境内，货物从园区进入境内市场，需要补交关税、进口环节增值税和消费税；五是区内至区内，货物从一个园区进入其他园区，区内企业与企业之间进行交易更加方便，有利于跨境电商发展。

1. 海关特殊监管区域

截至 2021 年 12 月，全国 31 个省（自治区、直辖市）共有海关特殊监管区域 160 个，其中，综合保税区数量最多，达到 147 个；保税区 9 个；保税港区 2 个；出口加工区 1 个；珠澳跨境工业区珠海园区 1 个。海关特殊监管区域总规划面积超 445 平方千米。

（1）综合保税区。综合保税区是设立在内陆地区的具有保税港区功能的海关特殊监管区域，由海关参照有关规定对综合保税区进行管理，执行保税港区的税收和外汇政策，集保税区、出口加工区、保税物流园区、港口的功能于一体。境外货物入区保税，货物出区进入境内销售按货物进口的有关规定办理报关，并按货物实际状态征税，境内货物入区视同出口，实行退税，区内企业之间的货物交易不征增值税和消费税。综合保税区和保税港区一样，是我国开放层次最高、优惠政策最多、功能最齐全、手续最简化的特殊开放区域。

（2）保税港区。保税港区是指经国务院批准，设立在境内对外开放的口岸港区和与之相连的特定区域内，具有口岸、物流、加工等功能的海关特殊监管区域。保税港区的主要功能包括仓储物流、对外贸易、国际采购、分销和配送、国际中转、检测维修、商品展示、研发、加工、制造、港口作业。

（3）保税区。保税区指经过国务院批准在中国境内设立的，具备保税加工、保税仓储、进出口贸易和进出口商品展示等功能的海关特殊监管区域。保税加工是指利用保税区的优惠政策开展加工贸易，培育和发展加工产业链。保税仓储和展示是指利用保税区进行货物储存和展示，或者拆装和分装等流通性简单加工。国际贸易是指利用保税区优惠政策和毗邻港口、陆路口岸的优势开展的贸易。

（4）出口加工区。出口加工区指经过国务院批准在中国境内设立的，专门制造、加工、装配出口商品的海关特殊监管区域。出口加工区的主要功能是保税加工、保税物流和研发、检测、维修等。其中，保税加工是指设立出口加工企业，开展出口加工业务；保税物流是指设立保税物流企业，开展境内保税货物仓储、转口、简单加工等业务。

（5）跨境工业区。为加强内地与澳门的经济合作，2003 年国务院批准在珠海拱北茂盛围与澳门西北区的青洲之间设立珠澳跨境工业区，分为珠海、澳门两个园区，其中的珠海园区占地 0.29 平方千米。珠澳跨境工业区以发展工业为主，兼顾物流、中转贸易、产品展销等功能。珠澳跨境工业区珠海园区按《中华人民共和国海关珠澳跨境工业区珠海园区管理办法》进行管理，实行"保税区+出口加工区出口退税政策+24 小时通关专用口岸"管理模式。珠澳跨境工业区珠海园区的税

收政策与出口加工区相同。

（6）保税物流园区。保税物流园区是指经国务院批准，在保税区规划面积或者毗邻保税区的特定港区内设立的、专门发展现代国际物流业的海关特殊监管区域。保税物流园区的主要功能包括存储进出口货物及其他未办结海关手续货物、对所存货物开展流通性简单加工和增值服务、进出口贸易（包括转口贸易）、国际采购分销和配送、国际中转、检测维修、商品展示等。园区内不得开展商业零售、加工制造、翻新、拆解及其他与园区无关的业务。

2. 海关保税监管场所

海关保税监管场所是指由企业负责经营管理，供进出境运输工具或者承运进境海关监管货物的运输工具进出、停靠，从事海关监管货物的进出、装卸、储存、集拼、暂时存放等有关经营活动的场所，包括保税仓库、出口监管仓库和保税物流中心。

（1）保税仓库。保税仓库是指经海关批准设立的专门存放保税货物及其他未办结海关手续货物的仓库，主要功能是保税仓储、商品展示、转口贸易、缓税、简单加工和增值服务、物流配送等。按照使用对象不同，保税仓库分为公用型保税仓库、自用型保税仓库。公用型保税仓库由主营仓储业务的中国境内独立企业法人经营，专门向社会提供保税仓储服务。自用型保税仓库由特定中国境内独立企业法人经营，仅存储供本企业自用的保税货物。

（2）出口监管仓库。出口监管仓库是指经海关批准设立，对已办结海关出口手续的货物进行存储、保税物流配送、提供流通性增值服务的海关专用监管仓库，分为出口配送型仓库和国内结转型仓库。出口配送型仓库是指存储以实际离境为目的的出口货物的仓库，国内结转型仓库是指存储用于国内结转的出口货物的仓库。

（3）保税物流中心。保税物流中心是指具备口岸功能的封闭式海关监管区域，主要功能有保税仓储、国际物流配送、简单加工和增值服务、检验检测、进出口贸易、转口贸易、商品展示等，分A型和B型两种，其功能比保税仓库和出口监管仓库更为全面。A型保税物流中心是指经海关批准，由中国境内企业法人经营、专门从事保税仓储物流业务的海关监管场所；B型保税物流中心是指经海关批准，由中国境内一家企业法人经营、多家企业进入并从事保税仓储物流业务的海关集中监管场所。

四、跨境电商供应链风险管理

（一）跨境电商供应链风险的概念与影响因素

跨境电商供应链风险是跨境电商供应链偏离跨境电商经营管理目标的不确定性，这种不确定性可能会给企业带来损失，包括进出口货物的直接损失，以及原材料短缺、退货率上升、出口竞争力下降、企业国际形象受损和国际供应链地位受损等间接损失。跨境电商供应链风险管理是跨境电商供应链管理的重要组成部分，是指从不确定性出发，通过技术手段对供应链全链条的风险因素进行识别与评估，找出哪些风险因素会阻碍跨境电商供应链相关企业的发展，并采取针对性措施进行防范和控制，降低供应链风险给企业带来的损失，实现供应链管理的目标。

跨境电商供应链风险包括外部环境风险和企业内部风险。外部环境风险包括政治环境风险、经济环境风险和自然环境风险。政治环境风险是指国家（地区）政治形势变化，给境外投资企业经济利益带来不确定性，如罢工、骚乱、游行、战争等导致供应链正常运营中断的风险。经济环境风险是指社会经济状况变化（如经济危机、债务危机、通货膨胀、港口拥堵、油价上涨等）带来的风险。自然环境风险主要指因洪灾、地震、海啸、火山爆发等自然因素变化产生的不可控制的风险。

跨境电商供应链企业内部风险存在于供应链管理的计划、采购、生产、配送、退货等环节。

（1）供应链管理计划环节的风险包括因跨境电商市场需求预测不准确、客户紧急订单和插单、供应链库存管理缺乏系统性、计划与企业政策不匹配、生产计划不合理等导致的风险。

（2）供应链管理采购环节的风险包括采购需求不准确、目标地域选择不当、对境外市场不熟悉、采购时机错误、供应商信息不准确、采购合同不规范、原材料交货延迟、原材料质量不合格、原材料仓库选址不当、原材料库存量过高、采购价格变动、付款交易不规范等导致的风险。

（3）供应链管理生产环节的风险包括生产活动不合理、生产线设计时间过长、生产设备不能满足生产需求、生产工艺制定不当、生产技术不成熟、产能不足、生产人员安全意识淡薄、生产人员技术水平不达标、产品质量不合格、产品库存不合理等导致的风险。

（4）供应链管理配送环节的风险包括运输模式不适合、产品配送延迟、海关通关效率低下、汇率变化等导致的风险。

（5）供应链管理退货环节的风险包括退货过程中重复运输、过多产品被退回、退货策略不当等导致的风险。

（二）跨境电商供应链风险识别

跨境电商供应链风险识别是指对跨境电商供应链各个环节和相关企业可能面临的各种风险进行归类分析、认识和辨别。常用的方法如下。

1. 历史数据分析法

历史数据分析法是通过对跨境电商供应链各个环节的历史数据进行分析，找出哪些风险因素导致了不利的后果，哪些隐藏风险虽然没有导致不利后果，但可能会对供应链未来运行造成负面影响的一种风险识别方法。这种方法的不足之处在于它只能对曾经发生过的风险因素进行识别，可能导致未来发生重大风险的新风险因素（如企业文化变化、货币汇率浮动、跨境电商市场需求变化、行业规则变化等）则被忽略。

2. 过程图法

跨境电商供应链风险可以通过分析跨境电商供应链计划、采购、生产、运输、仓储、退换货等过程图来确定。过程图法能够通过对每个活动进行分析，发现过程中的操作缺陷、潜在的故障链路等脆弱环节。利用过程图法可以有效识别执行不力的相关风险因素，尤其是可从全程的、整体的角度识别还未发生实际损失的潜在风险，从而为风险防范提供参考。

3. 关键事件预警分析法

关键事件预警分析法通过一系列的头脑风暴来识别可能对跨境电商供应链相关企业业绩产生影响的自然、政治、经济、技术、文化等关键因素，然后对这些因素的未来发展趋势进行评估，综合形成现实和潜在的风险因素组合，如识别评估新政策、市场需求的变化、经济危机、新技术研发等因素引发的各类供应链风险。这种方法在识别战略层面或者特殊事件层面的跨境电商供应链风险上较为有效。

4. 因果关系图法

因果关系图法利用图解形式来表现各类供应链异常事件，将大风险事件分解成若干小风险事件，然后对事件发生的原因进行分解。例如，跨境电商货物延迟送达的原因可以分解为发货延迟、运输途中遭遇恶劣天气、目的国（地区）港口罢工、目的国（地区）海关扣关、最后一千米派送延迟、收货地址有误等，再逐级分析深层原因，形成类似鱼骨图的分析结果图。这种方法将整个跨境电商供应链所要承受的复杂风险分解成若干微小风险，或者对风险产生根源进行分解，找出影响因素，排除无关因素，从而减小风险发生概率。

5. 财务报表分析法

财务报表分析法是以供应商、中间商、物流商等相关企业每月的财务报告为基础，分析企业各项业务的运作过程、经营管理效果、负面信息披露，识别其中的风险或潜在风险，从而采取预防措施来减少风险可能造成的损失。这种方法需要跨境电商供应链管理专员具有较高的财务分析水平。采用财务报表分析法时，企业财务数据的真实性和滞后性会对风险识别有一定的影响。

（三）跨境电商供应链风险防范

跨境电商供应链风险防范措施如下。

1. 加强对跨境电商供应链节点企业的风险管理

跨境电商供应链是由多个节点企业共同参与而形成的串行或并行的混合网络结构，各项工作既可能由一个企业完成，也可能由多个企业共同完成，供应链整体的效率、成本、质量指标取决于各节点企业的指标水平，各节点风险聚集传递会形成跨境电商供应链整体风险，因此需要通过对节点企业的风险进行识别与判断，强化跨境电商供应链的整体风险控制。

2. 建立跨境电商供应链应急处理机制

跨境电商供应链是一个多环节、多通道的复杂体系，很容易发生一些突发事件，因此，必须建立相应的供应链预警系统与应急系统。对于一些偶发但影响力大的事件，如跨境电商大促或被网站封号等特殊事件，供应链企业要建立一整套预警评价指标体系。当监测指标偏离正常水平并超过某一临界值时，供应链预警系统会发出预警信号，有助于供应链企业预先制定应变措施，启动应对突发事件的工作流程，防止产生严重后果。

3. 选择合适的跨境电商供应链合作伙伴

合作伙伴选择是跨境电商供应链风险管理的重要环节，可以从战略潜力和合作绩效两方面考虑。战略潜力方面主要考虑地理位置、需求匹配度、专利开发、产品品类等，合作绩效方面主要考虑交付时间、交付质量、交付成本等。要建立长期的战略合作伙伴关系，可从以下方面入手：第一，成员之间应加强信任；第二，成员之间应加强信息交流与共享；第三，成员之间应建立正式合作机制，实现利益分享和风险分担；第四，成员之间应加强合同规范建设；第五，成员之间应加强跨境电商供应链文化建设，打造共同的价值观。

4. 柔性化设计提升跨境电商供应链弹性

跨境电商供应链各环节合作中常存在需求和供应方面的不确定性，需要通过柔性化合同设计来消除外界环境不确定性的影响，传递供给和需求的信息。供应链柔性（Flexibility of Supply Chains）是指快速而经济地处理企业生产经营活动中不确定性或风险的能力，它一般由缓冲、适应和创新三种能力构成。以 SHEIN 为代表的跨境电商企业整合了服装产业产能，以市场需求为出发点，实现柔性化改造，快速反应，智慧生产，增加供应链弹性，有效解决了传统供应链模式下产品品质良莠不齐、库存风险无解、价格混乱等问题。

🔍 **素质提升：创新意识**　**苏伊士运河堵塞，凸显全球供应链风险**

2021 年 3 月，"长赐"号（Ever Given）货轮在苏伊士运河搁浅 6 天，造成河道严重堵塞。运河交通彻底恢复后，短期内事故责任认定、损失赔偿等成为焦点，长期内则聚焦在如何加强全球供应链风险管理上。苏伊士运河位于欧、亚、非三洲交接地带的要冲，连接红海和地中海，是亚欧之间最繁忙的石油、精炼燃料、谷物等货物贸易通道之一，全球海运物流约 15%的货船要经过苏伊士运河。苏伊士运河堵塞事件凸显了全球供应链的脆弱性，各方应对加强供应链的韧性和弹性给予足够重视。

【请思考】（1）跨境电商供应链风险的因素有哪些？
　　　　　（2）中国制造业企业出海应如何防范、化解跨境电商供应链风险？

测试与实训 ↓

项目测试

一、单选题

1. （　　）驱动整合供应链升级到协同供应链。
   A. 供应链领导力
   B. 专业化职能分工
   C. 跨部门的流程构建
   D. 新技术应用能力

2. SRM 系统是指（　　）。
   A. 客户关系管理系统
   B. 集成供应链管理系统
   C. 供应商关系管理系统
   D. 营销管理系统

3. （　　）是指生产厂家直接对接消费者提供自己的产品或服务的一种模式。
   A. BBC 模式
   B. S2B2C 模式
   C. M2C 模式
   D. B2B 模式

4. 中间商按照（　　）可以划分为经销商和代理商。
   A. 是否拥有商品所有权
   B. 销售对象不同
   C. 运作流程不同
   D. 业绩目标不同

5. 亚马逊物流属于（　　）。
   A. 自建类物流企业
   B. 第三方物流企业
   C. 第四方物流企业
   D. 报关公司

6. 中远海运属于（　　）。
   A. 国际货代公司
   B. 船代公司
   C. 集装箱码头公司
   D. 航空公司

7. 下列属于 FTA 的是（　　）。
   A. 巴拿马科隆自由贸易区
   B. 中国-东盟自由贸易区
   C. 中国自由贸易区
   D. 德国汉堡自由港

8. （　　）属于海关保税监管场所。
   A. 保税区
   B. 出口加工区
   C. 保税港区
   D. 保税仓库

9. 下面不属于综合保税区功能的是（　　）。
   A. 国际中转
   B. 国际配送
   C. 国内贸易
   D. 转口贸易

10. 通过一系列头脑风暴识别可能对跨境电商供应链相关企业业绩产生影响的关键因素，然后对这些因素的未来发展趋势进行评估，综合形成现实和潜在的风险因素组合，这种跨境电商供应链风险识别方法是（　　）。
   A. 历史数据分析法
   B. 过程图法
   C. 关键事件预警分析法
   D. 因果关系图法

二、多选题

1. 供应链根据范围不同，可以分为（　　）。
   A. 内部供应链
   B. 外部供应链
   C. 采购供应链
   D. 生产供应链

2. 供应链管理的基本内容包括（　　）。
   A. 计划
   B. 采购
   C. 制造
   D. 交付
   E. 退货

3. 跨境电商供应链由（　　）组成。
   A. 供应链载体
   B. 供应链实体
   C. 供应链周期
   D. 供应链系统

4. 跨境电商供应链驱动因素包括（　　）。
   A. 采购痛点显著
   B. 流通成本高

C. 跨境电商企业面临资金方面挑战　　　　　D. 流通效率低

5. 跨境电商供应链外部环境风险包括（　　　）。
    A. 政治环境风险　　B. 经济环境风险　　C. 自然环境风险　　D. 供应链管理风险

6. 跨境电商供应链涉及的主要环节包括（　　　）。
    A. 跨境电商采购　　B. 跨境电商仓储　　C. 跨境电商运输　　D. 跨境电商配送

7. 跨境物流企业包括（　　　）。
    A. 跨境电商平台类物流企业　　　　　　　B. 第四方物流企业
    C. 第三方物流企业　　　　　　　　　　　D. 跨境电商非平台类物流企业

8. 跨境电商供应链风险识别方法包括（　　　）。
    A. 历史数据分析法　　　　　　　　　　　B. 过程图法
    C. 关键事件预警分析法　　　　　　　　　D. 因果关系图法

9. 海关特殊监管区域和保税监管场所包括（　　　）。
    A. 综合保税区　　B. 自由贸易区　　　　C. 保税港区　　　　D. 出口加工区

10. 下列属于供应链管理采购环节风险的有（　　　）。
    A. 采购需求不准确导致的供应链风险　　　B. 目标地域选择不当导致的供应链风险
    C. 对境外市场不熟悉导致的供应链风险　　D. 生产计划不合理导致的供应链风险

三、判断题

1. 跨境电商供应链管理与国内供应链管理在应用范围、运输方式、风险程度、涉及政府部门等方面是一致的。（　　　）

2. 跨境电商供应链管理专员岗位的典型工作任务包括采购管理、仓储管理、物流方案设计与发货管理、通关管理等。（　　　）

3. 本地化、分散化、精品化是跨境电商供应链管理的重要目标。（　　　）

4. 跨境电商供应链管理 M2C 模式指生产厂家直接对接消费者提供自己的产品或服务。（　　　）

5. 出口易属于第三方物流企业。（　　　）

6. 船代公司是指接受进出口货物收货人、发货人的委托，以委托人的名义或者以自己的名义，为委托人办理国际货物运输及相关业务并收取服务报酬的法人企业。（　　　）

7. 出口监管仓库分为出口配送型仓库和境内结转型仓库。（　　　）

8. 跨境电商供应链风险是跨境电商供应链偏离企业经营目标的不确定性。（　　　）

9. 跨境电商供应链企业内部风险存在于供应链计划、采购、生产、配送等环节。（　　　）

10. 供应链柔性是指快速而经济地处理企业生产经营活动中不确定性或风险的能力。（　　　）

四、简答题

1. 简述跨境电商供应链管理的整体业务流程。
2. 简述跨境电商供应链管理的类型。
3. 简述跨境物流企业的分类与功能。
4. 简述海关特殊监管区域和保税监管场所的分类及主要功能。
5. 简述跨境电商供应链风险防范方法。

项目实训

一、跨境电商供应链企业调研

以小组为单位（每组 3～5 人），通过实地调研、网络调研、资料收集、文献阅读等方式，调研大型制造业企业（2 家）、集装箱班轮公司（2 家）、船代公司（2 家）、国际货代公司（2 家）、报关公司（2 家）、国际快递公司（2 家），将其基本情况填入任务工单 1-1，并选择其中一家代表性企业用 PPT 展开介绍。

任务工单 1-1 跨境电商供应链企业调研

小组名称				完成日期		
企业类型	公司名称	所在地	成立时间	业务范围	服务区域	跨境电商供应链岗位职责
大型制造业企业						
集装箱班轮公司						
船代公司						
国际货代公司						
报关公司						
国际快递公司						
小组总结						

二、跨境电商供应链网络调研

以小组为单位（每组 3～5 人），通过实地调研、网络调研、资料收集、文献阅读等方式，调研学校所在省（自治区、直辖市）跨境电商供应链网络整体及各节点分布情况，重点针对跨境电商口岸（国际港口、国际航空港）、保税区、综合保税区、保税港区、出口加工区、跨境工业区、保税仓库、出口监管仓库、保税物流中心等进行调研，将其分布情况、涉及区域、主要功能、优势特点及龙头企业等填入任务工单 1-2，并选择一个典型物流节点用 PPT 展开介绍。

任务工单 1-2　跨境电商供应链网络调研

小组名称			完成日期		
企业类型	分布情况	涉及区域	主要功能	优势特点	龙头企业
口岸					
保税区					
综合保税区					
保税港区					
出口加工区					
跨境工业区					
保税仓库					
出口监管仓库					
保税物流园区					
小组总结					

巩固拓展 ↓

📖 敲黑板

1. 跨境电商供应链是指围绕跨境商品采购、运输、销售、消费等环节提供服务，构成连接上游品牌方、下游消费者并承载信息流、物流、资金流的功能网链服务结构。跨境电商供应链由供应链载体、供应链实体、供应链周期和供应链系统四个部分组成。

2. 跨境电商供应链管理是指整合跨境电商供应链中涉及的制造业企业、中间商、跨境物流企业及最终消费者形成的链式网络中的信息流、物流、资金流，对其进行计划、组织、协调、控制和优化。

3. 跨境电商供应链管理的基本流程是从制造业企业采购原材料开始，制造业企业将原材料加工形成产成品，然后再将产成品分发给各个中间商，中间商通过物流企业完成运输、仓储、流通加工等，供应链平台为供应链提供信息数据的传输及共享。

4. 跨境物流企业是指经营与跨境电商物流相关的采购、运输、仓储、配送等业务的企业，介于制造业企业、中间商和消费者之间，负责集货、理货、库存、配送等。跨境物流企业包括跨境电商平台自建类物流企业和跨境电商非平台类物流企业。

5. 跨境电商供应链网络节点是连接跨境电商供应链各环节的重要载体。跨境电商供应链网络是指由多个收发货节点连接而成的物理网络及与之相伴的信息网络组成的整体，包括跨境电商口岸（国际港口、国际航空港）、海关特殊监管区域、保税监管场所等。

6. 口岸（Port）是国家指定的对外往来的门户，是国际货物运输的枢纽和节点，除了对外开放的沿海港口之外，口岸还包括国际航线上的飞机场，山脉国境线上对外开放的山口，国际铁路、国际公路上对外开放的火车站、汽车站，国际河流和内河上对外开放的水运港口。

7. 海关特殊监管区域是指经过国务院批准，设立在我国关境内，赋予承接国际产业转移、联结境内外两个市场等特殊功能和政策，以海关为主实施封闭监管的特殊区域，主要包括保税区、出口加工区、保税港区、跨境工业区、综合保税区等。海关保税监管场所是指经海关批准设立的，准予在保税状态下存储货物的仓库、场所，包括保税仓库、出口监管仓库、保税物流中心等。

8. 跨境电商供应链风险是跨境电商供应链偏离跨境电商经营管理目标的不确定性，包括外部环境风险和企业内部风险。

9. 跨境电商供应链风险识别是指对跨境电商供应链各个环节和相关企业可能面临的各种风险进行归类分析、认识和辨别。识别方法包括历史数据分析法、过程图法、关键事件预警分析法、因果关系图法、财务报表分析法。

10. 跨境电商供应链风险可以通过加强对跨境电商供应链节点企业的风险管理、建立跨境电商供应链应急处理机制、选择合适的跨境电商供应链合作伙伴、柔性化设计提升跨境电商供应链弹性四个方面的措施进行防范。

📖 案例拓展

2022年9月16日，第十九届中国-东盟博览会在广西南宁召开，这代表着中国和东盟的关系实现跨越式发展，《区域全面经济伙伴关系协定》（RCEP）的生效，进一步助推区域内产业链、供应链和价值链的融合。近年来，京东持续在东盟地区布局电商零售和物流基础设施，在印度尼西亚和泰国落地本地电商平台，并布局线上线下全渠道零售。中国家电品牌在京东东南亚电商平台上销售的同比增速始终保持在150%以上，当日达和次日达也通过京东引入的自建物流模式成为当地消费者的日常选择，不仅为当地创造了大量就业机会，还加速了中国商品和服务在东盟地区的出海进程。未来，跨境物流企业将规划全球化运输综合方案+海外本土物流专业方案的跨境供应链综合解决方案，通过搭建境外跨境物流网络，实现跨境网络与供应链协同，确保全球化服务能力延展及供应链服务的稳定。

【请思考】（1）跨境电商供应链未来的发展方向是什么？

（2）跨境电商供应链行业从业人员应该具备怎样的职业素养以适应岗位需求？

📖 **项目实践**

请调研你所在城市的跨境电商供应链企业，分析其发展模式、主营业务、岗位需求、工作任务等，完成关于跨境电商供应链发展现状及对策的调研报告。

学习笔记

项目二

跨境电商供应链采购

学习目标

知识目标

1. 掌握跨境电商供应商选择的主要影响因素；
2. 掌握跨境电商供应链采购模式分类；
3. 掌握跨境电商供应链采购合同的主要内容；
4. 了解跨境电商供应链采购需求的内容。

能力目标

1. 能够根据跨境电商企业销售情况分析采购需求，确定采购模式；
2. 能够根据跨境电商企业采购需求制订采购计划；
3. 能够选择合适的跨境电商供应商，评估采购绩效并正确签署采购合同。

素养目标

1. 具备一定的国际化视野和创新意识，能够将家国情怀厚植于跨境电商供应链采购实际；
2. 具备一定的团队精神和诚信精神，坚守公正廉洁、实事求是的工作作风，热爱跨境电商职业和跨境电商采购员岗位。

职业技能等级要求

📖 **跨境电商 B2C 数据运营**

能够根据跨境电商 B2C 采购的流程，选择合适的供应商，正确签订采购合同。

📖 **跨境电商 B2B 数据运营**

能够根据跨境电商 B2B 采购的流程，选择合适的供应商，正确签订采购合同。

案例导入

随着互联网技术的快速发展，跨境商品交易与电子商务的结合日益紧密。全球化、数字化的趋势将进一步推动跨境电商的发展。目前跨境电商行业在货源、物流等方面存在发展瓶颈，面临货物采购难、境外爆品供货渠道不稳定、物流周期长等痛点。

公开资料显示，深圳市集采供应链股份有限公司（简称"集采公司"）是一家实力雄厚的进口B2B 跨境采销服务商，能够提供境外采购、仓储物流、行邮税清关等一站式服务，在全球 100 多个国家和地区拥有采购经验丰富的团队，具备全品类供货能力，可以帮助许多跨境电商企业解决进口货物采购难、进口货源渠道不稳定的难题。集采公司在跨境电商行业具有优秀的境外采购资质与较强的议价能力，在成就全球 100 多个品牌供应的同时，可以为消费者提供性价比高的商品。集采公司的进口货源覆盖美国、德国、荷兰、日本和法国等 100 多个国家和地区，与境外美妆护肤、母婴日化、食品酒水、美容仪器和数码电器等不同行业的近千个品牌形成深度合作关系，为境内 3 000 家线上、线下中小零售商提供了数千个境外一、二线品牌的产品和专业的数字供应链服务，有力推动了跨境电商行业的专业化发展。对于跨境电商行业来说，物流是整个业务闭环中的重要一环。集采公司建设了美国仓、法国仓、英国仓、荷兰仓和日本仓等海外仓，并且在国内布局了香港仓、深圳仓、成都仓、天津仓等保税仓，建立了全方位的仓储物流系统。依托完善的仓储物流系统，集采公司提升了进口货物的物流速度，一般 5～25 天即可到货，为跨境电商行业解决物流痛点提供了良好的解决方案。

未来，在全球大市场的背景下，跨境电商行业在迎来更广阔发展空间的同时，也将面对日益激烈的市场竞争。集采公司作为跨境电商行业的中坚力量，将进一步对跨境电商供应链进行转型升级，不断提高货物供应、流通的效率，助推跨境电商行业发展。

【请思考】（1）跨境电商供应链采购与传统采购有什么不同？

（2）跨境电商供应链采购模式有哪些？

新知准备 ↓

📖 思维导图

跨境电商供应链采购
- 跨境电商供应链采购需求和模式确定
  - 规划采购流程
  - 识别采购需求
  - 确定采购模式
  - 制订采购计划
- 跨境电商供应链采购合同签订
  - 供应商选择
  - 正式签署采购合同
  - 采购绩效分析

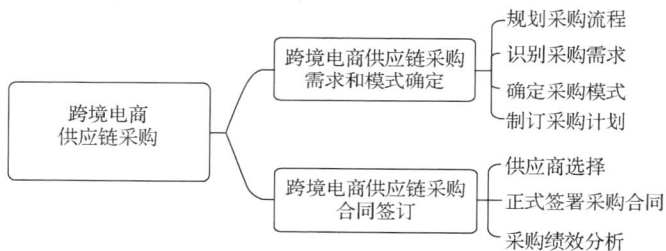

一、跨境电商供应链采购需求和模式确定

（一）规划采购流程

采购作为跨境电商供应链的中间环节，起着承上启下的作用。跨境电商采购是跨境电商企业的采购人员根据企业采购计划，到资源市场选择供应商，经过谈判，签订合同，最后收货付款的全过程。在跨境电商供应链中，采购是重要支点，支撑着各个企业间的资源整合。跨境电商供应链采购指跨境电商环境下，借助一定的手段从资源市场获取资源的整个过程，通常是企业购买货物与服务的行为，是企业经济活动中重要的经济行为。跨境电商供应链采购流程主要分为 8 个步骤，如图 2-1 所示。

1. 确定需求

跨境电商企业的采购需求应当符合法律法规，以及政府采购政策规定的技术、服务、安全等要求。除因技术复杂或者性质特殊，不能确定详细规格或者具体要求外，采购需求应当完整、明确，必要时，应当征求相关供应商、专家的意见。

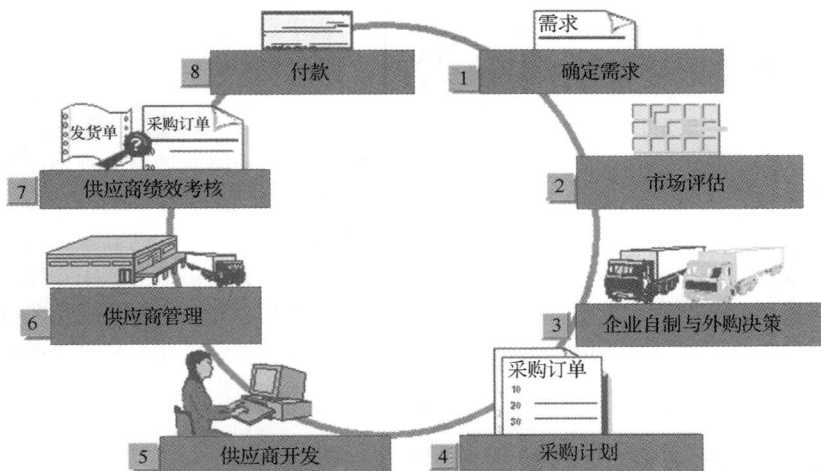

图 2-1　跨境电商供应链采购流程

2．市场评估

跨境电商企业要开发物美价廉、适销对路、具有竞争力的商品，以赢得顾客、占领市场、获得经济效益。在商品开发方面，跨境电商企业不仅要考虑目标市场的需求和技术的可能性，还要考虑商品各构成部件的供应成本和供应风险。

3．企业自制与外购决策

跨境电商企业所需的商品既可以由企业内部供应，也可以通过外购获得。商品是否涉及企业竞争优势或对企业业务是否重要是关键的决定因素。与此同时，环境分析结果也可为最终决策提供依据。如果所需商品涉及企业的竞争优势或对企业业务至关重要，而企业又有较强的能力，那么企业可以采取自制方式来实现内部供应。如果商品不涉及企业的竞争优势或对企业业务不是至关重要的，那么企业应尽量采用外购方式，以便使企业将有限的资源集中在主要的经营活动中。

4．采购计划

跨境电商企业的采购计划是相关人员在了解市场需求情况，以及认识企业生产经营活动和掌握物料消耗规律的基础上，对计划期内物料采购管理活动所做的预见性的安排和部署。

5．供应商开发

开发供应商的主要目的是寻找合适的潜在供应商，并保证其能稳定、持续地供应商品。根据地理区域、规模、技术和销售渠道等，供应市场可以划分为若干细分市场，不同供应细分市场的风险和机会不同，一般跨境电商企业会选择其中一个细分市场进行采购。

6．供应商管理

选择好适合的供应商之后，跨境电商企业需要与供应商保持密切的联系，因为供应商的能力和积极性会不断变化。供应商管理包括供应商业务管理、供应商风险管理、供应商绩效评估、供应商关系管理等内容，其中，供应商关系管理十分重要。

7．供应商绩效考核

没有控制就不可能进行有效的管理。采购管理同样需要进行控制。跨境电商企业考核供应商绩效，对采购工作进行评价，可以发现采购工作中的问题，从而改进管理流程。

8．付款

付款是采购流程中的重要一步，高效低费的跨境电商付款方式既能降低经营成本，也可以节约时间，提高交易效率。不同跨境支付方式适用的平台不同，手续费、交易时间、支付流程、数据风险及合作门槛等都存在差异，交易双方应根据自身需求选择合适的跨境支付方式。

（二）识别采购需求

采购需求是指对采购标的的特征描述。识别和明确跨境电商采购需求，是跨境采购与供应过程的起点。要实施采购就一定要明确采购需求，好的采购需求能够合理、客观地反映采购标的的主要特征及要求供应商满足的条件。在采购活动中，采购需求既是供应商响应、报价的基准，也是采购人决策的依据，在很大程度上决定着采购活动的成败和项目执行的效果。合理、明确、翔实的采购需求能激励潜在供应商参与企业采购活动，提高采购成功率，实现采购绩效目标，并为后续采购提供经验。采购需求分析就是分析该买什么、买多少、什么时候买、花多少钱买、什么时候得到商品及怎样得到商品等问题。正确的采购需求分析，不仅可保证及时获得合格的生产物资，也是控制采购成本的一项重要工作。采购需求分析是采购工作的第一步，是制订采购计划的基础和前提。

1. 跨境电商采购需求的主要内容

一旦确定对商品或服务的需求，就需要决定：是利用现有设备和人员在内部满足这一需求，还是通过采购来满足这一需求。如果决定通过采购来满足这一需求，采购过程即开始。如果决定利用现有设备和人员在企业内部满足这一需求，自制过程即开始。

采购需求主要包括以下内容。

- 拟采购商品的名称、规格，即需要什么。
- 拟采购商品的适用产品和生产单号，即什么地方需要，有什么功能要求。
- 拟采购商品的用量，即需要的数量。
- 拟采购商品的库存量，即企业目前已拥有的商品情况。
- 拟采购商品的订购量，即企业还需要的商品数量。

企业相关部门申请购买时应填制请购单，示例如图 2-2 所示。

请购单

申请部门_____			统一编号_____
请购日期_____			需用日期_____
品名/规格/料号	单位	数量	备注（用途、厂牌及参考单价等）

预算额_____

遇有问题时通知到_____

特殊发送说明_____

申请人_____

说明：一式两份，原件送采购部门，申请者保留文件副本

图 2-2　请购单示例

2 确定跨境电商采购需求

跨境电商采购需求按性质可以分成相关需求和独立需求。相关需求是指某种物资的需求量与其他某种物资的需求量有直接的配套关系，当其他某种物资的需求量确定后，就可直接推算出来该种物资的需求量。如企业内的各种在制品、零部件等的需求都属相关需求。独立需求是指某种物资的需求量是由外部市场决定的，与其他物资不存在直接的连带关系。采购需求的确定分为三种情况。

（1）预测采购需求。跨境电商采购需求主要有三大类预测技术：定性预测、时间序列预测和因果关系预测。

① 定性预测是一种基于主观判断和经验分析的预测方法，它依靠专业人员的经验和知识，结合市场、行业、产品等信息，对未来采购需求的趋势、规模、特点等进行预测。

② 时间序列预测是一种利用历史销售数据的统计方法，这些历史销售数据应当具有相对清楚且稳定的联系和趋势。如移动平均法，它是用分段逐点推移的平均方法对时间序列数据进行处理，找出预测对象的历史变动规律，并据此建立预测模型的一种时间序列预测方法。再如指数平滑法，它的基本思路是：在预测研究中时间离得越近的数据越应受到重视，时间序列数据中各数据的重要程度由近及远呈指数规律递减，对时间序列数据的平滑处理应采用加权平均的方法。

③ 因果关系预测是基于市场活动中存在的各种变量之间的因果联系而提出的，包括一元线性回归、多元线性回归、一元非线性回归等多种模型。

以跨境电商采购需求的定性预测为例，三名采购员对顾客未来需求量及出现概率等的估计如表2-1所示。

表 2-1 采购需求预测的定性预测 单位：件

采购员	需求预测项目	需求量	出现概率	需求量×概率
甲	最高需求量	1 000	0.3	300
	最可能需求量	800	0.5	400
	最低需求量	500	0.2	100
	期望值	—	—	800
乙	最高需求量	1 000	0.2	200
	最可能需求量	700	0.5	350
	最低需求量	400	0.3	120
	期望值	—	—	670
丙	最高需求量	900	0.2	180
	最可能需求量	600	0.6	360
	最低需求量	400	0.2	80
	期望值	—	—	620

如果跨境电商企业对三位采购员意见的信赖程度是一样的，那么采购需求的平均预测值为：

$$\frac{800+670+620}{3}=696.7 \ （件）$$

（2）独立需求商品采购需求的确定。独立需求商品采购需求的确定是指在没有与其他商品相关联的情况下，根据预测的需求和企业实际情况，确定采购所需商品的具体数量、质量、交货时间等参数，以满足企业的生产和经营需要。在确定独立需求商品的采购需求时，需要注意，由于独立需求商品与其他商品没有关联，因此需求的预测和采购计划的制订必须基于充分的信息和数据分析，以确保采购的商品符合质量标准和交货期要求，同时确保能够控制采购成本，提高企业的采购效率和竞争力。

（3）相关需求商品采购需求的确定。相关需求商品采购需求的确定是指在确认所需商品的情况下，根据企业实际需求和供应链状况，确定采购所需商品的具体数量、质量、交货时间等参数，以满足企业的生产和经营需要。相关需求商品采购需求的确定是企业采购管理中的一个重要环节，可用下列公式来确定某种商品的采购数量。

某种商品的采购数量=该种商品的本期需要量+期末预计库存数量-期初库存量-企业内部可利用资源

上述公式中，期末预计库存数量主要是指商品的安全库存量；企业内部可利用资源是指企业内部可以进行改制、代用、修旧利废，以及上期订货而本期到货未入库的在途商品。

素质提升：创新意识　SHEIN 供应链采购需求创新

商务部印发的《"十四五"商务发展规划》明确提出，加快数字技术与贸易发展深度融合，提升发展贸易新业态，拓展贸易发展新空间。作为全球领先的跨境电商企业和国际知名的 B2C 快时尚电商平台，SHEIN（中文名简称"希音"）是近年来中国企业"走出去"的一个典型，在境外市场的知名度很高。

SHEIN 的成功被打上了明确的标签——"供应链强大，小单快返"。在传统制衣供应链中，季节性批量集中采购才能最大限度降低成本，但要赶上快时尚潮流，一次性大批量采购已经无法满足企业需求。

SHEIN 的制衣订单基本分散在成百上千家中国供应商手中，他们大多集中在广州番禺的中小型制造工厂，SHEIN 对这些供应商的一次订单量可能只有百件，在筛选供应商时 SHEIN 也会要求供应商能够接受 100～500 件的小订单，即新款先行小批量上线测试，根据市场反馈，多次追加小批量订单，这就是已经在服装供应链领域小有名气的"小单快返"。

【请思考】现在企业与企业之间的竞争是供应链与供应链之间的竞争，SHEIN 的成功也得益于供应链。请说明 SHEIN 供应链采购的创新之处有哪些。

（三）确定采购模式

我国的跨境电商供应链采购模式主要有品牌授权代理、经销商采购、散买集货、代理采购、OEM（Original Equipment Manufacturer，原始设备制造，俗称"贴牌生产"）模式采购和分销平台采购 6 种，如图 2-3 所示。

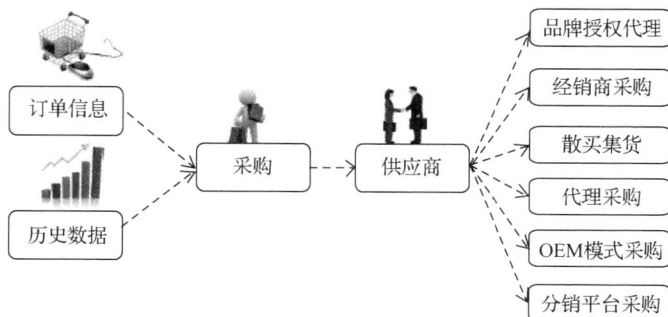

图 2-3　跨境电商供应链采购模式

1. 品牌授权代理

品牌授权代理是跨境电商企业从拥有品牌所有权的公司获得授权，成为其代理商，并按照合同规定，跨境电商团队代为运作线上市场的一种采购模式。品牌授权代理是跨境电商产业链上避免假货的一个有效途径。例如，美妆商品的渠道和货源问题一直是行业的隐忧，没有品牌的授权，即便直采直邮，仍屡次出现以次充好的现象。获得品牌商或大型国际零售商授权的跨境电商企业，通过直采减少商品的流通环节，从而获得了较低的采购价格，获得较大的定价优势，具备品牌背书，既保证了货源的质量，又保证了货源的稳定性。尤其是对于非标品类，若分散采购，难以争取上游话语权，正品保障机制也难以确立。未来，规模领先的跨境电商企业更容易与境外品牌商直接对接，更容易拿到一手货源，商品资源分化也将逐步显现。跨境电商供应链中原来存在的巨大信息差逐渐缩小，信息逐渐透明，跨境电商企业和境外货源供应商直接对话的机会逐渐增多。

2．经销商采购

经销商采购是跨境电商企业从境外品牌经销/代理商处获取优质货源，进行线上经营的一种采购模式。跨境电商企业直接获得品牌方授权的难度较大，因此与境外品牌经销/代理商合作是切实可行的途径。境外品牌经销/代理商在保证自身所在国家或地区货物供给充足的情况下，会分拨货物给跨境电商企业。通常情况下，经销商渠道的采购价格相对于厂商直供的价格偏高，有时还会遭遇厂商不承认货物正品资质的情况。这种采购模式难以保证货源的供应和价格的稳定，增加了采购垫资的风险。为了甄别货源品质，很多跨境电商企业采用聚焦战略，专注于几个国家或地区，锁定可靠的采购渠道；有的跨境电商企业则依靠品牌方的境内总代分销体系进行采购。

3．散买集货

散买集货是跨境电商企业没有能力和国际品牌商直接合作，拿不到代理权限和上级渠道时，只能从境外小批发商或零售商处买货的采购模式。这种采购模式增加了成本，拉长了周期。通常，在货物缺口较大或临时性采购时，跨境电商企业才会采用该种采购模式。

4．代理采购

代理采购又称跨境进口供应链 B2B 供货。这类采购模式多为上市公司、国际物流企业和转型的跨境电商企业所采用，要求采购方资金雄厚，集中体现为批量采购货物。在早期的传统贸易中，代理采购方熟悉贸易规则和境外渠道或货源，在为代购或电子商务平台转运供货中积累了资源。

5．OEM 模式采购

OEM 模式采购是指由采购方提供设备、技术和品牌授权，由制造方提供人力和场地，采购方负责销售，制造方负责生产的一种较为流行的生产方式。该模式对于品牌方的技术要求相当高，需要品牌方有自己的研发团队，能够给出设计方案。OEM 模式采购的典型代表有苹果的全系列产品、微软的 Surface Pro 平板电脑、小米手机等，因为这些企业基本没有自己的工厂，仅能通过代工形式实现生产，但是这些企业拥有较为强大的研发能力，能够将自己的设计方案交给代工厂，代工厂依照设计方案生产。

6．分销平台采购

分销平台采购通常为中小型跨境电商企业所采用，是在分销平台的支持下获得零库存、零成本的供应链支持，将跨境贸易的风险降到最低的一种采购模式。由于境外采购、入驻保税区门槛较高，规模较小的跨境电商企业虽然想发展跨境电子商务，但因自身渠道、资源等限制，难以开展此项业务。分销平台采购打破了时间、地域的限制，依托互联网建立销售渠道，不仅满足了中小型跨境电商企业追逐红利的需求，还能扩大分销渠道、丰富商品形态、对接境外市场。

逾三万跨境热销品汇聚东莞跨境电商采购峰会

跨境电商已成为我国稳外贸的重要力量，是外贸转型升级的新动能、创新发展的新渠道和"一带一路"建设的新桥梁。近年来，东莞跨境电商呈现快速发展态势。2022东莞跨境电商采购峰会以"先进制造，跨境出海"为主题组织了一系列活动，为东莞制造业企业和跨境电商采购商打造了一座产销相通、共赢合作的桥梁，实现了内外双循环的互促，以新技术、新业态、新模式赋能跨境产业，助力企业跨境经营。

知名跨境电商平台SHOPLINE参与2022东莞跨境电商采购峰会。据企业介绍，该企业服务内容涵盖从客户访问网站到建立品牌认知、发起询盘、询盘跟进、订单成交的交易全领域，可帮助外贸B2B商家打造高转化率独立站。东莞素有"世界工厂"之称，是广东省乃至全国跨境电商最重要的货源地之一。2022东莞跨境电商采购峰会采购对接则设置四大展区：跨境电商选品展区、生态圈展示区、跨境电商平台展区、高科技展示展区。本次峰会共汇集10家跨境电商优质服务商、10多个大型跨境电商平台、15个东莞特色产业集群，300多家供应商，30 000多个跨境热销产品亮相峰会，更吸引了逾1 000名跨境电商卖家到会。

近年来，我国一直在推动货物贸易优化升级，发展数字贸易，加快建设贸易强国。跨境电商是我国外贸发展的新生力量，也是国际贸易发展的重要趋势。东莞是跨境电商生态重点布局的重要城市，得益于东莞的地理优势、供应链优势、政策优势，越来越多的跨境生态企业追逐东莞市场，比如跨境B2B建站、金融支付结算、快递物流、知识产权等，形成了"1小时"服务圈，即只要有企业对跨境电商有任何需求，服务圈内企业1小时内能做出跟进反馈，帮助企业解答、解决相关问题。

【请思考】（1）从跨境电商生态圈角度，谈谈跨境采购与跨境电商的关系。

（2）说说你了解的跨境电商综合试验区都有哪些。

（四）制订采购计划

制订采购计划是跨境电商采购作业中的重要一环，采购计划会影响后续工作的开展，采购计划不准确，容易造成生产中断，销售缺货，由此带来的损失是不可估量的。制订采购计划是根据市场需求、企业的生产能力和采购环境容量等确定采购的时间、数量及方式。制订采购计划主要是为了指导采购部门的实际工作，保证产销活动的正常进行和企业的经营效益。

1. 采购计划的主要内容

广义的采购计划是指为保证各项生产经营活动所需的物料数量而编制的各种采购计划的总称。狭义的采购计划是指年度采购计划，即对企业计划年度内生产经营活动所需的各种物料的数量和时间等所做的安排和部署。其中，何时、何处取得合适数量的原材料是采购计划的重点。采购计划就是购入原材料的预见性的安排和部署，采购计划对整个采购活动的成败有着非常重要的影响。图2-4所示为采购计划单示例。

采 购 计 划 单

编序：　　　　　　　　　　　　　　　　　　　记录编号：

序号	品　名	规格	数量	单价	金额	用　途
	合计					
部门负责人		财务负责人		公司领导人		

白联采购　红联财务　黄联领料部门

年　月　日　　　　　　　　　　　采购人：

图2-4　采购计划单示例

2. 采购计划的制订

制订采购计划，是一项复杂、细致的工作，大体上可以分为三个阶段。

（1）准备阶段。准备阶段主要做好跨境电商企业内部资料和外部资料的收集整理，如调查市场需求、调查生产需求、准备订单背景资料、收集订单物料的供应商信息和订单比例（如果商品由多家供应商供应，每家供应商的订单数量占该商品总需求量的比例称为订单比例，该比例由采购人员规划并维护）。

（2）平衡阶段。采购平衡主要是指资源与需求在数量、品种、规格上的平衡，以及各类商品之间的平衡衔接。一般而言，在确定采购品种、规格基础之上，采购平衡主要就是确定各种商品的采购需求量。商品采购平衡表示例如图2-5所示。

商品采购平衡表

__年__季度__月

编号	商品名称	计量单位	计划期初库存 ①	企业可利用资源 ②	计划期需求量 ③	计划期末库存量 ④	平均余缺 ⑤=③+④-①-②	采购量 ⑥=⑤	备注
合计									

图2-5　商品采购平衡表示例

（3）编制采购计划。商品采购计划常由下而上逐级编制，各级商品申请单位可按不同情况提出计划期需要量，编制商品申请计划，并按规定时间逐级汇总上报。采购计划中列明的材料和数据要准确，条理要清楚、简明扼要。采购计划的主要内容如下。

① 前期采购计划的预计完成情况，计划执行中的突出问题。

② 计划期资源估计和计划安排的依据。这是重点部分，在深入分析资源和市场供求变化的基础上，结合各项政策，说明编写计划的指导思想、各主要采购指标、主要商品安排的原则和依据。

③ 根据加速商品周转和提高企业经济效益的要求，提出组织采购计划实施的主要措施和建议。采购员也可以对领导提出要求和意见，以保证本期采购计划顺利完成。

编制采购计划是最后一个环节，编制完成之后采购员就可以按照计划开展采购工作了。商品采购计划表示例如图2-6所示。

商品采购计划表　　　填表日期：　　　年　　　月　　　日

商品名称	规格型号	使用部门	单价	金额	全年采购总量	每月采购计划（数量、金额）		
						1月	2月	……
相关说明								
编制人员		审核人员			批准人员			
编制日期		审核日期			批准日期			

图2-6　商品采购计划表示例

中国制造风靡卡塔尔世界杯

2022年12月18日，阿根廷在世界杯决赛中凭借点球大战问鼎，这标志着四年一度的世界杯就此正式落幕。在阿根廷夺冠之后，义乌的跨境商家们随即迎来订单暴涨，阿根廷旗帜在速卖通平台上的销量一下子就涨起来了，与前一周的日常销量相比多了4倍，店铺访问量也增长了8倍。

中国制造热销，还凸显了中国制造强大的供给能力。世界杯周边商品品类繁多，对采购商来说，如果采购每种商品都要换个国家，而且还不能保证货源充足，那会耗费大量精力，增加很多成本。因此，制造业门类齐全且产能充足的中国就理所当然地成了最佳选择。在卡塔尔世界杯上，中国提供的并不只有日常用品和纪念品。从比赛球场到供水网络，再到电力保障、网络信号传输，都有满满的中国元素，从中也能看到中国制造的科技含量。

以义乌商家为代表的跨境商家们准备了超过1000万件的周边商品，通过跨境出口电商平台速卖通卖往全球各地，参与了这届世界杯。速卖通世界杯专场负责人直言，世界杯赛事会带动世界杯经济以及相关品类的大爆发，中国制造其实在每届世界杯上都能发挥自己的价值。据义乌市体育健身用品行业协会估算，2022年在整个世界杯周边商品的市场份额中，浙江义乌制造几乎占到70%。不仅仅是传统意义上的足球等体育用品销量大增，多款周边商品都在短时间内迎来了爆发式采购，例如球星卡、足球服、小旗子等。经过多年的经验积累，义乌商家们具备了突出的短期定制化供给力。由于世界杯参赛队伍众多、赛程变化快，义乌的商家们需要应对全球范围内大量高需求、短周期、快交付的订单，这时跨境形式的定制和采购就会体现出独特的渠道价值。

【请思考】（1）为什么中国制造这么受欢迎？

（2）世界杯期间跨境电商供应链采购有哪些特点？

二、跨境电商供应链采购合同签订

（一）供应商选择

供应商在跨境电商供应链中扮演重要角色，不同的行业对供应商的要求千差万别，供应商的选择要结合企业自身及所在行业的具体要求。

1. 跨境电商供应商的分类

根据商品和服务在跨境电商采购环节的影响程度，以及跨境电商供应商本身在行业和市场中竞争力的高低，跨境电商供应商可以分为以下4类。

（1）战略性供应商。战略性供应商指跨境电商企业实现战略发展所必需的供应商。这类供应商提供的商品和服务非常重要，这些商品和服务会对跨境电商企业的商品与流程运营产生重大的影响，或者会影响跨境电商企业满足客户需求的能力。同时，这类供应商具有较强的竞争力，所提供的商品和服务通常针对跨境电商企业的具体需求。通常，能满足跨境电商企业需求的这类供应商的数量相对较少，且转换成本很高，对于跨境电商企业而言，适合与这类供应商建立长期的战略合作伙伴关系。

（2）有影响力的供应商。有影响力的供应商对跨境电商企业来说通常具有较大的增值作用。这类供应商提供的商品和服务具有较高的增值率，或者这类供应商在某个行业处于较高地位。由于这类供应商提供的商品和服务通常有相应的质量和技术标准，对于跨境电商企业而言，可以根据需求形成采购规模并与其签订长期协议。跨境电商企业应和这类供应商建立合作关系，目的在于降低成本及保证商品和服务的可获得性。

（3）竞争性供应商。竞争性供应商提供的商品和服务在某一方面具有专有性和特殊性，难以被替代。但竞争性供应商提供的商品和服务属于低价值的商品和服务，在采购总量中所占的比例相对较小。对于这类供应商，跨境电商企业需要使采购这些商品和服务所付出的精力最小化，交易过程尽量标准化和简单化，以降低与交易相关的成本等。

（4）普通供应商。普通供应商对于跨境电商企业来说具有较低的增值率，其数量众多。普通供应商转换成本低，跨境电商企业应该把重点放在价格上，即基于市场需求采购性价比最高的商品。跨境电商企业可与这类供应商签订短期协议。

素质提升：诚信精神　　乐歌与供应商的战略合作

乐歌人体工学科技股份有限公司（简称"乐歌"）是大健康人体工学行业首家 A 股上市公司，同时也是通过 IPO 上市的跨境电商第一股。

供应链是跨境电商的命脉。中小卖家在供应商面前非常被动，几乎没有谈判权，而大卖家则大不相同。大卖家与供应商之间的纠葛，一言难尽。如某头部公司总是提出无理账期，时常拖欠货款，导致周边供应商不敢再为其供货；而一些供应商一货多卖，货不对版，延迟交货，导致卖家侵权、封号或断货之事也屡见不鲜。对于跨境电商卖家来说，如何处理好跟供应商之间的关系，成了一大难题。

乐歌首先跟战略性供应商建立长期合作关系，一方面能够通过大量采购降低材料成本，另一方面双方签订采供合同，也提高了风险可控性。与此同时，乐歌根据市场变动情况，做出预判，对大宗原料选择适合的时机进行批量备料，以此降低价格波动带来的风险。另外，在产品端，对于需电镀、氧化和抛光等的半成品配件委托外部加工。与此同时，对于一些低附加值的产品，通过外协模式，委托供应商贴牌生产。而对于高附加值产品，乐歌牢牢地掌握了主动权，安排自己的工厂把控生产和销售，实行工厂对消费者的 M2C（Manufacture to Consumer，生产厂家对消费者）模式，降低对供应商的依赖度，降低供应链风险。乐歌最终构建了市场调研、研发、生产、供应链管理、渠道建设、品牌营销和售后服务的价值链，实现了公司利益的最大化。

目前，乐歌已经入驻了亚马逊、eBay 等跨境电商平台，同时也入驻了京东和小米有品等平台，通过 M2C 模式服务消费者。公司制定了完备的采购制度及流程，与采购管理直接相关的部门包括采购部、质量部、研发部、计划部、物控部、财务部。其中，采购部负责供应商的寻找、开发，物料的询价、议价、比价，综合考虑各供应商的生产能力、业内口碑、售后服务、供应价格及供应商提供产品的品质等诸多因素，并协同质量部管理供应商，密切关注主要物料供应商的变动情况。财务部成本办负责核价，对采购价格进行跟踪，全程管控外购料件的价格合理性。质量部对外负责供应商质量体系的稽核与辅导，确保供应商符合公司的质量管控要求，对外购料件的检验进行全程管控，并负责供应商的月度、年度绩效考核。研发部协同采购部对新供应商进行稽核，并制定物料的技术标准、验收标准。计划部根据业务部门需求及库存情况制订物料需求计划。物控部根据物料需求计划下达物料采购订单至供应商，全程跟踪至物料入库、对账、付款，配合质量部对来料异常进行处理。

【请思考】（1）乐歌的采购流程是什么？

（2）乐歌是如何与供应商建立长期战略合作关系的？

2. 跨境电商供应商选择的主要影响因素

跨境电商供应商选择指跨境电商企业对现有的跨境电商供应商和准备发展的跨境电商供应商进行大致的筛选，把不符合标准的跨境电商供应商排除在外的过程。从狭义上讲，跨境电商供应商选择是指跨境电商企业在研究所有的建议书和报价之后，选出一个或几个跨境电商供应商的过程。从广义上讲，跨境电商供应商选择包括跨境电商企业从确定需求到最终确定跨境电商供应商及评价跨境电商供应商的循环过程。

跨境电商供应商选择的主要影响因素如下。

（1）产品质量。质量是供应链的生存之本，产品的使用价值是以产品质量为基础的，它决定了最终消费品的质量，影响着产品的市场竞争力和占有率。因此，产品质量是影响供应商选择的一个重要因素。

（2）产品价格。采购价格低，意味着企业可以降低生产经营成本，提高竞争力和增加利润。但是采购价格最低的供应商不一定就是最合适的，还需要考虑产品质量、交货时间及运输费用等诸多因素。

（3）交货期。能否准时交货，直接影响企业生产和供应活动的连续性，也会影响各级供应链的库存水平，继而影响企业对市场的反应速度。供应商供货能力综合评价表示例如图2-7所示。

供应商供货能力综合评价表

企业名称		提供产品	
调查方式	□综合评价 □其他：		
供应商类别	□第Ⅰ类　　□第Ⅱ类　　□第Ⅲ类		
综合评价意见	质量状况：年度在本公司及顾客反馈信息中未发现质量问题，该公司提供的产品质量较好		
	及时性：到货及时，未发生影响本公司生产计划情况		
	服务：好		
	评价者： 　　　　　　　　　　　　　　评价日期：		
评价结论	□合格　　□不合格		
审核者		审核日期	

图2-7　供应商供货能力综合评价表示例

（4）产品柔性。在全球市场的背景下，消费者更注重产品的个性化、多样化，而产品的多样化是以供应商的产品柔性为基础的，它决定了产品的种类。

（5）其他因素。其他因素包括产品设计能力、特殊工艺能力、整体服务水平、项目管理能力等因素。在选择供应商时，本着质量、成本、交付和服务并重的原则，质量因素是最重要的，首先要确认供应商是否建立有一套稳定有效的质量保证体系，是否具有生产所需特定产品的设备和工艺能力。其次是确认成本与价格，对所涉及的产品进行成本分析，并通过双赢的价格谈判实现成本节约。最后，在交付方面，要确定供应商是否拥有足够的生产能力、人力资源是否充足、有没有扩大产能的潜力。此外，供应商的售前、售后服务也是筛选供应商时应考虑的因素。

3. 跨境电商供应商谈判

跨境电商供应商谈判是指跨境电商企业为采购商品，与供应商就购销业务有关事项，如商品的品种、规格、技术标准、质量、订购数量、包装要求、售后服务、价格、交货日期及地点、运输方式、付款条件等进行反复磋商，谋求达成协议并建立双方都满意的购销关系。跨境电商供应商谈判的流程可以大致分为以下几个步骤。

（1）策划。在进行跨境电商供应商谈判前，需要确定谈判的目标和谈判策略；需要分析市场情况，确定采购的商品需求和预算，并了解供应商的情况和背景；还需要确定谈判的底线，以及在谈判中可能出现的各种情况。

（2）筛选。在确定了目标和策略后，需要开始筛选供应商，并进行初步的接触和询价。可以通过各种渠道找到供应商，如展会、B2B平台、搜索引擎等。在筛选过程中，需要注意供应商的信誉、产品质量和价格等因素。

（3）联络。在筛选出合适的供应商后，需要与供应商建立联系，并表达采购的意向和要求。可以通过邮件、电话、视频会议等方式与供应商联络，并说明采购的需求和要求。在联络的过程中，需要建立互信和良好的关系，以便在谈判中取得更好的结果。

（4）谈判。在建立了良好的关系后，可以开始正式的跨境电商供应商谈判。在谈判中，需要确定各种细节，如产品价格、品质标准、最小订单量、交货期限、付款条款、合同条款等。在谈判中，需要合理运用谈判技巧，如借力、提问等，以取得更好的谈判结果。

（5）签约。在谈判结束后，如果达成了协议，需要与供应商签订正式合同，并确认所有条款和细节。在签约前，需要对合同进行仔细的审核和评估，以确保合同的合法性和有效性。签约后，需要遵守合同的规定，并与供应商保持良好的合作关系。

总的来说，跨境电商供应商谈判的流程有策划、筛选、联络、谈判和签约等多个步骤。在谈判中，需要注意细节和技巧，并建立良好的关系，以取得更好的结果。

（二）正式签署采购合同

跨境电商采购合同有时也被称为采购订单，一般在选择供应商之后订立。采购部门拟定采购合同时必须特别注意用词，因为它是具有法律效力的文件，几乎所有的采购合同都包括与违约相关的标准法律条款，以及采购所需的重要细节信息，如数量、物料规格、质量要求、价格、交货日期、交货方式、送达地址等。图2-8所示为采购订单示例。

采　购　订　单

供应商			联系人		
电话			传真		
地址					
部门		申请人		申请日期	
发票号			采购合同号		
序号	品名及规格	数量	单价	金额	备注
1					
2					
3					
小计					
订单要求					
交货时间					
送货地址					
付款方式					
	供应商： 签字盖章：		采购方： 签字盖章：		

图2-8　采购订单示例

采购物料的要求、供应情况、企业本身的管理要求、采购方针等不同，跨境电商供应链的采购合同也不同。签署采购合同一般需要经过以下过程：拟定合同—审批合同—与供应商签订合同—执行合同。

如果要从一个供应商那里重复订购一种或一组商品，采购部门就可以发出综合采购合同，如图 2-9 所示。综合采购合同在定期采购商品或面对常规供应商时被广泛使用，例如一个维修用品分销商的综合采购合同可能包括数百种商品。买卖双方可以根据市场情况约定新的价格、数量折扣，或者增减商品项目，对综合采购合同做出修改。

采购合同

供应商：________　　　　日期：________
电话：________　　　　交货日期：________
传真：________　　　　合同号码：________

产品图片	品类	工厂型号	唛头SKU	产品尺寸	颜色	产品描述	数量	箱数	包装方式	箱规	单箱体积	总体积	毛重	出厂价(含税)	出厂总价(含税)	出厂价(不含税)	出厂总价(不含税)	拍照预留数量	运营负责人	跟单负责人	出口国家(地区)	商标
纸箱克重要求足200磅，如纸箱抽检的磅数不够，将整单索赔																						
合计																						

订单要求：（所有赔付以每月月末/季末提供的索赔清单及图片为准）

1	大座或下架不允许出现导致安装不上的质量问题，例如没有螺纹等问题，下架与大座不允许出现孔位不对的情况
2	打包时不能出现颜色装错箱、下架装错等问题
3	打包前需要对大座外观进行检查，凳座不允许出现任何划痕、不能恢复的压痕、污渍等情况
4	下架不允许出现任何划痕、磕碰、焊接问题，下架不能出现明显弯折
5	座面不允许出现颜色不均匀、色差偏大等外观问题
6	大座车线不能出现脱线情况
7	箱内不能有杂物，不能有异味
8	不能出现五金装错等问题
9	不能出现掉底脚、少五金等情况

如出现上述任一问题，扣除整箱货款

索赔标准请见附页

补充条款

1.此订单需出卖方盖章回传至指定邮箱，一旦接受本订单，则视为接受本通用条款所有内容。
2.新产品以买受方通知签样或封样完成为准，开始启动生产，如买受方未承认产品签样或封样，但是工厂完成了大货备料及生产，买受方不承担任何费用、风险。
3.本采购预付总货款的30%，验收合格后，装柜之前结清尾款。
4.工厂需要严格按照买受方的交期交货，如因延期产生的断货损失，买受方有权向工厂索赔。
超期交货5天,扣除2%的货款；
超期交货10天,扣除5%的货款；
超期交货15天，则买受人无须得到出卖人同意即可解除本合同，由此引起的一切责任和损失均由出卖人承担。
5.质量的技术标准和其他有关质量标准的约定：符合企业标准、行业标准、国家标准及买受方的质量要求。
6.本合同任何修改、变更和补充均需经双方友好协商并签署书面文件，否则，视修改、变更和补充无效。
7.未经买受方书面同意，不得对产品、工艺、原材料来源、生产流程进行任何替换和变更。
8.出卖人提供给买受方合同约定的货物。如需调整生产安排及生产规格、数量，需出卖人和买受方协商同意并签署书面文件，否则，不得随意调整。
9.如出卖人交付的货物因商标、包装、专利和其他专有技术导致权利人向买受方进行指控，其一切法律和经济责任均由出卖人承担。
10.拼柜时，由于出卖人原因不能在承诺时间内装货，需要重做入库条码，出卖人需要赔付其他工厂更换标签的人工成本。
11.由于出卖人原因不能在承诺时间内装货，出现亏舱费、重复商检费等费用，由出卖人承担。
12.产品验收不合格者或做错货物,买受方有权拒收货物,或取消订单。
13.解决合同纠纷的方式：出卖人和买受方同意因履行本合同所产生的任何争议均依中华人民共和国法律的有关规定在本合同签订地人民法院或其级别管辖的上一级法院诉讼解决。
14.生效条款：本协议经出卖人、买受方双方法定代表人和/或授权代表签署，并加盖各自印章后即刻生效，且正本一式二份，各方分别留存一份。
同时，各方确认授权代表均已获得该方的合法授权签署本合同而无须书面授权委托书

签署：

出卖人：
法定代表人或
授权代表：
盖章：
日期：

买受方：
法定代表人或
授权代表：
盖章：
日期：

图 2-9　综合采购合同示例

（三）采购绩效分析

跨境电商企业应对采购环节中的诸要素进行科学的规范和有效的管理，通过确定最优性价比来做出采购决策，实现减少采购支出、提高采购效率、扩展利润空间、提升经济效益的目的。

1. 跨境电商采购成本的主要内容

跨境电商采购成本指与跨境电商采购有关的商品买价、采购管理成本、采购计划制订人员的管理费用、采购人员的管理费用等。具体费用如下所述。

（1）商品买价。商品买价即商品的买入价格。品质好的商品或者品类会让商品运营变得简单，具有特色优势、回购率高的商品更容易使企业获得良好的经营效果。

（2）平台费用或自建网站费用。在跨境电商中，搭建渠道尤为重要，而且需要一笔不小的费用。跨境电商企业可以考虑入驻第三方平台或者自建网站。平台费用一般包含入驻费用、成交费用及在平台内的推广费用等。自建网站可以更好地推广品牌，在页面内容与功能设置方面也更具灵活性，但是自建网站的设计、建设、维护等需要较多的费用，且后期的推广需要持续投入。

（3）外币结汇费用。跨境电商业务一般是以外币，如美元、英镑、欧元等进行结算的，因此，在核算成本时需要将外币结汇费用考虑进去。

（4）物流费用。物流方面同样需要投入，不管是海外仓发货还是直发包裹，一定要保证客户能在最短的时间内拿到货物。

（5）人员成本。人员成本指采购的人工费用。跨境电商企业在制订人员计划时，要将人员的现有薪资及薪资的涨幅、福利等费用计入人员成本。

（6）引流成本。入驻跨境电商平台后，跨境电商企业可以通过购买站内推广服务，来达到为店铺引流的目的。一般，这种方式见效快，获取的流量也较多。当站内流量到达极限以后，跨境电商企业可以进行站外引流，即在第三方平台为自己的商品做推广。

2. 利用 ABC 分类法控制采购成本

ABC 分类法是指将所有库存物资按照全年货币价值从大到小排序，然后将其划分为 3 类，分别是 A 类、B 类和 C 类物资。A 类物资价值最高，受到高度重视；B 类物资受重视程度稍弱；C 类物资价值低，仅需对其进行例行控制管理。跨境电商企业利用 ABC 分类法可以更好地预测采购量，降低对供应商的依赖度，减少库存成本。

ABC 分类法的划分标准及各级物资在总消耗金额中应占的比例没有统一的规定，企业应根据各仓库库存品种的具体情况和企业经营者的意图来决定。根据众多企业运用 ABC 分类法的经验，一般可按各种物资的消耗金额在总消耗额中所占的比例来划分级别，ABC 分类法是按"抓住重点，照顾一般"的原则实施重点控制的方法。ABC 分类法的级别划分标准如表 2-2 所示，ABC 分类法示意如图 2-10 所示。

知识园地

ABC 分类法的由来

表 2-2 ABC 分类法的级别划分标准

级别	占总消耗金额的比例	占总品种数的比例
A	60%～80%	10%～20%（不包括 20%）
B	15%～20%	20%～50%（不包括 50%）
C	5%～15%（不包括 15%）	50%～70%（不包括 70%）

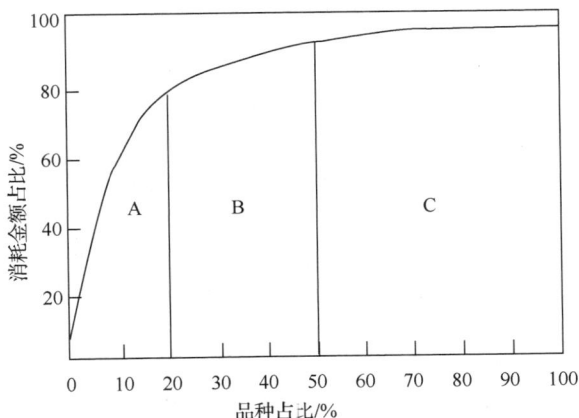

图 2-10 ABC 分类法示意

ABC 分类法的应用策略如下。A 类物资是最重要的物资，数量少但意义重大。A 类物资采购要勤一些，最好的方法就是用时采购，买了马上用，库存不要太多，这样可以提高资金周转率。如果不能少量采购，则要计算每种商品的采购量，尽可能地适当增加订购次数，以减少库存积压，也就是减少存储费用和资金占用。同时，也应对 A 类物资进行连续检查，以加强日常控制。对于 B 类物资，需计算最优采购量，经常检查库存，但不必像 A 类物资那样严格，定期进行概括性的检查即可，当库存下降到订货点时采购，以节省存储和管理成本。B 类物资的采购可以适当照顾供应商的利益，如允许供应商按经济采购量生产、供应，以获取供应链总成本的降低。C 类物资的数量多，单价低，采购总成本低。对于 C 类物资，应增加订货批量，多储备，不必经常盘点数量和种类，一年一次即可。

3. 采购绩效评估

采购绩效是衡量采购活动效果和价值的度量，是衡量采购部门或企业是否实现战略目标的重要指标。采购绩效评估通常基于一系列关键绩效指标。

（1）采购成本：衡量采购商品或服务所需的成本，包括直接成本和间接成本。

（2）交货时间：衡量供应商按照约定时间交付货物或完成服务的能力。

（3）供应商管理：衡量采购部门对供应商的管理效果，包括合格率、交货准时率等。

（4）质量控制：衡量采购商品或服务的质量，包括产品合格率、供应商评级、退货率等。

（5）采购效率：衡量采购流程和流程改进的效率，包括采购员的工作效率、采购流程的标准化和自动化程度等。

分析采购绩效可以帮助跨境电商企业了解供应链采购活动的优点和不足，并制订相应的改进计划，从而提高采购效率和降低采购成本。跨境电商企业可以依据采购实际情况对商品的质量、数量、时间、价格、效率 5 类指标进行量化，将最终评估等级作为采购部或采购员绩效分析的结果，并根据评估分析结果对其予以奖惩。下面以 A 公司采购绩效评估为例，说明如何科学量化采购绩效评估指标。A 公司的采购绩效评估如图 2-11 所示。

考核项目	考核指标	权重	评估等级划分说明					评估等级
			A	B	C	D	E	
质量绩效	进料品质合格率	15%	100%	≥90%且<100%	≥80%且<90%	≥65%且<80%	<65%	
	物资使用不良率	10%	0%	>0%且≤5%	>5%且≤10%	>10%且≤15%	>15%	
数量绩效	呆、废料物资金额	10%	<1%	≥1%且<2%	≥2%且<3%	≥3%且<5%	≥5%	
	库存周转率	10%	从不	当期没有	无记录	≤3 次	>3 次	
时间绩效	是否导致停工，影响经营	10%	从不	当期没有	无记录	≤3 次	>3 次	
价格绩效	采购成本降低率	10%	>10%	>8%且≤10%	>6%且≤8%	>4%且≤6%	≤4%	
	采购价格降低额	10%	>100 万元	>80 万元且≤100 万元	>40 万元且≤80 万元	>20 万元且≤40 万元	≤20 万元	
效率绩效	采购完成率	15%	>95%	>90%且≤95%	>80%且≤90%	>70%且≤80%	≤70%	
	订单处理时间	10%	<2 天	≥2 天且<3 天	≥3 天且<4 天	≥4 天且<5 天	≥5 天	
备注	A——杰出；B——优秀；C——中等；D——需提高；E——差							

图 2-11　A 公司采购绩效评估

测试与实训

项目测试

一、单选题

1. 跨境电商企业从境外品牌经销/代理商处获取优质货源，进行线上经营的采购模式是（　　）。
　　A. 品牌授权代理　　B. 经销商采购　　C. 散买集货　　D. 代理采购

2. （　　）是供应链采购活动的起点。
　　A. 采购订单　　B. 采购申请单　　C. 采购计划　　D. 采购合同

3. 某跨境商家在下个月计划生产打印机 1 000 台，其维修部门需采购的 1 000 个内置硬盘属于（　　）的物料。
　　A. 独立需求　　B. 离散需求　　C. 相关需求　　D. 以上都不是

4. 利用 ABC 分类法控制采购成本，通常 A 类物资的消耗金额在总消耗金额中占（　　）。
　　A. 60%～80%　　B. 15%～20%　　C. 5%～15%　　D. 5%以下

5. 下列因素中不影响供应商采购谈判的是（　　）。
　　A. 谈判时间　　B. 谈判参与者　　C. 谈判计划的制订　　D. 谈判形势

6. 在采购活动中，（　　）既是供应商响应、报价的基准，也是采购人员决策的依据，在很大程度上决定着采购活动的成败和项目执行的效果。
　　A. 采购需求　　B. 采购流程　　C. 采购模式　　D. 采购计划

7. （　　）模式对于品牌方的技术要求相当高，需要品牌方有自己的完整的研发团队，能够给出设计方案。
　　A. 散买集货　　B. OEM 采购　　C. 品牌授权代理　　D. 分销平台采购

8. 依靠专业人员的经验和知识，结合市场、行业、产品等信息，对未来采购需求的趋势、规模、特点等进行预测的方法是（　　）。
　　A. 时间序列预测　　B. 因果关系预测　　C. 定性预测　　D. 定量预测

9. 不属于采购绩效评估质量控制指标的是（　　）。
　　A. 产品合格率　　B. 供应商评级　　C. 交货准时率　　D. 退货率

10. （　　）是跨境电商采购作业中的重要一环，如果不准确，容易造成生产中断，销售缺货。
　　A. 确定采购模式　　B. 识别采购需求　　C. 规划采购流程　　D. 制订采购计划

二、多选题

1. 跨境电子商务采购成本包含的具体费用有（　　）。
　　A. 商品买价　　B. 平台费用或自建网站费用
　　C. 外币结汇费用　　D. 人员成本

2. 采购合同描述了采购所需的重要信息，主要有（　　）。
　　A. 数量　　B. 物料规格　　C. 质量要求　　D. 交货日期

3. 以下不属于采购部门职能的有（　　）。
　　A. 库存管理　　B. 采购计划管理　　C. 产品成本管理　　D. 采购监控与评价

4. 选择供应商时考虑的主要影响因素有（　　）。
　　A. 产品质量　　B. 产品价格　　C. 交货期　　D. 服务水平

5. 供应商评价是一项应该经常进行的工作，该工作的开展频率取决于（　　　）。

    A. 采购品类　　　　　　　　　　　B. 供应市场的变化情况

    C. 企业领导的意愿　　　　　　　　D. 企业的运作情况

6. 供应商管理包括（　　　）等内容。

    A. 供应商业务管理　　　　　　　　B. 供应商风险管理

    C. 供应商绩效评估　　　　　　　　D. 供应商关系管理

7. 跨境电商供应链采购模式主要有（　　　）。

    A. 品牌授权代理　　B. 经销商采购　　C. 散买集货　　　　D. OEM 模式采购

8. 采购计划的制订大体上可以分为（　　　）等阶段。

    A. 准备　　　　　　B. 平衡　　　　　C. 编制采购计划　　D. 确定采购模式

9. 跨境电商供应商可以分为（　　　）。

    A. 战略性供应商　　　　　　　　　B. 有影响力的供应商

    C. 竞争性供应商　　　　　　　　　D. 普通供应商

10. 跨境电商供应商谈判的流程包括（　　　）。

    A. 策划　　　　　　B. 联络　　　　　C. 谈判　　　　　　D. 签约

三、判断题

1. 产品质量是用来选择供应商的最基本的指标。（　　　）

2. 集中采购是指企业或企业集团的采购活动由专业采购部门集中进行。（　　　）

3. 数量仅占 20% 的战略采购品和集中采购品占据了采购价值的 80%。（　　　）

4. 确定采购需求时，采用定量预测方法能充分发挥人的主观能动性，准确性比定性预测高。（　　　）

5. 跨境电商采购需求主要有三大类预测技术：定性预测、时间序列预测和因果关系预测。（　　　）

6. 代理采购是跨境电商企业从拥有品牌所有权的公司获得授权，成为其代理商，并按照合同规定，跨境电商团队代为运作线上市场的一种采购模式。（　　　）

7. 战略性供应商所提供的商品和服务通常针对跨境电子商务企业的具体需求，具有高度的个性和独特性。（　　　）

8. 选择采购价格最低的供应商不一定就是最合适的，还需要考虑产品质量、交货时间以及运输费用等诸多因素。（　　　）

9. 跨境电子商务采购成本指与跨境电子商务采购有关的商品买价、采购管理成本、采购计划制订人员的管理费用、采购人员的管理费用等。（　　　）

10. ABC 分类法是指将所有库存物资按照全年货币价值从小到大排序划分为 3 类。（　　　）

四、简答题

1. 跨境电商供应链采购的流程是什么？

2. 跨境电商供应链采购的模式主要有哪些？

3. 跨境电商供应商有哪些类型？

4. 跨境电商的采购成本有哪些？

5. 简述 ABC 分类法的应用策略。

项目实训

一、跨境电商产品采购需求分析与决策

以小组为单位（每组 3～5 人），通过实地调研、网络调研、资料收集、文献阅读等方式，调研学校所在省（自治区、直辖市）跨境电商企业的供应商情况。重点针对产品质量、服务能力、交货速度、市场信誉、产品价格、付款期限、人员素质、产品说明等方面进行调研，可以按照实际需要增添或删减一些内容，同时也可以对考核评价项目的侧重点加以区别，赋以权重系数。请将极差、差、较好、良好、优 5 个档次对应的分值填入任务工单 2-1，进行综合评判，并选择一个典型供应商用 PPT 对其综合评价结果展开介绍。

任务工单 2-1　供应商选择评价

小组名称		完成日期			
序号	项目	档次（分数）			
		极差（1分）	差（2分）	较好（3分）	良好（4分）	优（5分）
1	产品质量					
2	服务能力					
3	交货速度					
4	市场信誉					
5	产品价格					
6	付款期限					
7	人员素质					
8	产品说明					

二、跨境电商供应链采购合同签订

以小组为单位，组成采购谈判队伍，包括一名首席代表（谈判组长、主谈人）及其他人员，共 4～8 人。首席代表需具备一定的谈判经验和领导协调能力，其他人员由商务、技术、法律、财务、记录、观察、翻译人员等组成。通过实地调研、网络调研、资料收集、文献阅读等方式，模拟完成跨境电商供应商谈判与采购合同签订，将采购谈判确定下来的合同开头、正文和结尾的主要内容填入任务工单 2-2，并用 PPT 展开介绍谈判过程和合同细节。

任务工单 2-2 跨境电商供应链采购合同拟定

小组名称			完成日期	
采购合同的内容	合同开头主要内容			
	合同正文主要内容			
	合同结尾主要内容			
小组总结				

巩固拓展 ↓

📖　敲黑板

1. 跨境电商供应链采购指跨境电商环境下，借助一定的手段从资源市场获取资源的整个过程，通常是企业购买货物与服务的行为，是企业经济活动中重要的经济行为。

2. 采购需求是指对采购标的的特征描述。识别和明确跨境电商采购需求，是跨境采购与供应过程的起点。

3. 我国的跨境电商供应链采购模式主要有品牌授权代理、经销商采购、散买集货、代理采购、OEM 模式采购和分销平台采购。

4. 制订采购计划是根据市场需求、企业的生产能力和采购环境容量等确定采购的时间、数量及方式。

5. 跨境电商供应商分为战略性供应商、有影响力的供应商、竞争性供应商和普通供应商。

6. 跨境电商供应商谈判是指跨境电商企业为采购商品，与供应商就购销业务有关事项，如商品的品种、规格、技术标准、质量、订购数量、包装要求、售后服务、价格、交货日期及地点、运输方式、付款条件等进行反复磋商，谋求达成协议并建立双方都满意的购销关系。

7. 跨境电商采购成本指与跨境电商采购有关的商品买价、采购管理成本、采购计划制订人员的管理费用、采购人员的管理费用等。

8. ABC 分类法的核心思想是在决定一个事物的众多因素中分清主次，识别出少数的但对事物起决定作用的关键因素和多数的但对事物影响较少的次要因素，其原则是"抓住重点，照顾一般"。

9. 跨境电商采购合同有时也被称为采购订单，一般在选择跨境电商供应商后订立。采购合同描述了采购所需的重要信息，如数量、物料规格、质量要求、价格、交货日期、交货方式、送达地址等。

📖　案例拓展

不管是在亚马逊还是在 eBay 上经营，都得接触采购、运输、上新、售后等过程。作为重要的环节之一，采购有很多要遵循的原则，也有不少应该避开的误区。

（1）通常，重点产地的产品品质更高。无论是在线上还是在线下采购，都应该优先考虑该类产品的重点产地。因为在工业化发达的今天，资源和技术一般会相对集中，重点产地的产品在品质上，甚至在价格、数量、渠道、种类方面都会比其他地区更有优势。比如采购玩具等小商品，就去义乌。关注重点产地，即使供应商不供货了，也可以立马找到另一家，不会出现长期断货的情况。

（2）适当选择"偏货"。一个供应商可能同时生产好几种产品。如果只挑他的热销品，那么他的客户多，你的采购量恰好又比较少，他可能不会优先给你安排供货。如果你经过选品，向他采购了一些相对冷门的产品，且该产品销售不错，帮他有效解决了这批"偏货"，那么你很有可能会成为该供应商的核心客户，获取优先供应的资格。

（3）采购谈判时不要过度压价。跟供应商过度压价，可能出现一些隐患。比如供应商的供货价格明显低于市场价格，那么该批货物可能是一些有瑕疵的产品。可以试着通过小批量采购了解产品成本，然后慢慢加量，再议价。

【请思考】（1）跨境电商供应链采购员应如何寻找货源？
　　　　　（2）跨境电商供应链采购员应该具备怎样的职业素养以适应岗位需求？

📖　项目实践

请在任一跨境电商出口平台上选择一款商品，调研其供应商（不少于 3 家）信息，分析供应商的资质和信誉、产品质量和安全性、交易过程和售后服务，以及供应商的稳定性和可持续性等，完成关于该商品和供应商整体情况的调研报告。

学习笔记

项目三
跨境电商供应链仓储

📖 学习目标

知识目标

1. 了解包装的含义和分类，熟悉货物包装技巧；
2. 熟悉跨境电商仓储管理的含义和衡量标准；
3. 熟悉常用跨境电商智慧仓储技术和仓库布局影响因素；
4. 掌握跨境电商仓储作业流程和库存决策方法；
5. 了解海外仓的含义、分类与选择方法；
6. 熟悉海外仓的备货、送仓和尾程配送流程；
7. 掌握海外仓的库内管理要求。

能力目标

1. 能够根据跨境电商货物特点正确选择包装材料进行包装；
2. 能够运用智慧仓储技术完成跨境电商仓库布局设计和仓储作业；
3. 能够根据跨境电商企业的需求正确选择海外仓，并完成备货、送仓和库内管理；
4. 能够根据跨境电商企业的货物情况做出周转库存和安全库存决策；
5. 能够正确计算海外仓费用。

素养目标

1. 培养爱岗敬业精神，能够吃苦耐劳，脚踏实地地完成跨境电商供应链仓储日常管理任务；
2. 培养国际化视野，能够在遵守国际货物仓储规则的同时完成岗位工作；
3. 培养创新意识，能够根据跨境电商企业的经营需要创新库存管理和备货决策。

📖 职业技能等级要求

📖 **跨境电商 B2C 数据运营**

1. 能够根据店铺运营目标，制定跨境电商供应链仓储管理方案，能熟练运用 ERP 管理系统；
2. 能够根据店铺运营目标和海外仓发展要求，建立境外仓储系统，整合海外仓资源。

📖 **跨境电商 B2B 数据运营**

能选择合适的国际物流，完成产品交付。

案例导入

2021 年 7 月,《国务院办公厅关于加快发展外贸新业态新模式的意见》提出,培育一批优秀海外仓企业,鼓励传统外贸企业、跨境电商和物流企业等参与海外仓建设,提高海外仓数字化、智能化水平,促进中小微企业"借船出海",带动国内品牌、双创产品拓展国际市场空间。2022 年 10 月,党的二十大报告指出:"稳步扩大规则、规制、管理、标准等制度型开放。推动货物贸易优化升级,创新服务贸易发展机制,发展数字贸易,加快建设贸易强国。"广州南沙自贸区智能化全球分拨中心目前已吸引了达能、雀巢、宝洁、安利、拜耳、美赞臣等知名品牌入驻,打造了卓志全球优品分拨中心、达能全球分拨中心等,通过南沙国际智能仓配备的自动化传输和升降设备,实现仓库货物全自动化操作。据了解,南沙国际智能仓建筑面积约 5 000 平方米,配有 7 台四向小车、3 台提升机、5 200 个立体全封闭货架。智能仓的一个立体全封闭货架能存放 5 200 板货物,而一个普通货架一般仅能存放约 2 800 板货物,相较之下货物储存能力大幅提升,进一步提高了达能全球分拨中心的仓库利用率和仓储物流周转效率,有效降低了跨境电商货物的仓储成本。

【请思考】(1)什么是跨境电商仓储,其与传统仓储的区别和联系有哪些?
(2)我国跨境电商仓储发展模式有哪些创新?

新知准备 ↓

📖 思维导图

(思维导图:跨境电商供应链仓储)
- 跨境电商仓储认知:跨境电商仓储管理、跨境电商智慧仓储技术和管理、跨境电商仓库布局
- 跨境电商仓储作业:跨境电商货物入库、跨境电商货物在库保管、跨境电商货物包装、跨境电商货物出库
- 跨境电商库存决策:跨境电商周转库存决策、跨境电商安全库存决策
- 跨境电商海外仓管理:海外仓的分类与运作流程、海外仓选择、海外仓备货与送仓、海外仓库内操作与管理、海外仓尾程配送、海外仓费用计算

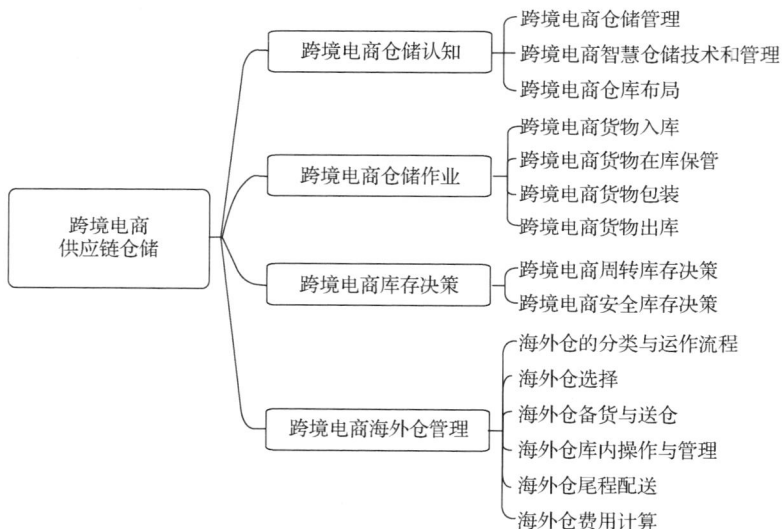

一、跨境电商仓储认知

(一)跨境电商仓储管理

跨境电商仓储管理是指在跨境电商运营过程中对仓储商品的收发、结存等环节进行有效控制,以期达到仓储管理目的的活动。

河南"跨境电商零售进口退货中心仓模式"

为了解决进口商品的退货处理难题，2020年1月，河南自贸试验区郑州片区同海关监管部门积极创新监管方式，形成了"跨境电商零售进口退货中心仓模式"。具体来讲，就是在整体退货流程中，将海关特殊监管区域外的退货仓转移至区内，允许退货包裹入区，在区内进行分拣、退货申报、上架等，实现退货业务集中在同一园区范围内的集约式仓储。

河南自贸试验区郑州片区相关负责人表示，"跨境电商零售进口退货中心仓模式"的实行，有利于降低企业成本，压缩整体退货时间，提升境内消费者跨境电商购物体验，同时有利于规范进口商品退货流程及作业标准，打通退货最后"一千米"。

作为消费终端，消费者更是受益匪浅。经常网购的王女士说："之前跨境商品退货大约需要20天，如今可以缩短5天以上。"退货时间缩短了，退货流程也更便利了。消费者需要退货时，把要退的商品邮寄至指定地址，即可等待退货退款。

【请思考】（1）跨境电商仓储与跨境电商有何关系？
（2）"跨境电商零售进口退货中心仓模式"为消费者和企业分别带来了哪些价值？

跨境电商仓储管理合理化是指在保证储存功能实现的前提下尽量减少投入。实现仓储管理合理化应从五个方面着手：一是对仓储货物实行ABC分析，针对不同类型、级别的货物分别进行管理和控制；二是利用储存规模优势，以适度集中储存代替分散的小规模储存来实现合理化；三是减少仓储设施的投资，提高单位仓储面积的利用率，以降低成本，减少土地占用；四是采用有效的储存定位系统，如"四号定位"方式、计算机定位系统等，节约货物寻找、存放、取出的时间和人力投入，防止差错；五是采用有效的监测清点方式，如"五五化"堆码、光电识别系统、计算机监控系统等。

（二）跨境电商智慧仓储技术和管理

1. 跨境电商智慧仓储技术

在跨境电商运营中，常用的智慧仓储技术有仓库管理系统、射频识别技术、自动导向车技术和无人仓技术。

（1）仓库管理系统（Warehouse Management System，WMS）是用于管理仓库中的货品、空间资源、设备资源等的系统，是针对货品的入库、检验、上架、出库、转仓、转储、盘点及其他库内作业的管理系统。简单地说，WMS技术应用过程就是通过扫描仪读取条码数据，经过无线通信传送给计算机管理控制系统，由计算机管理控制系统进行信息处理并启动下一项作业。

（2）射频识别（Radio Frequency Identification，RFID）技术又称无线射频识别技术，它是通过无线电信号识别特定目标并读写相关数据，无须识别系统与特定目标之间建立机械或光学接触，是一种非接触式的自动识别技术。使用RFID技术时，识别工作无须人工干预，适用于各种恶劣环境。典型的RFID系统由电子标签、读写器（含天线）和计算机控制端三个部分组成，如图3-1所示。

传统仓储管理中的许多操作都依赖于实时的手工输入操作，需要人工根据仓库管理系统的指示做出响应，手工输入条形码或者语音验证SKU（Stock Keeping Unit，库存单位，通常指最小存货单位）的数量或库存位置等数据。尽管SKU能够通过识别条形码准确获得，但大多数情况下，数量信息还是需要通过人工目测得到，从订单接收到库存盘点都依赖人工操作。利用RFID技术中的电子标签非接触式快速自动读写功能，可以在跨境电商仓储管理中减少对人的依赖，大幅提高仓储作业效率。RFID 技术在跨境电商仓储管理中的应用主要包括收货识别、定位、备料操作、货物追溯、货场管理等。

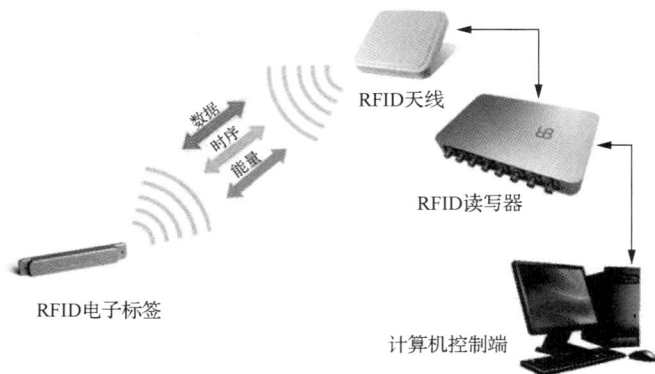

图 3-1　RFID 系统的组成

（3）自动导向车（Automated Guided Vehicle，AGV）又名无人搬运车、自动导航车、激光导航车，其显著特点是无人驾驶。AGV 上装备有自动导向系统，可以确保其在无须人工引航的情况下沿预定的路线自动行驶，将货物或物料自动从起始点运送到目的地。常见的 AGV 如图 3-2 所示。

图 3-2　常见的 AGV

在仓储中心，AGV 主要用于货物的智能拣选、立体仓库的出入库等，被称为仓储中最具有柔性化的环节。在智能拣选方面，AGV 系统根据订单信息，指派 AGV 顶起订单货物所在货架，并将其自动搬运到操作台；工作人员根据订单信息将指定货位的货物取下；完成拣选后，AGV 再将货架送回原来的位置。在出入库方面，仓库管理系统向 AGV 系统发出作业指令，由 AGV 系统将所配送物料的出库位置站台号和要料工位站台号下发给处于空闲状态且运行时间最优的 AGV，进行物料的出入库及输送。

（4）无人仓指货物从入库、上架、拣选、补充，到包装、检验、出库等仓储作业流程全部实现无人化操作的仓库，是高度自动化、智能化的仓库。

无人仓主要具有以下 3 个特点。

① 作业无人化。无人仓使用了自动立体式存储、3D 视觉识别、自动包装、人工智能、物联网等各种前沿技术，兼容并蓄，实现了各种设备、机器、系统之间的高效协同。

② 运营数字化。在运营数字化方面，无人仓具备自感知能力。在运营过程中，与面单、包装物、条码有关的数据信息依靠系统采集和感知，出现异常时，系统能自行做出判断。

③ 决策智能化。在决策智能化方面，无人仓能够实现成本、效率、体验的最优化，可以大幅度降低工人的劳动强度，且运营效率是传统仓库的 10 倍。

知识园地

无人仓示意图

京东在美国的首个自动化仓启用

2022 年 6 月 6 日，京东在美国正式启用"洛杉矶 2 号"自动化仓。该自动化仓占地面积约 2 万平方米，通过使用"飞狼"料箱机器人全面提升了商品存储密度，仓内小件型商品存储位从 10 000 个增加到 35 000 个以上，实现了对仓库空间的充分利用。与此同时，京东自主研发的仓库管理系统帮助众多本地商家实现海量 SKU 的精细化管理。"洛杉矶 2 号"自动化仓为商家提供仓储服务，通过仓网协同，提前把商品运到距离消费者最近的仓库中，助力商家订单履约时效从 7 天缩短到 2～3 天。这套软硬一体的数智化解决方案，不仅应用在京东的自营海外仓中，还通过生态合作赋能给境外的物流服务商。京东国际物流为欧洲综合物流服务商 MW Logistics 所改造的自动化仓，通过引入 AGV 技术、直线交叉带分拣机、无人叉车、包装机和输送机实现运营效率提高 250%，人力成本降低 60%。

【请思考】（1）自动化仓和普通仓库相比具有哪些特点？

（2）京东的"全球织网计划"对我国跨境电商企业境外供应链模式创新有哪些启发？

2. 跨境电商智慧仓储管理

（1）储位信息规范化。储位信息指对库存商品存放场所按照位置的排列，采用统一标识编排顺序号码，并做出明显标志。储位信息规范化有利于对库存商品进行科学管理，在商品出入库过程中快速、准确、便捷地完成操作，提高效率，减少失误。

储位信息编码应确保同一个仓库的货位采用同一种方式进行编号，以便于查找及进行处理。储位信息编码通常采用区段式编号、品项群式编号和地址式编号 3 种形式。

① 区段式编号，指先把仓库分成几个区段，再对每个区段进行编号。这种方式以区段为单位，每个号码代表一个储存区域，可以将仓库划分为 A1、A2、A3 等若干个区段。

② 品项群式编号，指先把集中在一起的相关性强的商品分成若干个品项群，再对每个品项群进行编号。这种方式适用于容易按商品群保管和所售商品差异大的泛品类经营的跨境电商企业。

③ 地址式编号，指按仓库、区段、排、行、层、格等进行编码。企业常采用 4 组数字来表示商品存放的位置，这 4 组数字分别代表仓库的编号、货架的编号、货架层数的编号和每一层中各格的编号。例如，编号 1-12-1-5 的含义是 1 号库房第 12 个货架第 1 层中的第 5 格。根据地址式编号，工作人员可以迅速确定某种商品存放的具体位置。

（2）商品信息规范化。商品信息规范化是指商品的 SKU、规格尺寸和中英文报关信息的条理化、明晰化。商品信息规范化有利于对库存商品进行精细化管理，能够及时、准确地拣货，提高效率，避免失误。商品 SKU 作为最小的库存单位，是商品管理中最重要、最基础的数据之一，但很多跨境电商企业存在缺少 SKU 或 SKU 不完善的情况。例如，A 鞋有 3 种颜色、5 个尺码，那么 A 鞋就需要 15 个 SKU，细致到具体颜色的具体尺码。如果商品 SKU 不完善，跨境电商企业将无法有效监控商品的详细库存，不利于分析销售数据和及时补货。同时，在配货时，订单信息也无法准确反映拣货信息。

（3）先进先出。先进先出（First In First Out，FIFO）指在仓储管理中，将商品按照入库时间整理好，按照"先入库的商品先出库"原则进行操作。由于大多数商品都有一定的保质期，如果不遵循先进先出原则，则可能导致很多商品过期。该原则在跨境电商的仓储管理中尤为重要，一定要规划好商品的存放位置，使管理人员能够清楚、方便地找到不同时期的商品。

（4）客户化仓储。客户化仓储的本质，在于储存一般的通用商品，直至收到客户订单再进行最后的加工步骤，由仓库完成按消费者需求将普通商品客户化的增值服务。仓储的增值服务包括品质检测、分拣、包装、贴标签、印刷等。拥有大型仓储设施的跨境电商企业可以考虑提供下列增值服务：材料及零部件的到货检验；材料及零部件的安装；提供全天候收货和发货窗口；配合客户营销计划进行制成品的重新包装和组合，比如不同商品捆绑促销时提供商品的再包装服务；为满足客户销售需要而提供成品标记服务，比如为商品贴价格标签或条形码；退回商品的存放及协助处理追踪；为经营食品、药品类客户提供低温冷藏服务，并做到先进先出，最大限度地方便客户。

（三）跨境电商仓库布局

跨境电商仓库布局是指根据仓库场地条件、仓库业务性质和规模、物资储存要求及信息技术设备的性能与使用特点等因素，对仓库各组成部分（储存区、理货区、收货区等）在规定范围内进行合理安排与布置，最大限度地提升仓库的储存能力和作业能力，并降低各项仓储作业费用。跨境电商仓储作业是在一定的仓库布局基础上完成的，合理的仓库布局能提高商品出入库效率，保证商品储存质量。

1. 跨境电商仓库功能分区

跨境电商仓库的功能重在"通过"而非"储藏"。从理论上说，商品的周转率越高越好，入库量应与出库量基本持平，快进快出。一般情况下，跨境电商仓库根据作业主要功能划分为收货区、暂存区、储存区、理货区、出货区及月台等区域，如图3-3所示。

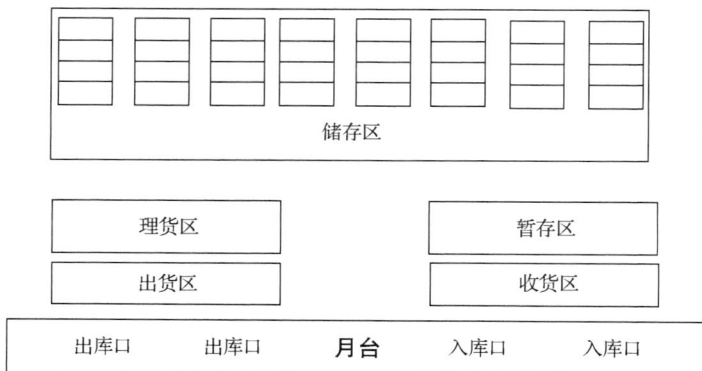

图3-3 常见的跨境电商仓库主要功能分区

（1）收货区。收货区一般紧挨着入库口，当商品送达仓库时，仓库管理人员在此核对入库单，并进行数量、质量、品名、规格、外包装等方面的检验。

（2）暂存区。在暂存区，仓库管理人员不仅要对商品进行必要的短暂保管，还要给商品贴上标签，再根据要求归类并摆放整齐，等待上架。

（3）储存区。储存区是储存商品的主要场所，对暂时不配送或作为安全库存的商品进行保管和养护。

（4）理货区。理货区是对商品进行出库检核、配发票、打包、贴运单的区域。

（5）出货区。出货区是与运输司机核对数量、扫描、签字交接的区域，紧邻出库口。

（6）月台。月台是仓库大门外侧的一个上沿与车辆厢部下沿基本平行的水泥平台，便于仓库管理人员及出入库车辆装货、卸货。

2. 跨境电商仓库货区平面布局

跨境电商仓库货区平面布局是指对货区内的货垛或货架、通道、垛间距等进行合理的规划，并正确处理它们的相对位置。科学合理的货区平面布局既能提高仓库空间利用率，也能提高货物的保管质量，方便进出库作业，降低货物的仓储处置成本。货区平面布局的形式可以分为垂直式布局和倾斜式布局。

（1）垂直式布局。垂直式布局是指货垛或货架的排列与仓库的侧墙互相垂直或平行的布局方式，具体包括横列式布局、纵列式布局和纵横式布局。

① 横列式布局。横列式布局是指货垛或货架的长度方向与仓库的侧墙互相垂直的布局方式，如图 3-4 所示。这种布局的优点是主通道长且宽，副通道短，整齐美观，便于存取查点，还有利于通风和采光。

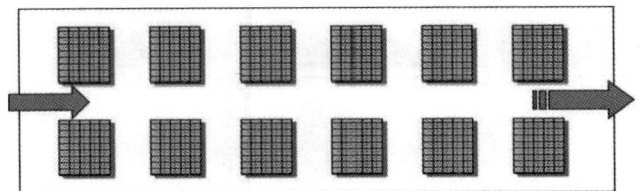
图 3-4　横列式布局

② 纵列式布局。纵列式布局是指货垛或货架的长度方向与仓库侧墙平行的布局方式，如图 3-5 所示。这种布局的优点是可以根据库存货物在库时间的不同和进出频繁程度安排货位：在库时间短、进出频繁的货物放置在主通道两侧；在库时间长、进出不频繁的货物放置在里侧。

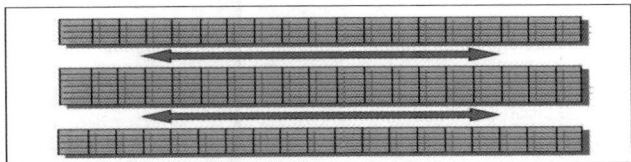
图 3-5　纵列式布局

③ 纵横式布局。纵横式布局是指在同一仓库内，横列式布局和纵列式布局兼而有之的布局方式，如图 3-6 所示。这种布局综合了横列式布局和纵列式布局的优点。

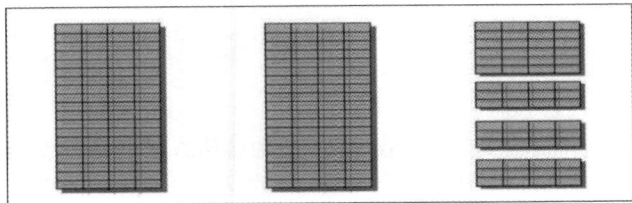
图 3-6　纵横式布局

（2）倾斜式布局。倾斜式布局是指货垛或货架与仓库侧墙或主通道成 60°、45° 或 30° 夹角的布局方式，具体包括货架倾斜式布局和通道倾斜式布局。

① 货架倾斜式布局是横列式布局的变形，它是为了便于叉车作业、缩小叉车的回转角度、提高作业效率而采用的布局方式，如图 3-7 所示。

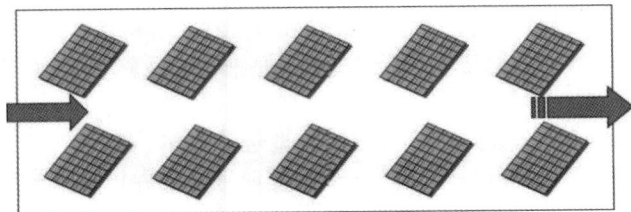
图 3-7　货架倾斜式布局

② 通道倾斜式布局从某种意义上说也属于货架倾斜式布局，它是指仓库的通道斜穿保管区，把仓库划分为具有不同作业特点的区域（大量储存的保管区和少量储存的保管区等），以便对仓库场地进行综合利用，如图 3-8 所示。采用这种布局形式，仓库内形式复杂，货位和进出库路径较多。

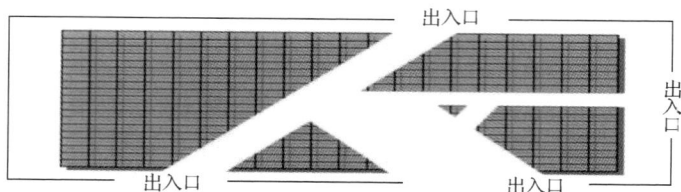

图 3-8　通道倾斜式布局

二、跨境电商仓储作业

跨境电商仓储作业分为四个阶段，即货物入库、货物在库保管、货物包装和货物出库。

（一）跨境电商货物入库

货物入库是仓储作业的开始，合理组织入库工作对货物在库保管、包装及出库业务的改善有重要的意义。入库作业由入库准备、货物接运、货物验收、办理入库、货物上架五个环节构成。

1. 入库准备

入库准备是仓库管理者根据仓储合同、入库通知单或入库计划，熟悉入库货物情况、准备储存货位、安排装卸搬运设备和人员、安排货物验收工具和人员、准备货物苫垫材料及相关单证等，以保证入库作业顺利完成。

2. 货物接运

货物接运是指仓库接到货物入库通知后进行接运、提货的过程，要求手续清楚、责任分明，为检查验收工作创造有利条件。货物接运主要有四种形式：上门提货；到车站、码头提货；仓库接货；铁路专用线接货。货物接运作业的主要意义在于防止把在运输过程中受损的货物等带入仓库，减少或避免经济损失。

3. 货物验收

所有货物在入库之前都要接受检查验收，只有验收合格方能正式入库。验收者要清点货物数量，检查货物包装质量，检查货物的品名、规格、等级、产地、型号等是否与单证相符。对于验收不合格的货物，如货物残损、短少及质量不符合要求，要如实做好记录，然后安排退货。货物验收应按步骤开展，包括核对凭证、实物检验、填写验收记录等步骤。

（1）核对凭证。核对凭证就是将相关的凭证加以整理并全面核对，即把入库通知单、采购合同与供货单位提供的所有凭证逐一核对，确认信息相符后才可进行实物检验。

（2）实物检验。所谓实物检验，是根据入库单和有关技术资料对实物进行数量和质量检验。首先应明确采取哪一种检验方式，是抽验还是全验，然后再进行数量检验和质量检验。

（3）填写验收记录。验收货物后，对货物的型号、规格、数量、质量等都应做好详细的验收记录，给出验收的结论和处理意见，并填写入库验收单。

知识园地

货物数量检验方式

知识园地

货物质量检验方式

4．办理入库

货物检验合格后应办理入库手续，进行交接、登账、立卡、建档。

（1）交接。交接是指仓库对收到的货物向送货人进行确认，办理表示已收到货物的手续。

（2）登账。货物入库，仓库应建立详细反映货物入库和结存情况的保管明细账。

（3）立卡。货物入库后，将货物名称、规格、数量和状态等内容填在物料卡上，称为立卡。物料卡又称材料卡、货卡、货牌，一般插放在货物下方的货架支架上，或摆放在货垛正面明显位置。

（4）建档。每种货物都应有一个相应的档案，建立货物档案需注意以下问题：一是一物一档；二是货物档案应统一编号。

知识园地

入库验收单和
材料卡示例

5．货物上架

将验收合格的货物利用叉车、堆高车、自动传送带等设备输送到安排的货位上，完成货物上架，并将入库信息输入仓储信息系统。

（1）安排货位。安排货位时，必须遵循安全、方便、节约的原则，使货位合理化。为了方便出入库业务，要尽可能缩短收（发）货作业时间；以最少的仓容储存最多的货物，提高仓库使用效能。

（2）搬运。经过充分的入库准备及货位安排后，搬运人员就可以把验收场地上点验合格的入库货物，按每批入库单开制的数量和相同的唛头集中起来，分批送到预先安排的货位，要做到进一批、清一批，严格防止品种互串和数量溢缺。

知识园地

货位安排原则

素质提升：家国情怀　　　**跨境电商冷链"不掉链"**

2022年1月，南京在全省率先建立进口冷链食品集中监管制度，凡进入南京市场的进口冷链食品，必须在集中监管仓进行"批批检、件件消"。南京共设置两个进口冷链食品集中监管仓，其中一个位于中福农产品大市场内。在这里，来自北美、南美、欧洲、大洋洲、东南亚等世界各地的冷链食品要进行采样全检测、外包装六面全消杀、来源去向全追溯等。通过监控可以看到，从进入中福集中监管仓到卸货消杀、从采样到检测，七条生产线同时作业，搬运、抽检、消毒人员等"守仓人"坚守一线。监管仓严格遵守"避免交叉污染，坚持人物共防"原则，做到"一分类、二分流、三严格"。实行作业区进出门"单向管控"，人与货物进出分流、卸货与提货通道分流。

中福冷链加强环境卫生管理，建立快检制度，对食品质量安全快检室加强建设和规范化运行。快检室每天对市场内冷冻食品进行抽查、检测，将有瘦肉精、猪瘟、口蹄疫药残留的冷冻食品剔除出市场并配合政府部门严肃处置，实现产品质量安全监管检测全覆盖。

【请思考】（1）在货物入库环节中，如何保障跨境电商进口冷链食品安全？

（2）请结合跨境电商物流企业的事迹，谈谈企业的社会责任与担当。

（二）跨境电商货物在库保管

货物在入库之后，便进入在库保管阶段。该阶段的工作主要是对在库货物进行妥善的保管和养护，以保证货物原有价值和原有数量不发生变化，并为后续物流活动提供支持。在库保管作业包括对货物进行堆码、养护、盘点等。

1. 货物堆码

堆码是指将货物整齐、规则地摆放成货垛的作业。仓库管理人员应根据货物的性质、形状、轻重等因素，结合仓库储存条件，将货物堆码成一定的货垛。

（1）堆码要求。堆码要遵循六个要求：合理、牢固、定量、整齐、节约、方便。

（2）堆码方法。采用何种方法堆码主要取决于货物本身的性质、形状、体积、包装等。常见的堆码方法有重叠式、纵横交错式、压缝式、俯仰相间式、通风式、栽柱式等。

知识园地

堆码要求和常见堆码方法

2. 货物养护

货物养护工作主要包括仓库温湿度控制、仓库虫害的防治、物品霉腐的防治、金属制品的防锈和除锈等。

（1）仓库温湿度控制。调节库房温湿度的一般方法有通风、除湿、密封等。

（2）仓库虫害的防治。仓库虫害的防治方法有：杜绝仓库害虫来源和药物杀虫。

（3）物品霉腐的防治。物品霉腐的防治方法主要有：加强入库验收，加强仓库温湿度管理，选择合理的储存场所，合理堆码、苫垫，做好日常的清洁卫生，使用化学药剂防霉、气相防霉、低温冷藏防霉腐等。

（4）金属制品的防锈和除锈。金属制品的主要防锈方法有选择合理的储存场所、保持库房和货场干燥、涂油防锈、气相防锈、塑料封存等，除锈方法主要有手工除锈、机械除锈、化学除锈等。

知识园地

影响货物质量的因素

3. 货物盘点

库存物品不断地进出库，长期积累下来，库存账、卡上的存货信息与实物数量容易出现不符的现象，部分货物也可能会出现过期或质量问题。为了及时、有效地掌握库存物品的数量和质量状况，工作人员需要定期或临时对库存物品进行盘点。

（1）盘点的内容。不但要盘点库存物品数量，还要检查库存物品的有效期、质量等状况。

（2）盘点作业流程。需要提前做好盘点准备，操作时要严格按照盘点要求进行，准确无误地填写各种表单，落实盘点责任人，以确保盘点工作准确有序开展。

知识园地

盘点的内容

第一，做好盘点准备。在盘点工作开始之前，根据盘点类别、盘点范围确定盘点人员。如果采用盘点机盘点，需检查盘点机是否正常运行；如果采用人工盘点，需要准备盘存单、盘点表、笔等工具。

第二，确定盘点时间。一般情况下，盘点时间选在月末或财务决算前。由于每一次盘点都要耗费大量的人力、物力和财力，因此应根据实际情况确定盘点频率。存货周转率比较低的企业，可以每半年或一年进行一次盘点。

第三，清理盘点现场。盘点之前对库存物品进行清理：对所保管的货物进行整理，做到货垛、货架整齐有序；对尚未办理入库手续、不在盘点之列的货物予以标明；对已经办理出库手续的货物要全部搬出；对受损、变质的货物要加以标记以示区别：对已认定为呆滞物资的要单独设库、单独保管、单独盘点。

第四，实施盘点作业。对实物盘点后，将初盘的结果填入盘存单，并由初盘人签字确认；复盘人对实物进行核对盘点后，将实际盘点数量填入盘存单，在单上签字确认后结束盘点作业。

第五，分析盘点差异。将实际盘点结果与账面结果相核对，若发现实物不一致，则应积极查明账实差异的原因。

第六，制作盘点盈亏汇总表。将盘点表全部收回，并加以汇总，计算盘点结果并制作盘点盈亏汇总表。表中应反映盘亏、盘盈数量，差异原因及改善建议。

第七，进行库存盈亏调整。经盘点后，若发现账面记载错误，如漏记、记错、算错、未结账或账记不清，有关人员要按照财务规章进行处理。盘点盈亏汇总表报相关领导审批后，形成审批意见，财务和仓储部门根据意见进行库存盈亏调整。

素质提升：爱岗敬业、劳动精神　用"零差错"诠释工匠精神

走进江西金品铜业科技有限公司成品仓库，第一印象是空间大而且干净，墙上贴有仓库管理员安全管理规程等规章制度，发往全国各地的成品铜分区域、分类别摆放得整整齐齐。多年来，面对出入库时货物多、重量大、规格多、品种杂、客户多等问题，成品仓库班组依靠对业务流程的科学设计、管理制度的严格执行、员工工作严谨细致，入库、出库没有发生过一次差错，真正做到了"零差错"。

工作中，班长何青春养成了一个工作习惯，每天上班前第一件事就是去校对磅秤，确保设备没有误差。"出库的成品重量绝对不能出现误差，这关系到公司在客户眼中的形象。复核数据是我们仓库管理人员的主要工作之一，每天一上班就要把头一天各个车间产品进入仓库的手工账、计算机账目数据与实物进行核对，做到账目跟实物相符。"何青春说。除了数据核对，班组还要配合公司生产部各个车间、销售部编制各类报表，虽工作烦琐、任务繁重，但从未出现过失误，得到了公司上下的一致好评。

【请思考】（1）哪些举措可以提高仓储作业的准确率，最大限度确保账实一致？

（2）作为跨境电商仓库管理人员，应该具备怎样的职业操守和职业精神？

（三）跨境电商货物包装

1. 包装含义与分类

《物流术语》（GB/T 18354—2021）对包装的定义为：为在流通过程中保护产品、方便储运、促进销售，按一定技术方法而采用的容器、材料及辅助物等的总体名称；也指为了达到上述目的而采用容器、材料和辅助物的过程中施加一定技术方法等的操作活动。包装是跨境电商供应链物流活动的基础，没有包装几乎不可能实现物流（散货物流除外）。因此，包装贯穿整个跨境电商供应链物流过程中，包装材料、形式、方法及外形设计都对其他环节产生重要的影响。包装除了对物流活动的经济性产生影响外，还对物流活动的安全性影响重大，包装标准化是实现跨境电商物流的根本途径和有效保障。

包装的分类标准如下。

（1）按适用目的的不同分类，包装可分为商业包装和工业包装两类。

① 商业包装。商业包装是以促进商品销售为目的的包装。这种包装的特点是：外形美观，有必要的装饰，包装单位符合消费者购买量和商店设施的要求。

② 工业包装。工业包装又称运输包装，是物资运输、保管等物流环节所要求的必要包装。工业包装以强化运输、保护商品、便于储运为主要目的。工业包装要在满足物流要求的基础上使包装费用尽可能低。普通物资的工业包装应当适度，这样才会有最佳的经济效果。

（2）按层次不同，包装可分为逐个包装、内部包装、外部包装。

① 逐个包装。逐个包装是指一个商品为一个销售单位的包装形式。内包装直接与商品接触，在生产经营中与商品装配成一个整体。它以销售为主要目的，一般随同商品销售给消费者，因而

又称销售包装或小包装，起着直接保护、美化、宣传和促进商品销售的作用。

② 内部包装。内部包装指若干个单体商品或包装组成一个小的整体包装，是介于逐个包装与外部包装之间的包装。内部包装在销售过程中，一部分随同商品出售，另一部分则在销售过程中被消耗掉，因而被列为销售包装。在商品流通过程中，内部包装起着进一步保护商品、方便使用和促进销售的作用。

③ 外部包装。外部包装是指商品的最外层包装，又称运输包装或大包装。在商品流通过程中，外部包装起着保护商品及方便运输、装卸和储存等作用。

（3）按容器质地不同，包装可分为硬包装、半硬包装和软包装。

① 硬包装。硬包装又称刚性包装，是指充填或取出包装的内装物后，容器形状基本不发生变化，材质坚硬或质地坚固的包装。

② 半硬包装。半硬包装又称半刚性包装，是介于硬包装和软包装之间的包装。

③ 软包装。软包装又称挠性包装，是指包装内的充填物或内装物取出后，容器形状会发生变化，且材质较软的包装。

（4）按使用范围，包装可分为专用包装和通用包装。

① 专用包装。专用包装是指专供某种或某类商品使用的一种或一系列的包装。

② 通用包装。通用包装是指能盛装多种商品、被广泛使用的包装。

2. 跨境电商货物包装材料的分类与选择

（1）包装材料分类。包装材料种类繁多，目前常用的有纸包装、木材包装、塑料包装、金属包装、玻璃包装、陶瓷包装、易降解的新型环保材料包装等。

① 纸包装。纸在包装材料中占据着重要的位置，这与纸包装所具有的独特优点分不开：纸包装强度适宜，耐冲击性和耐摩擦性好，有优良的成型性和折叠性，便于采用各种包装方法；价格较低，质量轻，可以降低包装成本和运输成本；并且可回收复用。纸包装的缺点是难以封口，受潮后强度降低及气密性、防潮性、透明性差。

包装纸根据纸张的特点，可分为功能性防护包装纸和包装装潢用纸两类。功能性防护包装纸有坚韧结实的牛皮纸、瓦楞纸、玻璃纸和硫酸纸等；包装装潢用纸是指适合印刷的纸，如钢板纸，它具有较高的平滑度，被广泛地应用于高级糖果等的包装中。

② 木材包装。木材应用范围很广泛，这是因为木材分布广、重量轻，且强度高，有一定的弹性，具有特殊的耐压、耐冲击和耐气候的能力，并且有良好的加工性能，目前仍是大型和重型商品的重要包装材料，但也用于包装那些批量小、体积小、重量重和强度要求高的商品。但是，木材的组织结构不匀，易受环境的影响而变形，有易腐朽、易燃、易蛀等缺点。

③ 塑料包装。塑料包装是指各种以塑料为原料制成的包装。塑料包装具有透明性好、轻便、易成形、防水和防潮性能好、卫生等优点。但是，塑料包装有容易带静电、通气性差、耐热性差、回收成本高、废弃物处理困难、对环境容易造成污染等缺点，有的塑料还含有害添加剂，应用时应该采取必要措施降低或避免其造成的伤害。

④ 金属包装。金属包装是指用黑铁皮、白铁皮等钢材与钢板，以及铝箔、铝合金等制成的各种包装容器，如金属桶、金属盒等。金属包装从暂时储存内装物品演变到今天的食品容器等，逐渐成为长期保存内装物品的工具。金属材料牢固结实、耐碰撞，能有效地保护内装物品，密封性优良、阻隔性好、不透气、防潮、耐光，适合用作食品、药品、化学品等的包装。金属材料具有特殊的金属光泽，易于印刷装饰，便于在其上对商品进行装潢设计，但金属材料的化学稳定性差，易生锈。

⑤ 玻璃包装。玻璃包装具有良好的化学稳定性，可以保证食物的纯度和卫生，而且不透气、易密封、造型灵活，有多彩晶莹的装饰效果，因而得到了广泛的应用，但是玻璃包装易碎、经不

起温度的突变。

⑥ 陶瓷包装。陶瓷包装是各种以陶瓷为包装容器的总称。陶瓷包装硬度高，对高温、水和其他化学介质有抗腐蚀能力，且外观漂亮、表面光滑、易清洗、可重复使用。其缺点和玻璃包装类似，即易碎、经不起温度的突变，以及密封困难。

⑦ 易降解的新型环保材料包装。易降解的新型环保材料是为了缓解白色污染而开发出来的复合材料，一般用树木或其他植物混合而成。它可以生物降解、不易造成污染，是今后包装材料的主要发展方向。

（2）包装材料选择。

① 根据商品特点进行选择。包装材料的选择不是随意的，首先应该结合商品特点，如商品的形态（固体、液体等）、是否具有腐蚀性和挥发性以及是否需要避光储存等进行合理取材；其次要考虑商品的档次，高档商品或精密仪器的包装材料应美观和性能优良，中档商品的包装材料则应美观与实用，而低档商品的包装材料则应以实用为主。

② 根据保护要求进行选择。包装材料应有效地保护商品，因此应具有一定的强度、韧性和弹性等，以应对压力、冲击、震动、潮湿等外界因素的影响。包装材料在保证商品的使用特性和外观特性不被损坏的情况下，还应具有防盗性，特别是高价值商品的包装材料。

③ 根据成本、环保要求进行选择。包装应尽量选择来源广泛、取材方便、成本低廉、可回收利用、可降解、加工无污染的材料，以免造成公害。对商品进行包装时，要根据商品的尺寸、重量和运输特性选用合适的包装箱及包装填充物，既要避免包装不足所造成的商品破损，也要防止过度包装所造成的材料浪费。

3. 跨境电商商品包装技巧

对跨境电商商品，特别是大件商品进行包装时，需要考虑商品装卸的便利性，以有效地提高商品装卸效率，同时避免粗暴装卸给商品带来的损害。对于有放置方向要求的商品，在包装、储存和运输过程中必须保证按照外包装上的箭头标识正确放置商品，使得包装件的重心和几何中心合一或接近，这样可以防止在运输过程中运输车辆的启动、转弯和刹车给商品带来的损害。

（1）对内装物要合理放置和加固。在运输包装体中装进形态各异的商品需要具备一定的技巧，只有对商品进行合理放置和加固，才能达到缩小体积、节省材料、减少损失的目的。

（2）对松泡商品要压缩体积。一些未处理的松泡商品在包装时会占用较大的容积，相应地就多占用了运输空间和储存空间，增加了运输储存费用，所以对松泡商品要压缩体积，一般采用真空包装技法。

（3）合理选择外包装尺寸。有的商品运输包装件需要装入集装箱，这就存在包装件与集装箱之间的尺寸配合问题。如果二者配合得好，在装箱时就不会出现空隙，能有效地利用箱容和保护商品。包装尺寸的合理配合主要指容器底面尺寸的配合，即应采用包装模数系列，以包装标准化推动包装的减量化和循环利用。至于外包装高度的选择，则应由商品的特点来决定，松泡商品的可高一些，沉重商品的可低一些。将包装件装入集装箱时只能平放，不能立放或侧放。外包装要注意避免过高、过扁、过大、过重。过高的外包装会导致重心不稳，不易堆码；过扁的外包装则会给标志印刷和标志的辨认带来困难；过大的外包装会导致包装物太多，不易销售，而且体积过大也会给流通带来困难；过重的外包装常容易破损。

（4）合理选择内包装的形状尺寸。内包装的形状尺寸应与外包装的形状尺寸相配合，即内包装的底面尺寸必须与包装的模数相协调。当然，内包装主要作为销售包装，要有利于商品的展示、销售和携带。

（5）合理捆扎。合理捆扎对包装具有重要的作用。捆扎的直接目的是将单个物件或数个物件捆紧，以便于运输、储存和装卸。此外，捆扎还能防止失盗和保护内装物，压缩体积而减少保管费和运输费，也能加固容器，一般合理捆扎能使容器的强度增加20%～40%。捆扎的方法有多种，一般根据包装形态、运输方式、容器强度和内装物的重量等不同情况，分别采用井字、十字、双十字和平行捆扎等不同方法。对体积不大的普通包装，捆扎一般在打包机上进行；而对集合包装，用普通捆扎方法费工、费力，一般采用收缩薄膜包装技术和拉伸薄膜包装技术。

（6）合理使用防震缓冲包装。防震缓冲包装是将缓冲材料适当地放置在内装物和包装容器之间，用以减轻冲击和震动，保护内装物免受损坏的包装方法。常用的缓冲包装材料有泡沫塑料、木丝和弹簧等。防震缓冲包装中较为常用的是发泡包装。发泡包装即通过特制的发泡设备将能产生塑料泡沫的原料直接注入内装物与包装容器之间的空隙处，经几十秒即引起化学反应，进行50～200倍的发泡，形成紧裹内装物的泡沫体。发泡包装常用于包装一些形体复杂或小批量的商品。

（四）跨境电商货物出库

出库作业是仓库根据客户订单、调拨单等货物出库凭证所列的货物名称、编号、型号、规格、数量等具体项目，组织货物出库的一系列工作的总称。货物出库意味着货物储存阶段的终止，因此出库作业是仓储作业的最后一个环节。

1. 审核凭证

在任何情况下，仓库都不能擅自动用或外借库存的货物。在实践工作中，仓库要坚决杜绝凭口头、凭信誉、凭白条发货，否则极易发生差错事故甚至法律纠纷。

2. 分拣备货

分拣备货是指仓库作业人员按出库凭证所列项目和凭证上的批注去相应货位分拣货物。一般大宗货物或整批货物出库，就在原货位上备货，不需要进行分拣；而对于不是整批量的货物的出库，尤其是不同品名、不同类型、不同规格的货物，需要进行分拣，即把这些货物从货位上分拣出来，再搬运到指定的理货区域等待装车。

知识园地

摘果法和播种法

3. 复核查对

为有效防止差错，仓库在分拣备货后应立即进行复核查对作业。复核查对作业的主要过程包括核对、置唛和复核。

4. 货物包装

出库货物的包装必须完整、牢固，标记必须正确、清楚，如有破损、潮湿、捆扎松散等不能保障运输安全的问题，应加固整理，破包、破箱不得出库。各类包装容器上如有水渍、油迹等情况，均不能出库。

5. 清点交接

货物复核无误后即可办理清点交接手续。发货时，应把货物直接点交给提货人，办清交接手续。车辆到库装载待运货物时，理货员要在现场监督装载全过程，要按地区到站逐批装车，防止错装、漏装；对于实际装车件数，必须与随车人员一起点交清楚，由接收人在相关出库单证上签章，以划清责任，再将送货通知单和随货同行单证交付随车人员。

6. 销账清理

点交后，仓管员应在出库单上填写实发数、发货日期等内容，并签名；同时，将出库单连同有关证件资料及时交给货主，以便货主办理货款结算。经过上述一系列工作环节之后，实物、账目和库存档案等都发生了变化，仓管员立进行彻底清理，使保管工作重新趋于账、物相符的状态。

在整个出库作业过程中，复核和点交是两个关键环节。复核是防止差错的重要和必不可少的措施，而点交则是划清仓库和提货方责任的必要手段。

三、跨境电商库存决策

跨境电商库存决策是指在保障供应的前提下，使库存物品的数量最合理时所采取的有效决策。库存量并非越多越好，也不是越少越好，多了会造成积压，少了又不能满足正常所需，保持合理的库存量才可以在分销过程中保证商品销售能够连续进行。库存决策的目标是：把库存量控制到最合理，尽量用最少的人力、物力、财力把库存管理好，获取最大的供给保障。库存决策的关键步骤包括：确定订货点、确定订货量、确定库存基准。

（一）跨境电商周转库存决策

1. 跨境电商周转库存相关概念

跨境电商周转库存是指跨境电商供应链中因为生产或采购的批量大于消费者需求而产生的平均库存，是企业为保证市场正常供应，根据跨境电商商品销售任务、流通环节和速度，保持一定数量的周转所需的库存。周转库存是组织商品流通必不可少的物质基础。

要理解跨境电商供应链如何实现规模经济，必须首先明确受批量影响的供应链成本，其主要由物料成本、订货成本和库存持有成本构成。

（1）物料成本是指物料的购进成本，又称购置成本，是指物料本身的价值，表现为订货单价与订货批量的乘积，是批量决策中的一个关键成本要素。如果增加批量可以降低单位订货量的平均采购价格，那么采购者可能会加大订货批量。

（2）订货成本是指企业向外部供应商发出采购订单，为了实现一次订购而支出的各种活动费用的总和。订货成本分为固定订货成本和变动订货成本。固定订货成本与订货次数无关，如专设机构的基本开支等，这类费用属于采购决策的无关成本。变动订货成本与订货次数有关，如差旅费、通信费、咨询费等与进货次数成正比，这类费用属于采购决策的相关成本。具体而言，订货成本包括与下列活动相关的费用：检查存货水平；编制并提出采购申请；对多家供应商进行调查比较，选择合适的供应商；填写并发出采购订单；填写、校对发货单；资金结算并付款。

（3）库存持有成本是指库存物资在保管过程中所发生的一切成本费用，包括资金成本、实际仓储成本和商品陈旧带来的成本。库存持有成本随着平均库存量的增加而增加，与平均库存量成正比。因此，库存持有成本与订货批量直接相关。

周转库存决策的主要目的是在供应链口的不同环节，使采购者能够选择使物料成本、订货成本、库存持有成本的总和最小的订货批量。

2. 跨境电商经济订货批量决策

跨境电商经济订货批量（Economic Order Quantity，EOQ）是指一定时期（通常指一年，也可以是一月、一季等）内总成本最低时的跨境电商订货批量。订货批量的大小对企业周转库存数量和库存成本有很大影响。

经济订货批量的基本模型有以下假设条件：

- 单位时间内的需求量不变，即需求率均匀且为常量；
- 订货提前期不变；

- 各次订货的订货费相同，与订货批量的大小无关，且没有数量折扣；
- 保管费与平均库存量成正比；
- 单一品种，且资金可用性无限制；
- 全部订货一次到货，且不允许缺货（缺货费用为0）。

在理想的经济订货批量模型中，总成本由物料成本、订货成本和库存持有成本组成，可用下述公式来表示：

$$总成本=物料成本+订货成本+库存持有成本$$

在上述假设的前提下，理想的经济订货批量模型如图3-9所示。

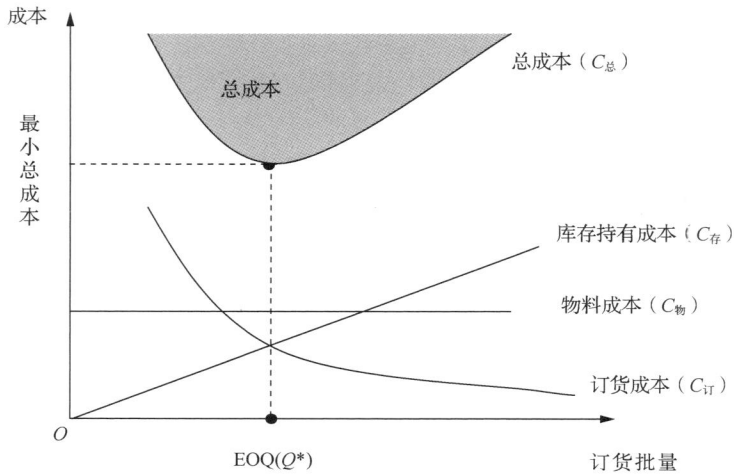

图3-9　理想的经济订货批量模型

可见，在年总需求量一定的情况下，最优订货批量取决于库存持有成本与订货成本的高低，并反映了二者之间的平衡，可用字母表示为：

$$C_{总} = C_{物} + C_{订} + C_{存}$$

$$TC = D \times P + C_0 \times \frac{D}{Q} + \frac{1}{2} Q \times H$$

$$= D \times P + C_0 \times \frac{D}{Q} + \frac{1}{2} Q \times P \times F$$

式中：TC——年度总成本；D——年需求量；P——单位物料的购入价格；C_0——订货成本；Q——订货批量；H——单位物品的年库存持有成本；F——保管费率，即以单位成本系数表示的年库存持有成本。

为获得年度总成本最低的订货批量（EOQ 或 Q^*），可计算年度总成本关于订货批量 Q 的一阶导数，并令其为零，可得：

$$EOQ = \sqrt{\frac{2C_0 \times D}{H}}$$

由此可知最佳订货次数（n^*）、最佳订货间隔期（T^*）和年度最低总成本（TC^*），用公式表示如下：

$$n^* = \frac{D}{EOQ} \qquad T^* = \frac{360}{n^*} \qquad TC^* = P \times D + \sqrt{2C_0 \times D \times H}$$

【例 3-1】某公司对 A 产品的需求量关 24 000 件/年，订货成本为 32 元/次，库存持有成本为 9.6 元/（件·年），假设计算年度总成本只考虑订货成本和库存持有成本。

（1）EOQ 和年度最低总成本分别是多少？

（2）假设因为运输原因，每次订货量为 500 件，在此情况下的年度总成本是多少？变化的幅度是多少？说明什么问题？

解：已知 D=24 000 件/年，H=9.6 元/（件·年），C_0=32 元/次，则

（1）$\mathrm{EOQ} = \sqrt{\dfrac{2C_0 \times D}{H}} = \sqrt{\dfrac{2 \times 32 \times 24\,000}{9.6}} = 400$（件）

$$
\begin{aligned}
\mathrm{TC}^* &= C_0 \times \frac{D}{\mathrm{EOQ}} + \frac{1}{2} \times H \times \mathrm{EOQ} \\
&= 32 \times \frac{24\,000}{400} + \frac{1}{2} \times 9.6 \times 400 \\
&= 1\,920 + 1\,920 \\
&= 3\,840 \text{（元）}
\end{aligned}
$$

（2）当 Q=500 件时，

$$
\mathrm{TC} = C_0 \times \frac{D}{Q} + \frac{1}{2} \times Q \times H = 32 \times \frac{24\,000}{500} + \frac{1}{2} \times 500 \times 9.6 = 3\,936 \text{（元）}
$$

可见，当 Q 上升 25%[（500-400）÷400×100%]时，TC 上升 2.5%[（3 936-3 840）÷3 840×100%]。

由此可以看出，当订货量的变动幅度为 25% 时，年度总成本仅增加了 2.5%。当实际订货量偏离经济订货批量时，只要这种偏离不超过某个合理的范围，对年度总成本的影响很小，这个性质称为经济订货批量的强壮性。这个特性为库存管理带来很大的方便，具有很大的使用价值。事实上，实际应用中对于参数的估计很难做到准确，但只要将误差控制在合理的范围内，就不会影响经济订货批量的应用。

3. 跨境电商定量订货决策

跨境电商定量订货法是指当库存量下降到预定的最低库存数量（订货点）时，以经济订货批量为标准进行订货的一种库存管理方式。

定量订货法是一种基于数量的订货方法，主要靠控制订货点和订货批量两个参数来控制库存水平。预先确定一个订货点，在销售过程中随时检查库存，当库存量下降到订货点时，就发出一个订货批量，这个订货批量一般以经济订货批量为标准。由于整个过程控制了订货点 R 和订货批量 Q，因此整个系统的库存水平得到有效控制。定量订货法模型如图 3-10 所示。

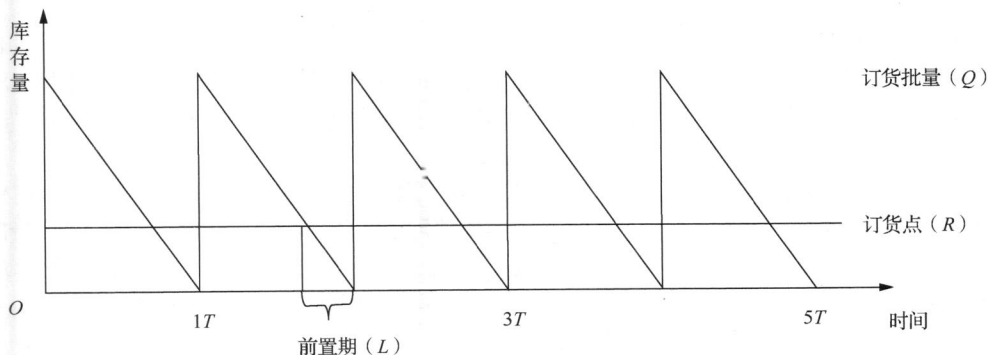

图 3-10　定量订货法模型

要应用定量订货法，要解决三个关键问题：一是确定订货点，即解决什么时候订货的问题；二是确定订货批量，即解决一次订多少货合适的问题；三是确定订货如何具体实施，以及安全库存的问题。

定量订货法的参数控制如下。

（1）订货点的确定。在定量订货法下，当库存量下降到某个库存水平时就发出订货信息，该库存水平称为订货点。影响订货点的主要因素包括：需求率、订货提前期、安全库存。

① 当需求确定，订货提前期不变，可以不设置安全库存时：

$$订货点=每个订货提前期内的需求量$$
$$=平均日需求量×订货提前期$$
$$=\frac{全年需求量}{360}×订货提前期$$

② 当需求不确定，订货提前期不确定，需要设置安全库存时：

$$订货点=订货提前期内的平均需求量+安全库存$$
$$=平均日需求量×最大订货提前期+安全库存$$

③ 关于安全库存的确定方法详见后文。

（2）订货批量的确定。在定量订货法下，对每一个具体的品种而言，每次订货批量都是相同的，通常以 EOQ 作为订货批量。

【例 3-2】某企业每年需采购 A 商品 10 000 只，购买价格为 16 元/只，每次订货成本为 100 元，每单位商品的年库存持有成本为 8 元，则该企业的经济订货批量是多少？若订货提前期为 5 天，安全库存天数为 4 天，则该企业的订货点为多少？

解：已知 D=10 000 只/年，P=16 元/只，C_0=100 元/次，H=8 元/（只·年），则

$$EOQ=\sqrt{\frac{2C_0×D}{H}}=\sqrt{\frac{2×100×10\ 000}{8}}=500\ （只）$$

如果 L=5 天，安全库存天数为 4 天，则

订货点=平均需求速度×（订货提前期+安全库存天数）=10 000÷360×（5+4）=250（只）

定量订货法的优点是可以根据实际生产和市场需求的变化随时进行订货，从而更好地适应市场需求变化，可以避免库存积压，从而减少企业资金的占用和浪费。缺点是供应不稳定，可能导致供应商难以稳定供货，甚至因为订货量太小而拒绝交货；企业无法享受批量折扣，由于采购量不足，可能会无法享受供应商的批量折扣，采购成本会增加。

4．跨境电商定期订货决策

跨境电商定期订货法是指按预先确定的订货间隔期进行订货的一种库存管理方式。在这种方法下，企业预先设定订货周期和最高库存量，从而达到控制库存量的目的。

跨境电商定期订货法的原理为，预先设定一个订货周期 T 和一个最高库存量 I_{max}，周期性地检查库存，求出当时的实际库存量 Q_0、已订货而尚未到达的物资数量 Q_1，以及已售出但尚未发货的物资数量 Q_2，然后发出一个订货批量 Q。此次的订货批量 Q 的大小，应使得订货后的"名义库存"上升到 I_{max}。

图 3-11 中，在第一阶段，库存以一定的速度下降。因为订货周期是事先确定的，所以订货时间也就确定了。到了订货时间，不论库存量有多少，都要发出订货信息。当到了第一次订货时间（A 点）时，就检查库存，求出当时的库存量 Q_{k1}，并发出一个订货批量 Q_{R1}，使库存上升到 I_{max}。然后进入第二阶段，经过一个订货周期 T 之后又检查库存，得到此时的库存量 Q_{k2}，并发出一个订货批量 Q_{R2}，使库存上升到 I_{max}。如此重复。

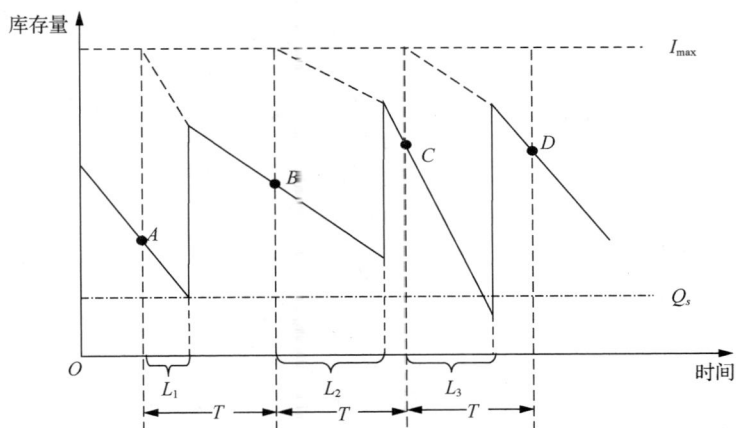

图 3-1　定期订货法模型

定期订货法的参数控制如下。

根据原理可知，应用定期订货法需要确定三个参数，订货周期 T、最高库存量 I_{max} 和每次订货量 Q。订货周期用来控制订货时机，最高库存量用来控制给定库存水平。每隔一个订货周期 T 就检查库存，发出订货量 Q。

（1）订货周期 T 的确定。在定期订货去下，两次订货的时间间隔 T 是固定的，它可以分为三种情况。

第一种情况，如果订货周期可以由储存系统自行决定，则可按 $EOQ = \sqrt{\dfrac{2C_0 \times D}{H}}$ 求得经济订货批量的理论值，再按 $T = \dfrac{EOQ}{D}$ 计算求得订货周期，然后适当调整即可。

第二种情况，如果订货周期需要储存系统和供货厂商共同决定，可以根据上述求得的 T，再结合企业的具体情况，合理确定。

第三种情况，还可以根据物资供应情况的历史统计资料，求得平均订货周期。

在实际应用中，很多企业还把用上述方法确定的订货周期与日历时间单元（日、周、旬、月、季、年等）结合起来，统筹考虑来确定合适的订货周期。

（2）最高库存量 I_{max} 的确定。在定量订货法下，是把订货提前期内的需求量作为确定订货点的依据。在定期订货法下，则是把订货周期 T 和其后一个订货提前期 L 组成的时间单元（$T+L$）内的需求量 Q 作为确定订货点的依据：

$$Q = R_d \times (T+L)$$

式中，R_d 表示每日需求量。

若考虑安全库存量 S，则最高库存量 I_{max} 为：

$$I_{max} = R_d \times (T+L) + S$$

【例 3-3】某种产品的订购提前期为 10 天，每日需要量为 20 台，安全库存为 200 台。每 30 天订购一次，订购当日的现有库存量为 450 台，已经订购但尚未到货的数量为 125 台，求最大库存量。

解： 已知 $R_d = 20$ 台/天，$T = 30$ 天，$L = 10$ 天，$S = 200$ 台，则

$I_{max} = R_d \times (T+L) + S = 20 \times (30+10) + 200 = 1\,000$（台）

（3）每次订货量 Q 的确定。在定期订货法下，每次订货量不一定，它与当时的实际库存量 Q_0、已订货而尚未到达的物资数量 Q_1，以及已售出但尚未发货的物资数量 Q_2 都有关系。一般情况下，每次订货量可通过下式确定：

$$Q= I_{\max}-(Q_0+Q_1-Q_2)$$
$$= R_d\times(T+L)+S-(Q_0+Q_1-Q_2)$$
$$= R_d\times(T+L)+S-Q_0-Q_1+Q_2$$

【例 3-4】沿用【例 3-3】的资料，求本次订购量。

解：已知 $I_{\max}=1\,000$ 台，$Q_0=450$ 台，$Q_1=125$ 台，$Q_2=0$，则

$Q= I_{\max}-(Q_0+Q_1-Q_2)=1\,000-(450+125-0)=425$（台）

定期订货法的优缺点如下。

优点：企业可以稳定地向供应商订购原材料或商品，避免了临时订货导致的供应不稳定和生产中断等问题，使企业可以提前安排和计划订货，有更多时间进行比价和谈判，从而减少订货成本。

缺点：由于按照固定周期订货，所以如果生产计划量变少或者市场需求下降，就可能会导致存货积压，浪费资源；定期订货法不能及时地适应市场的需求变化，可能会使企业错失市场机会或者面临库存积压的风险；定期订货法可能会使企业依赖少数供应商，而这些供应商的产品质量、价格等问题都可能会对企业的生产造成影响。

定期订货法适合有稳定的采购需求、经济批量明确、有稳定供应并且能够获得订货成本优势的跨境电商企业。

（二）跨境电商安全库存决策

跨境电商安全库存是指用于缓冲不确定性因素（如大量突发性订货、交货期突然延迟等）影响订货需求而准备的缓冲库存。由于企业的每日需求量、交货时间、供应商配合程度等存在较大的不确定性，因此企业要备有安全库存以进行缓冲处理。安全库存在正常情况下不动用，只有在库存不足或者送货延迟时才能使用。安全库存越多，出现缺货的可能性越小；但安全库存过多，会导致剩余库存的出现。因此，应根据不同商品的用途以及客户要求，将缺货保持在适当水平，允许一定程度的缺货现象存在。

1. 消费者服务水平的确定

安全库存主要由消费者服务水平（或订货满足率）来决定。所谓消费者服务水平，就是指对消费者需求的满足程度，公式表示如下：

$$消费者服务水平=\left(1-\frac{年缺货次数}{年订货次数}\right)\times 100\%$$

安全库存的计算，一般需要对消费者需求量的变化和提前期的变化做出一些基本假设，从而在消费者需求量发生变化、提前期发生变化以及两者同时发生变化的情况下，分别求出各自的安全库存。假设消费者的需求量服从正态分布，通过设定的显著性水平来估算需求量的最大值，从而确定合理的库存。统计学中的显著性水平 α，在跨境电商物流中叫缺货率，与跨境电商物流中的消费者服务水平是对应的，显著性水平=缺货率=1-消费者服务水平。统计学上的显著性水平一般取 0.05，即消费者服务水平为 0.95，缺货率为 0.05。

显著性水平为 α、消费者服务水平为 $1-\alpha$ 的情况下所对应的服务水平系数一般可以通过查正态分布表获得。消费者服务水平越高，订单满足率就越高，发生缺货的概率就越小，但需要设置的安全库存就会越多。因此需要综合考虑消费者服务水平、缺货成本和库存持有成本三者之间的关系，最后确定一个合理的安全库存。

2. 安全库存的确定

（1）需求量和提前期都固定。在需求量和提前期都固定的情况下，可人为指定某段时间内的供应量作为安全库存。例如，某种产品的每天使用量为 10 个，假如以 5 天的供应量作为安全库存，

则该产品的安全库存为 50 个。

（2）需求量变化，提前期固定。先假设需求量的变化情况符合正态分布，由于提前期是固定数值，因而可以直接求出提前期内的需求量分布的平均值和标准差；或者通过直接的期望预测，以过去提前期内的需求情况为依据，来确定需求量的期望均值和标准差。

假设需求量的变化服从正态分布，则安全库存 S 为：

$$S = Z \times Q_d \times \sqrt{L}$$

式中：Z——一定消费者服务水平下需求量变化的安全系数，查正态分布表获得；Q_d——提前期内需求量的标准差；L——提前期。

【例 3-5】某企业销售的某种产品的平均日需求量为 10 000 件，并且该产品的需求情况服从标准差为 30 件/天的正态分布，如果提前期是固定值 9 天，该企业确定的消费者服务水平不低于 99%，请结合所提供的消费者服务水平与安全系数表（见表 3-1），计算该产品的安全库存。

表 3-1　安全系数表

消费者服务水平	0.60	0.65	0.70	0.75	0.80	0.85	0.90	0.95	0.96
安全系数 Z	0.26	0.39	0.54	0.68	0.84	1.04	1.28	1.65	1.75
消费者服务水平	0.97	0.977	0.98	0.99	0.992	0.998 7	0.999 8	0.999 9	1.00
安全系数 Z	1.88	2.00	2.05	2.33	2.40	3.00	3.05	3.07	3.09

解： 由于产品的平均日需求量为 10 000 件，且其需求情况服从标准差为 30 件/天的正态分布，即 Q_d =30 件/天。同时，L=9 天。由于消费者服务水平不低于 99%，查表 3-1 得 Z=2.33。

$S = Z \times Q_d \times \sqrt{L} = 2.33 \times 30 \times \sqrt{9} \approx 210$（件）

（3）需求量固定，提前期变化。假设提前期的变化服从正态分布，则

$$S = Z \times R_d \times Q_t$$

式中：Q_t——提前期的标准差。

【例 3-6】某企业的某种产品的平均日需求量为 1 000 台，提前期随机变化且服从均值为 5 天、标准差为 2 天的正态分布，如果该企业确定的消费者服务水平要达到 95%，请结合所提供的消费者服务水平与安全系数表（见表 3-1），计算该产品的安全库存。

解： 由于产品的平均日需求量为 1 000 台，即 R_d =1 000 台/天。提前期变化，且其变化情况服从均值为 5 天、标准差为 2 天的正态分布，即 Q_t =2 天。由于消费者服务水平要达到 95%，查表 3-1 得 Z=1.65。

$S = Z \times R_d \times Q_t = 1.65 \times 1 000 \times 2 = 3 300$（台）

（4）需求量和提前期都变化。多数情况下二者都是随机变化的，如果假设二者是相互独立的，则

$$S = Z \sqrt{Q_d^2 \times \overline{L} + \overline{R_d}^2 \times Q_t^2}$$

式中：$\overline{L}$——平均提前期；$\overline{R_d}$——提前期内的平均日需求量。

【例 3-7】若【例 3-6】中产品的需求量和提前期都随机变化并服从正态分布，且二者相互独立，平均日需求量为 1 000 台，标准差为 20 台/天，平均提前期为 5 天，标准差为 1 天，为了保证消费者服务水平达到 95%，需要设置的安全库存为多少？

解： 已知 Q_d =20 台/天，Q_t =1 天，$\overline{R_d}$ =1 000 台/天，$\overline{L}$ =5 天。由于消费者服务水平要达到 95%，

查表 3-1 得知 $Z=1.65$。

$$S = Z\sqrt{Q_d^2 \times \overline{L} + \overline{R_d}^2 \times Q_t^2} = 1.65 \times \sqrt{20^2 \times 5 + 1\,000^2 \times 1^2} \approx 1\,652（台）$$

四、跨境电商海外仓管理

海外仓（Overseas Warehouse）是指为缩短与买家的距离、提升货物配送时效与买家的物流体验，建设在境外的货物仓储设施或仓储物流节点设施，提供货物的存储、管理、本地配送服务、售后服务等。海外仓可以实现代收货款，降低企业交易风险和资金结算风险；可以实现灵活组合包裹，降低配送成本，持续解决卖家痛点；海外仓经海关批准成为保税仓库后，可以有效规避贸易制裁或打破贸易壁垒。

海外仓优质的本地配送提升了配送时效，方便的退换货服务可以解决卖家痛点，降低经营风险；能实现规模效益，降低物流成本，提升卖家收益；海外仓商品搜索排名提升可以提高商品曝光率，便于卖家拓展境外市场。但是，海外仓库存及资金占用量较高，如何合理控制库存和投入资金对卖家而言是一大难题；受目的国或地区海关、物流等政策影响较大，如果没有提前采取应对措施，货物可能会被查扣。

（一）海外仓的分类与运作流程

素质提升：家国情怀　海外仓助力"中国造"畅销全球

"单未下，货先行"，海外仓为中国卖家与境外消费者搭建起桥梁。借助海外仓模式，中国卖家实现了销量逆势增长。宁波豪雅进出口集团有限公司是宁波跨境电商领军企业，2020年凭借成熟的海外仓模式，集团经营业绩比 2019 年翻了一番。黑龙江俄速通集团于 2015 年在俄罗斯莫斯科开仓，是我国跨境电商在俄罗斯建立的首个海外仓，占地面积 1.1 万平方米。据统计，中国已有超过 2 000 个海外仓，分布在俄罗斯、日本、韩国、美国等国家和地区。按类型来分，中国的海外仓主要分为三类：为跨境电商卖家提供第三方服务的海外仓；拥有跨境电商平台、主要为平台客户提供服务的平台型海外仓；成长性好、发展潜力较大且具有一定特色的成长型海外仓。在印度尼西亚，依托于京东搭建的仓配一体化物流，配送服务覆盖 7 大岛屿和 483 个城市，85% 的订单的配送时效从 5～7 天缩短为 1 天内。企业在不断扩大全球海外仓布局的同时，也面临着地缘政治、法律、市场等方面的风险，也存在基础建设薄弱、建设成本高、运力不足等短板。对跨境物流整合问题，要积极利用双边或多边政策，推进跨境通关便利化，优化海外仓布局，丰富海外仓功能，以及加快探索各具特色的供应链优化整合路径。

【请思考】（1）通过上述案例，总结海外仓模式的优势有哪些。

（2）以小组为单位，探讨海外仓为何成了"中国制造"走出去的新驿站。

1. 海外仓的分类

（1）自营海外仓。近年来，越来越多的跨境电商平台企业开始选择自建和运营海外仓，较为成熟的是亚马逊物流（FBA）海外仓。卖家将商品批量发送至亚马逊运营中心之后，由亚马逊负责帮助卖家存储商品，当商品售出后，由亚马逊完成订单分拣、包装和配送，并提供咨询、退货等服务。FBA 适合质量、性能过硬的商品和体积小、利润高的商品。FBA 配送全流程包括卖家将商品发往仓库；FBA 完成仓储；买家在平台下单后，FBA 处理订单，完成商品分拣、包装以及对订单进行预处理等待配送；FBA 配送订单；通知买家，提供追踪编码并告知何时发货；处理退货、补货、弃置存在瑕疵的商品以及向买家退款等。

（2）第三方海外仓。第三方海外仓是由第三方物流企业所建设运营的境外基础设施。与以 FBA 为代表的跨境电商自营海外仓相比，第三方海外仓可以储存超出自营海外仓范围的特殊商品或货物，有助于卖家扩大销售范围；第三方海外仓对入库数量限制较自营海外仓少，卖家可以更快速地补货；第三方海外仓一般能适用于庞大体积与重量的货物存储，且提供上门送货、首次清关、目的国或地区报税等服务；同等情况下，第三方海外仓较自营海外仓价格更优惠。当然，第三方海外仓也存在着一些缺点，如对库存预测不准确，货物跟踪不及时或遗漏，所以卖家应根据自身的情况综合考虑，选择适合的物流方式。

2. 海外仓运作流程

海外仓的运作流程如下。

第一步，跨境电商供应链及服务提供商，在海外仓官方网站下单，或将商品上架到提供跨境仓储服务的跨境电商企业。第二步，提供海外仓服务的跨境电商企业或海外仓服务商，要求跨境电商供应链及服务提供商将商品运输至海外仓揽收点，并由商家选择头程货物的配送方式。第三步，在完成货物头程运输并运送到港口清关之后，将货物运输至海外仓进行入库和清点上架。第四步，境外消费者在电商平台下单后，海外仓工作人员会将商品分拣并提交给本土的快递公司或者通过卡派等方式进行配送。

素质提升：国际视野　　2 000 个海外仓　辐射全世界

作为跨境电商的重要境外节点、新型外贸基础设施，海外仓建设事关外贸高质量发展和"一带一路"建设。截至 2021 年 11 月，我国海外仓数量已超 2 000 个，总面积超 1 600 万平方米，业务范围辐射全球。纵腾集团旗下谷仓海外仓全球仓储面积突破 100 万平方米，已建成覆盖全球 30 多个国家和地区、遍及六大洲的跨境电商物流网络，英国仓日处理订单可达 18 万单，每年可处理近 4 万个集装箱入库，通过"数字孪生"技术和"旧仓改造"工程，进一步提高海外仓的数字化、智能化水平，创新物流供应链。中建材集团进出口有限公司搭建建材跨境电商平台——易单网，在共建国家和地区打造了阿联酋迪拜、越南平阳、巴基斯坦拉合尔等 6 个海外仓，构建起覆盖中东、非洲、东南亚等地区的海外仓网络。2021 年 11 月，比利时列日机场，菜鸟智慧物流枢纽（包括航空货站和分拨中心）备货量增长 200% 以上。海外仓在畅通稳定全球外贸产业链、供应链方面发挥了调节器、缓冲器的作用。海外仓以空间换时间，通过提前备货，可平滑生产、配送周期，规避突发风险；通过库存前移，拉近货物与目标销售市场的距离，便于开展营销推广，增加海外仓现货贸易机会；通过提供退换货、维修等售后服务，降低商家运营成本，提升客户满意度。

【请思考】（1）近年来海外仓发展情况如何？
　　　　　（2）海外仓在降本增效、畅通外贸供应链方面发挥了怎样的作用？

（二）海外仓选择

1. 根据海外仓设施规模进行选择

卖家在选择海外仓时，一定要选择规模合适的海外仓。因为具有一定规模的海外仓，在信息化水平、智能化发展、多元化服务、运作效率、安全性方面也会更好，从而避免商品盲目入仓，降低滞销风险，减少资金占用和管理成本。卖家考察备选海外仓的规模时，要考虑海外仓日订单处理量、海外仓仓储面积以及海外仓人手等因素影响；要选择配有智能化操作系统和专业化团队人员的海外仓，这样不仅能够确保商品入库、库存核对、商品出库的低出错率，持续降低卖家的丢包率，还能够帮助卖家实现智能化管理订单和退换货，极大地提高订单的处置效率。

2. 根据海外仓所处位置进行选择

卖家一定要选择地理位置较优的海外仓。由于商品的进仓时效和配送时效是影响海外仓工作效率的关键因素，而具有优越地理位置的海外仓，则能很好地兼顾二者，形成一定的辐射区域。例如在美国建仓，辐射范围覆盖加拿大、墨西哥等区域。跨境电商卖家在选择海外仓时，也可以利用一些工具来判断海外仓地理位置。例如，通过阿里巴巴速卖通内置的"选品专家"热销词功能等确定选址，即商品在哪些地区卖得好，就选择哪里的海外仓。

知识园地

根据跨境电商平台工具确定海外仓

3. 根据卖家销售商品的特性进行选择

从商品的特性来看，海外仓的选择既要兼顾境外消费者的购物习惯，又要兼顾海外仓的商品定位。在图 3-12 中，高风险、高利润品类最适合放入海外仓，如家具等大件商品；低风险、低利润品类如 3C 产品等，如果目标市场容量大但物流时效慢导致销量不佳，可以考虑海外仓；低风险、高利润品类如婴幼儿用品等快消品，如果目标市场容量较大，可以考虑海外仓；高风险、低利润品类如电池等，如果目标市场容量不大，不建议选择海外仓。

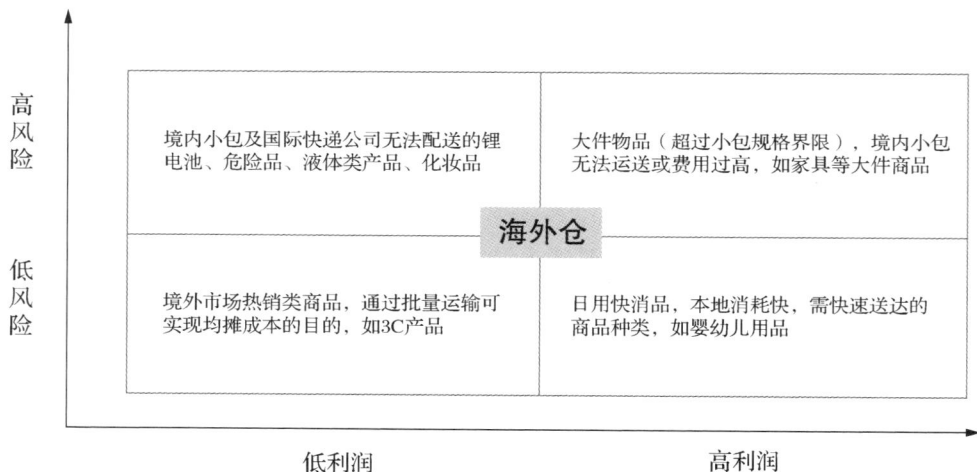

图 3-12 跨境电商海外仓定位

（三）海外仓备货与送仓

海外仓备货与送仓，是指跨境电商卖家从备好货品并送至海外仓，卖家可以通过陆运、空运、海运自主或者委托物流服务商完成头程运输和送仓。

1. 海外仓备货

对于海外仓备货，应根据历史销售数据，结合节假日的热销类商品制定合理的备货规划，热销商品多备，销量一般的商品少备。在跨境电商供应链管理中，海外仓备货业务的价值核心是"持有和管理库存"，没有库存就无法产生供应链前置的价值。

（1）正常备货。首先需要了解实际库存、理论库存、目标库存的相关概念；其次要尽量保证货物供应总量够，不断货；最后，在货物销售的过程中最好不要将货物全部卖出。

$$实际库存=随时可供销售的库存$$

$$理论库存=实际库存+在途库存+在产库存$$

$$目标库存=商品销售速度（每天销售多少个）×天数$$

$$下单生产数量=目标库存-理论库存$$

其中，在途库存是指在运输途中的库存，在产库存是指合同已经签署，已经下单给车间生产的库存。以备货到加拿大为例，假如生产时间为60天，运输时间为60天，如果因为天气、停工等因素，可以考虑延长运输时间，实际库存可供销售的时间为80天，则实际备货天数可为200天。

$$实际备货天数=生产时间+运输时间（到目的地）+实际库存可供销售天数$$

$$实际备货天数=60+60+80=200（天）$$

卖家可以根据生产时间、运输时间、实际库存目标的参数变化而调整实际备货天数。影响海外仓备货的因素包括生产、销售和发货：第一个因素是生产，给车间下生产单会增加理论库存；第二个因素是销售，促销会减少实际库存和理论库存；第三个因素是发货，会影响实际库存在理论库存中的占比，不会直接增加或者减少理论库存。如果月销售数量增加，可以考虑缩短发货间隔，增加发货频次，但要尽量保持匀速发货。如果销售波动造成断货，导致库存为零又该怎么补货呢？补货总量根据海外仓库存"总量够"来计算，沿用上述案例，单次发货的量不要超过花费60天生产的量，如果发货总量大于花费60天生产的量，可以间隔30天分多次均匀发货，从而尽可能避免无货可发的情况，实现始终有库存。

【例3-8】某加拿大海外仓销售一款椅子。当前实际库存有32把，在途库存70把，车间没有在产库存。近14天的平均销量为4把/天，40HQ（即40尺高柜集装箱）的装柜量为245把。假定生产时间需要60天，将货品海运至加拿大海外仓的时间为60天，请问是否需要补货？如果需要，应补多少货？

解：①实际库存有32把，理论库存（即实际库存+在途库存+在产库存）为102把，则目标库存=4×（60+60+8）=512（把），需要补货。

②货品供应总量够：下单生产量=512-102=410（把）

不断货：当前月销量=4×30=120（把）

由于120把椅子不足1个高柜集装箱的装柜量，应该以月为间隔发货。

③确认发货方式。60天的销量是240把，不足1个高柜集装箱的装柜量，下单数量410把向上取整需要2个高柜集装箱。所以，应该在第1个高柜集装箱发出之后，间隔30天发出第2个高柜集装箱。由于销售速度在不断变化，仓管人员需要继续观察下个月的销售情况，如果影响到目标库存，则应及时调整补货数量。

（2）节假日备货。以春节为例，对海外仓节假日备货进行介绍。众所周知，春节会加大跨境电商企业的备货难度，因为预计春节前后会有长达一个月的制造业忙碌时期，节前排单备货保产能，节后完成整条供应链复产复工，目标是实现境外不断货。

春节备货的范围包括计划春节前发出的货物；考虑到春节后无法及时复工，要在节前生产好货物。

春节备货应厘清几个数据：节后正常接单日是指春节后工厂能以标准交货期交付产品的日子；标准交货期指的是产品从"下单到车间"到"生产完毕可以装柜"的交货期；标准海运时间是指从产品生产完毕可以装柜，向海外仓订舱开始算，一直到海外仓上架可售的平均时间。

春节海外现货库存准备公式如下：

$$理论备货天数=（节后正常接单日-节前备货订货日）+标准交货期+标准海运时间+现货目标天数$$

【例3-9】假定12月20日开始春节备货，标准交货期是35天，标准海运时间是50天，现货目标天数是45天，节后预计2月20日能正常接单生产，那么这次春节备货库存需要怎么安排才合理？

解：海外仓理论备货天数=（2月20日-12月20日）+45+35+50=192（天）

因为12月20日春节备货后，1月20日一般不会再订货，所以春节备货库存需安排间隔30

天分 2 次发出较为合理，节前 1 月 20 日发一半，节后 2 月 20 日再发一半。

2. 头程运输送仓

头程运输（First-Leg Transportation）是指出口跨境电商企业在未接受境外消费者订单前，通过海运、空运、陆运或多式联运方式，将货物提前运送到境外仓库的运输过程。

（1）直发快递送仓。直发快递送仓是指通过委托物流服务商的方式，将货物发至境外跨境电商仓库。直发快递运输货物的重量常在 20 千克以上，具有送达准时、发货便捷、全流程信息可追踪的优点，对需要紧急补货的企业来说是不错的选择。

（2）空运加当地快递送仓。空运加当地快递送仓是指通过国际空运方式将货物送达目的地后，再使用当地快递派送至仓库。其运输时效低于直发快递送仓，适用于资金周转率和货物销售连续性高的轻型、小型产品。

（3）海运送仓。这种方式运输时间稍长，适用于体积大且重量大的货物，在相同条件下费用比以上两种方式低，具有船期稳定、运费低和快速通关的优点。其一般不适用于资金周转率高、资金压力大、货物时效性高的跨境电商企业和轻量型、小体积产品。

（四）海外仓库内操作与管理

1. 海外仓分货

（1）按单拣货。拣货员根据拣货单，对跨境电商仓库当中的商品进行分拣。这种方式适用于商品易分拨、商品易分辨、大件重件、异形件、整箱、每单 SKU（库存进出计量的基本单元）较少、突遇紧急订单（需要紧急分拣）等情况。

（2）边拣边分。这种方式将商品置于运输线上或通过拣货推车运转，一车可以有数十个拣货篮，篮位和订单相匹配。这种方式适用于商品重合度不高、形状易分辨、具备一定差异化特征的大量零散订单，以及轻小物件、每单 SKU 较少的非爆款订单。

（3）先拣后分。拣货员先合并订单，然后将截至某一节点前所到达的货物分拣出来，通过笼车等分拣工具，在打包台进行二次分拣、检视、信息复核，将每个订单所需商品的寻找范围缩小到一个批次内。这种方式适用于中小规模跨境电商仓库，平均订单行数少、商品重合率高、单价高、日出货量不高，复核人员对商品比较熟悉，能够快速定位商品的情况。

2. 海外仓打托

打托是把货物码到托盘上后进行打包带缠膜的一种劳动过程。打托可以起到固定货物、防潮、避免丢失、便利装卸等作用。托盘包括木托盘、塑料托盘、铁托盘等，木托盘必须经过熏蒸处理。打托时，货物不能超过托盘边缘，托盘尽量放平，保证运输体积最小。托盘上货件标签面应全部朝外，以便在不损坏托盘的情况下来扫描货件上的条形码。当一个托盘上有多个 SKU 时，还需要将 SKU 进行分类打包，方便扫码人员读取、分辨相关信息。托盘上如需要堆叠纸箱，则要将它们所有面都堆叠齐平，见图 3-13（1 英寸=2.54 厘米）。

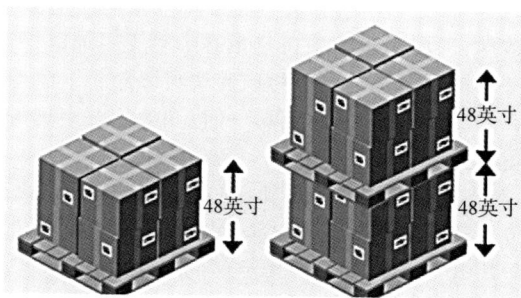

图 3-13　海外仓打托

3. 海外仓贴唛

贴唛是在箱子外包装上贴上有收件地址等信息的唛头。唛头（Shipping Mark）由一个简单的几何图形和一些字母、数字及简单的文字组成，包括：收货人或买方名称缩写或标志；参照号码；目的港（地）名称；件数、批号；产地等；收货人地址、电话；等等。唛头是为运输时识别货物而设置的。唛头分为正唛和侧唛，贴在箱子正面的称作正唛，保证货物完整地到收货人手上；侧唛主要是为收货人设置的，一般会贴在箱子的两侧，确保相关人员能一眼看出相关内容，保证货物清楚明确地到零售商、消费者手上。海外仓贴唛如图3-14所示。

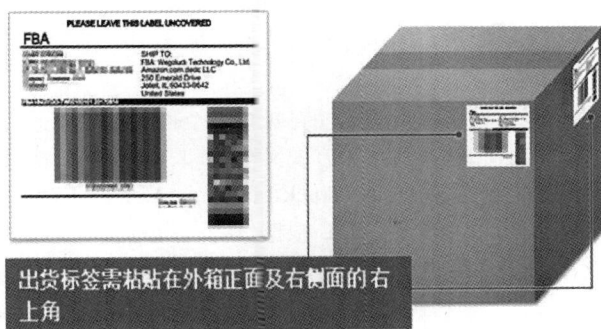

图3-14　海外仓贴唛

4. 海外仓换标

海外仓换标是指对商品贴上相应的 SKU 标签以便管理，主要包括三种情形：海外仓收货后会对商品标签栏进行核验及检查，如果商品标签受损，则需要换标；买家因非质量原因退货，运输途中商品受损需要换标，海外仓会对退货商品进行重新检测，检测之后如无问题，才能更换标签，再将退货商品运输到相关商品售卖仓库之中重新上架；买家因商品性能或使用情况不符预期退货，这种退货商品不能以新商品重新进入仓库，需要重新更换标签才能上架。

FBA 换标流程包括六个步骤：①买家觉得商品不合适，需要退货，并提交退货申请；②卖家在店铺后台"管理退货"中查看退货申请及退货原因；③待卖家确认退货之后，买家将货物邮寄到卖家提供的跨境电商仓库；④货物退回仓库之后，工作人员签收并做基本检查，确认商品是否影响二次销售；⑤若商品符合二次销售要求，仓库工作人员给商品重新换 SKU 标签，并且贴上 FBA 标签；商品换标完成之后被发往 FBA 仓；⑥商品到达 FBA 仓之后重新进行上架处理。

> 🔍 素质提升：家国情怀　　**全国首个跨境电商海外仓运营与管理服务标准实施**
>
> 针对我国海外仓建设存在主体多元分散、发展水平参差不齐以及本地化经营服务水平不高等短板和痛点，中国服务贸易协会、浙江省电子商务促进中心、广州市商务局等共同起草编制的《跨境电子商务海外仓运营与管理服务规范》（简称《规范》）首次规定了跨境电商海外仓企业的运营与服务管理范围、服务管理要求及服务管理规范等内容，对海外仓的关键概念、海外仓关键作业流程及规范等进行了厘定与明确，为企业海外仓建设提供了统一规范，为企业海外仓建设和运营管理提供了指导，有助于提高海外仓经营与管理的标准化、规范化水平。中国服务贸易协会常务副秘书长田国锋表示，《规范》发布后，协会还将组织相关机构、企业成立"《规范》应用联盟"，推进《规范》的应用与评价，不断提高海外仓行业发展水平。浙江省电子商务促进中心主任陈巧艳认为，海

外仓是跨境电商供应链、产业链、价值链提升优化和核心竞争力培育的重要内容，标准化建设对推动我国海外仓由"点"到"线"延伸服务功能、由"线"到"面"网络化、平台化发展具有重要意义。

【请思考】（1）《规范》对跨境电商海外仓领域的哪些内容进行了厘定与明确？

（2）以小组为单位，探讨《规范》对推动海外仓由"点"到"线"延伸的重要意义。

（五）海外仓尾程配送

尾程配送（Last-Mile Delivery）是指跨境电商企业收到境外消费者订单后，发信息至海外仓管理系统，由海外仓发货并完成配送，配送方式包括卡派配送和快递派配送。

1. 海外仓卡派配送

卡派是指由货代公司联系当地卡车货运公司将货物运至目的地的配送方式。其特点是以大批量点对点运送为主，适用于较大和超长商品，方便叉车装卸，时效不如快递。卡派分为整车运输（Full Truck Loading，FTL）、零担运输（Less Truck Loading，LTL）。FTL按整车支付运费，由于货物始终在同一辆卡车上，损坏风险较低；LTL根据货物占用的卡车车厢空间支付运费，相比于FTL运输成本更低，但集货和分拆时间较长，时效不够稳定。

2. 海外仓快递派配送

快递派是指商品到海外仓后，直接将商品交付给当地的快递公司（如DPD、DHL、FedEx或UPS等），由快递公司进行最后的派送。快递派的优点是发货快、派送到门、单号可追踪、收件人收货体验好、快递网点多、偏远地区也可送达。其缺点是中转次数多，丢件概率相对于卡派较高；派送旺季转运会比较慢；对商品重量、尺寸等限制较多，如单件最长长度为270厘米，单件最大尺寸为长+2×（宽+高）<419厘米，单件最大重量为68千克。快递派不适用于家具、旅行工具等一些大型或者高价值的商品。

（六）海外仓费用计算

海外仓费用包括头程运费、订单处理费、仓储费、税费、尾程配送费。

1. 头程运费

头程运费指货物由境内通过航空运输、航海运输等发运至海外仓的过程中所产生的运输费用。

2. 订单处理费

订单处理费是指海外仓根据平台订单拣货、打包产生的费用。这里介绍FBA海外仓订单处理费，通常包括FBA人工处理费、移除订单处理费、退货处理费和计划外预处理服务费。

（1）FBA人工处理费。当卖家没有及时提供相关数据信息时，将产生FBA人工处理费：1—10月为每件0.15美元；11—12月为每件0.30美元。

（2）移除订单处理费。卖家需要对滞销品、残次品或要更换境外市场的商品建立移除订单，产生的费用就是移除订单处理费。移除订单处理费按件收取，具体费用标准如表3-2所示。

表3-2　FBA移除订单处理费标准

尺寸分段	发货重量/磅	每件商品的移除订单处理费/美元
标准尺寸	0～0.5（含0.5）	0.25
	0.5～1.0（含1.0）	0.30
	1.0～2.0（含2.0）	0.35
	>2.0	0.40美元+0.20美元/磅（超出首重2磅的部分）

续表

尺寸分段	发货重量/磅	每件商品的移除订单处理费/美元
大件商品和需要进行特殊处理的商品（需要进行特殊处理的商品可能包括服装、钟表及珠宝首饰类商品和危险品）	0～1.0（含1.0）	0.60
	1.0～2.0（含2.0）	0.70
	2.0～4.0（含4.0）	0.90
	4.0～10.0（含10.0）	1.45
	>10.0	1.90美元+0.20美元/磅（超出首重10磅的部分）

（3）退货处理费。亚马逊会为购买服饰、钟表、箱包和太阳镜等的买家提供免费退货服务，按件向卖家收取退货处理费，一个订单如果包括多件商品会产生高额退货处理费。

（4）计划外预处理服务费。计划外预处理服务费是指卖家运送到亚马逊仓库的商品出现某些问题，需要亚马逊处理（如贴标等）所产生的费用，一般按件收取。

3. 仓储费

仓储费是指货物在仓库储存时，发生的储存费用和商品在仓库分配前发生的处理费用，以及为卖家提供多样化增值服务而产生的费用，增值服务如一件代发、货物中转、退货换标（这里的"标"包括出货单、外箱标、快递标、托盘标、SKU标等）与商品维修管理等。这里介绍FBA仓储费，包括月度库存仓储费、超龄库存附加费以及库存仓储超量费。

（1）月度库存仓储费。亚马逊会对存放在FBA仓库的所有商品，根据平均每日占用空间，并根据商品类型、尺寸分段和货物占用时间计算得出费率，收取月度库存仓储费，见表3-3。计算公式如下，其中商品尺寸（1立方英尺=0.028 316 8立方米）和体积是按照FBA政策和要求包装完毕且准备发货时的测量值。

知识园地

亚马逊FBA卖家降低仓储费的方法

每件商品的费用=日均商品数量×每件商品的体积×适用费率

表3-3　月度库存仓储费　　　　单位：美元/立方英尺

类别	月份	标准尺寸商品	大件商品
月度库存仓储费（非危险品）	1—9月	0.83	0.53
	10—12月	2.40	1.20
月度库存仓储费（危险品）	1—9月	0.99	0.78
	10—12月	3.63	2.43

【例3-10】某非危险品的尺寸分段为标准尺寸、每件商品的体积为0.05立方英尺，7月日均存储量为100件，请计算该批商品月度库存仓储费。

解： 月度库存仓储费=日均商品数量×每件商品的体积×适用费率=100×0.05×0.83=4.15（美元）

（2）超龄库存附加费。FBA在整个配送网络中按照先进先出（FIFO）的原则计算库龄，会对存放超过271天的商品征收超龄库存附加费，FBA于每月15日评估库龄，于18日到22日收取超龄库存附加费。超龄库存附加费计费规则如表3-4所示。

表3-4　超龄库存附加费计费规则

库龄/天	计费规则	计费标准/（美元/立方英尺）
271～365（不含365）	基于产品体积	1.50
365或更长	基于产品体积或重量（取较大者）	6.90或每件商品0.15美元（取较大者）

【例 3-11】某玩具体积为 11 英寸×8 英寸×2 英寸（1 英寸≈2.54 厘米），计算表 3-5 中已开出账单的超龄库存附加费。

表 3-5　超龄库存附加费计算

数量	存放时间/天	每立方英尺所适用的超龄库存附加费/美元	每件商品所适用的超龄库存附加费/美元	已开出账单的超龄库存附加费/美元（两项费用中的较高者）
1 件商品	271	0.15	不适用	？
2 件商品	超过 365	1.41	0.30	？
10 件商品	超过 365	7.03	1.50	？

解：从上至下依次为 0.15、1.41、7.03 美元/立方英尺。

（3）库存仓储超量费。如果卖家在 FBA 仓库某月任何一天的仓储量超出了仓储限制额度，将需要为超出部分支付库存仓储超量费。亚马逊按照 10 美元/立方英尺的标准，每月收取一次库存仓储超量费。

库存仓储超量费=（当前超量值×每日超量费率×月剩余收费天数）+截至目前产生的库存仓储超量费

其中，当前超量值=当前使用量-当前限制量；每日超量费率=10 美元÷当月天数；月剩余收费天数=当前月份天数-当日日期数值+1。

根据英寸换算立方英尺：根据公式长×宽×高（以英寸为单位）算出体积，再除以 1 728。如某产品长×宽×高为 47 英寸×12 英寸×10 英寸，则该商品体积为 5 640（47×12×10）立方英寸，3.3（5 640÷1 728）立方英尺。

4. 税费

税费主要是指将货物出口到目的地后，根据目的地进口货物政策，缴纳的关税、增值税、消费税等。这里重点介绍增值税（Value Added Tax，VAT），其由进口增值税（Import VAT）、销售增值税（Sales VAT）两个独立缴纳的税项组成，前者是指进口环节征缴的 VAT，后者是指跨境电商卖家在进口国或地区销售货物代进口国或地区税务机构向消费者收取的税金，也是货物售价的利润税。例如，当货物进入英国，卖家应缴纳进口增值税；当货物销售后，卖家应按销售额缴纳销售增值税，并可申请退回进口增值税。境外经营缴纳增值税示意如图 3-15 所示。

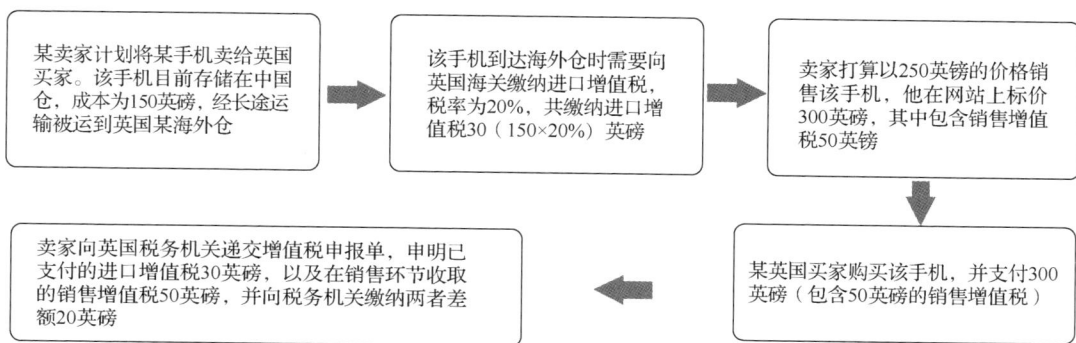

某卖家计划将某手机卖给英国买家。该手机目前存储在中国仓，成本为 150 英镑，经长途运输被运到英国某海外仓

该手机到达海外仓时需要向英国海关缴纳进口增值税，税率为 20%，共缴纳进口增值税 30（150×20%）英镑

卖家打算以 250 英镑的价格销售该手机，他在网站上标价 300 英镑，其中包含销售增值税 50 英镑

某英国买家购买该手机，并支付 300 英镑（包含 50 英镑的销售增值税）

卖家向英国税务机关递交增值税申报单，申明已支付的进口增值税 30 英镑，以及在销售环节收取的销售增值税 50 英镑，并向税务机关缴纳两者差额 20 英镑

图 3-15　境外经营缴纳增值税示意

增值税计算分成进口增值税和销售增值税计算两部分。

进口税=进口增值税+进口关税+进口消费税

进口关税=申报货值×产品税率

进口增值税=（申报货值+头程运费+进口关税+进口消费税）×进口增值税税率

销售增值税=含税销售价格÷（1+销售增值税税率）×销售增值税税率

实际缴纳增值税=销售增值税-进口增值税

在缴纳增值税时，当销售增值税>进口增值税时，卖家须补缴无法抵扣的销售增值税；当销售增值税<进口增值税时，卖家将获得退税，但应在目的国或地区注册，在目的国或地区有固定经营场所，有离岸外汇银行账号并与目的国或地区税务机构签订扣税协议，同时，目的国或地区税务机构可定期去卖家仓库核查。

部分国家进口税费计算方式见表3-6。

表3-6　部分国家进口税费计算方式

国家	税种	税费计算公式	备注
美国	关税	税费=关税=货值×关税税率	—
英国	关税、增值税	税费=关税+增值税 关税=货值×关税税率 增值税=（货值+运费+关税）×20%	—
俄罗斯	关税、增值税	税费=关税+增值税 关税=货值×关税税率 增值税=（货值+运费-关税）×20%	食品及儿童用品增值税税率为10%，高科技商品、棉花、药物免缴增值税，烟、酒、汽车、石油及首饰等增值税税率为25%～90%
德国	关税、增值税	税费=关税+增值税 关税=货值×关税税率 增值税=（货值+运费+关税）×19%	特定商品如食品、书籍、医疗设备和艺术品的供应以及特定活动（即文化活动）的服务适用7%的增值税税率
新西兰	关税、GST	税费=关税+GST 关税=货值×关税税率 GST=（货值+运费+关税）×15%	GST是商品与服务税（Good and Service Tax）
澳大利亚	关税、GST	税费=关税+GST 关税=货值×关税税率 GST=（货值+运费+关税）×20%	—

【例3-12】某跨境电商卖家发一批某品牌货物到新西兰海外仓，货值24万新西兰元，运费为2 500新西兰元，适用关税税率为7.7%，假定新西兰元兑换人民币汇率为4.417 6，为简化计算，假设新西兰的进口税费仅由关税和GST（商品与服务税，现行税率为15%）构成，请以人民币计算该批货物的应缴进口税费。

解：（1）关税=货值×关税税率=240 000×7.7%×4.417 6=81 637.248（人民币元）

（2）GST=（货值+运费+关税）×15%=（240 000+2 500+240 000×7.7%）×4.417 6×15%=172 935.787（人民币元）

（3）税费=关税+GST=81 637.248+172 935.787=254 573.035（人民币元）

【例3-13】以英国某海外仓发货为例，英国税务与海关总署（HM Revenue and Customs，HMRC）会根据货物进销情况收取相应税费。假设：进口A货物100件，单件进口申报价格100英镑/件，头程运费2 000英镑，关税税率为3.7%，进口增值税税率为20%（销售增值税税率同），平台标示销售价格200英镑/件（含销售增值税）。请计算：①没有销售货物时的应缴增值税；②有50件货物以200英镑/件售出时的应缴增值税；③100件货物全部以200英镑/件售出时的应缴增值税。

解：单件不含销售增值税的价格=200÷（1+20%）=200÷1.2=166.67（英镑/件）

单件的销售增值税=200÷（1+20%）×20%=33.33（英镑/件）

申报货值=进口货物数量×单件货物进口申报价格=100×100=10 000（英镑）

关税=申报货值×关税税率=10 000×3.7%=370（英镑）

进口增值税=（申报货值+头程运费+关税）×20%=（10 000+2 000+370）×20%=2 474（英镑），这是卖家必须缴纳的费用，可在季度申报时抵扣销售增值税。

即：货物销售后，应缴纳的增值税=销售增值税-进口增值税

① 没有销售货物，库房剩余 100 件货物。

总销售额=0×100=0（英镑）

销售增值税=0（英镑）

应缴增值税=0-2 474=-2 474（英镑）

即 HMRC 应退 2 474 英镑给卖家。

② 50 件货物以 200 英镑/件售出，库房剩余 50 件货物。

销售额=50×200=10 000（英镑）（含增值税）

销售增值税=10 000÷（1+20%）×20%=1 666.7（英镑）

应缴增值税=1 666.7-2 474=-807.3（英镑）

即 HMRC 应退 807.4 英镑给卖家。

③ 100 件货物全部以 200 英镑/件售出，库房剩余 0 件货物。

总销售额=100×200=20 000（英镑）（含增值税）

销售增值税=20 000÷（1+20%）×20%=3 333.3（英镑）

应缴增值税=3 333.3-2 474=859.3（英镑）

即卖家还要补缴 859.3 英镑给 HMRC。

知识园地

服装类商品和危险品 FBA 尾程配送费

5. 尾程配送费

以 FBA 为例，尾程配送费与商品包装后的重量和尺寸有关，计算时将商品分为标准商品和大型商品。标准商品是指最长边不超过 18 英寸，第二长边不超过 14 英寸，最短边不超过 8 英寸，完全包装后重量不超过 20 磅的商品；如果上述条件任何一项不符，则相关商品将被归类为大型商品；如果商品是成套出售的，则尺寸和重量在整套商品包装在一起后计算。核心类商品 FBA 尾程配送费见表 3-7，其中服装类商品和危险品除外。

表 3-7　核心类商品 FBA 尾程配送费

尺寸分段	发货重量	每件商品的尾程配送费/美元
小号标准尺寸[①]	不超过 6 盎司[②]	2.92
	6～12 盎司（不含 6 盎司）	3.07
	12～16 盎司（不含 12 盎司）	3.59
大号标准尺寸[③]	不超过 6 盎司	3.54
	6～12 盎司（不含 6 盎司）	3.77
	12～16 盎司（不含 12 盎司）	4.52
	1～2 磅（不含 1 磅）	5.14
	2～3 磅（不含 2 磅）	5.79
	3～20 磅（不含 3 磅）	6.13 美元+0.30 美元/磅（超出首重 3 磅的部分）

续表

尺寸分段	发货重量	每件商品的尾程配送费/美元
小号大件	不超过 70 磅	8.94 美元+0.38 美元/磅（超出首重 1 磅的部分）
中号大件	不超过 150 磅	12.73 美元+0.44 美元/磅（超出首重 1 磅的部分）
大号大件	不超过 150 磅	82.58 美元+0.79 美元/磅（超出首重 90 磅的部分）
特殊大件	不超过 150 磅	150.94 美元+0.79 美元/磅（超出首重 90 磅的部分）

注：①小号标准尺寸为长边≤15 英寸，中长边≤12 英寸，短边≤0.75 英寸，重量≤16 盎司。
②1 盎司≈28.35 克。③大号标准尺寸为长边≤18 英寸，中长边≤14 英寸，短边≤8 英寸，重量≤20 磅。

【例 3-14】请根据相关信息完成商品尾程配送费核算。
（1）小号标准尺寸商品尾程配送费计算。

小号标准尺寸：发货重量不超过 6 盎司	
	移动设备外壳
	商品重量：2.88 盎司
	发货重量：5.9 盎司
尾程配送费（每件商品）	？

解：该商品为小号标准尺寸且不超过 6 盎司，对照表 3-7 可知配送费为 2.92 美元。
（2）大号标准尺寸商品尾程配送费计算。

大号标准尺寸：发货重 3～20 磅，不含 3 磅	
	折叠挂烫机
	商品重量：3.35 磅
	发货重量：4 磅
配送费用（每件商品）	？

解：配送费用（每件商品）=6.13+0.30×（4-3）=6.43（美元）
（3）小号大件商品尾程配送费计算。

小号大件：发货重量不超过 70 磅	
	安全座椅
	商品重量：7.90 磅
	发货重量：9 磅
配送费用（每件商品）	？

解：配送费用（每件商品）=8.94+0.38×（9-1）=11.98（美元）

（4）大号大件商品尾程配送费计算。

大号大件	
	网络电视
	商品重量：48.45 磅
	发货重量：50 磅
配送费用（每件商品）	？

解：该商品属于大号大件且未超过首重 90 磅，对照表 3-7 可知配送费用为 82.58 美元。

测试与实训

项目测试

一、单选题

1. 包装具有三大特性，分别是保护性、便利性和（　　）。
   A. 增值性　　　　　B. 集中性　　　　　C. 安全性　　　　　D. 多样性

2. 按层次不同，包装可分为（　　）、内部包装、外部包装。
   A. 销售包装　　　　B. 周转包装　　　　C. 逐个包装　　　　D. 金属包装

3. 当采用地址式编号对储位进行信息编码时，1-2-3-4 的含义是（　　）。
   A. 第 1 号库房、第 2 号货架、第 3 层、第 4 格
   B. 第 1 号货架、第 2 号库房、第 3 层、第 4 格
   C. 第 1 层、第 2 格、第 3 号库房、第 4 号货架
   D. 第 1 层、第 2 格、第 3 号货架、第 4 号库房

4. 下列说法正确的是（　　）。
   A. 货物应尽可能地在低处码放
   B. 出货和进货频率高的货物应放在距离出入口稍远的地方
   C. 同一货物或类似货物应在同一地方保管
   D. 轻的货物应尽量放置在货架的下方

5. 出库作业活动主要包括审核凭证分拣备货、复核查对、货物包装、（　　）和销账清理。
   A. 检查验收　　　　B. 商品接运　　　　C. 商品养护　　　　D. 清点交接

6. 海外仓的运作流程是（　　）。
   A. 卖家—境外仓库—国际仓到仓运输—境外带来仓库—尾程配送—境外买家
   B. 卖家—境内仓库—国际仓到仓运输—境外带来仓库—尾程配送—境外买家
   C. 卖家—境内仓库—国际仓到仓运输—境内带来仓库—尾程配送—境外买家
   D. 卖家—境内仓库—境内带来仓库—国际仓到仓运输—尾程配送—境外买家

7. （　　）是指当库存量下降到预定的最低库存量（订货点）时，以经济订货批量为标准进行订货的一种库存管理方式。
   A. 跨境电商经济订货法　　　　　　　B. 跨境电商定期订货法
   C. 跨境电商定量订货法　　　　　　　D. 跨境电商延期订货法

8. 体积大、超重大件产品，境内小包无法运达或者费用太贵的属于（　　）品类。
   A. 高风险、高利润　B. 高风险、低利润　C. 低风险、高利润　D. 低风险、低利润

9. 关于海外仓，下列选项错误的是（　　）。
   A. 海外仓能够提高时效，同时减少物流费用，做跨境电商应该选择海外仓
   B. 使用海外仓应及时更新库存状况，以便补充库存
   C. 海外仓可采用陆运、空运、快递的方式将货物发送至仓库
   D. 拥有海外仓更利于境外市场的扩展

10. 海外仓头程运输流程是（　　）。
    A. 卖家货物—承运企业—货代公司—海外仓　B. 卖家货物—承运企业—海外仓
    C. 卖家货物—货代公司—承运企业—海外仓　D. 卖家货物—货代公司—海外仓

二、多选题

1. （　　）是跨境电商仓储管理水平提高的基础。
   A. 规划合理　　　　B. 流程科学　　　　C. 动作规范　　　　D. 数据准确

2. 按使用范围进行分类，包装可分为（　　　）。

 A．工业包装   B．商业包装   C．专用包装   D．通用包装

3. （　　　）是包装的主要功能。

 A．保护功能   B．促销功能   C．便利功能   D．调节功能

4. 常见的货区平面布局形式有（　　　）。

 A．横列式   B．纵列式   C．纵横式   D．倾斜式

5. 入库准备工作主要包括（　　　）。

 A．熟悉入库商品   B．安排拣货人员

 C．妥善安排货位   D．准备验收资料和文件单证

6. 盘点作业流程主要包括的环节有（　　　）。

 A．确定盘点时间 B．清理盘点现场 C．分析盘点差异 D．进行库存盈亏调整

7. 海外仓的优势有（　　　）。

 A．时间缩短、效率提高   B．降低物流成本

 C．提升商品的利润   D．提高商品曝光率

8. 理论库存包括（　　　）。

 A．实际库存   B．在途库存   C．在产库存   D．问题库存

9. 下列说法正确的有（　　　）。

 A．对于海外仓中积压库存的处理，卖家可以选择弃货服务，或将货物退运回境

 B．如果发生境外退货，卖家须先向海外仓提出退货申报，并将货物寄到仓库

 C．发生境外退货，卖家可将无损货物用于下次发货，或将货物退运回境内，或直接弃货

 D．对于海外仓中积压库存的处理，卖家不能弃货，只得将货物退运回境内

10. 下列选项中，适合放入海外仓的有（　　　）。

 A．超重超大物品   B．境内小包无法运到物品

 C．日用快消品   D．境外热销品

三、判断题

1. 防震缓冲包装是将缓冲材料置于内装物和包装容器间，用以减轻冲击和震动。（　　　）

2. 将包装件装入集装箱可以采取平放、立放或侧放。（　　　）

3. 跨境电商仓库的功能重在"储藏"而非"通过"。（　　　）

4. 货物接运是入库作业活动的第一道环节。（　　　）

5. 分拣备货是指仓库作业人员按出库凭证所列内容和批注去相应货位分拣货物。（　　　）

6. 海外仓是近年在跨境电商行业兴起的一种发货模式，提供头程运输和一件代发等服务。（　　　）

7. 一件代发是指货物运输到海外仓，由海外仓服务商打包发货。（　　　）

8. 头程费用是指将货物从境内运到海外仓产生的空运、海运整柜、当地拖车运费等。（　　　）

9. 在保证储存功能实现的前提下，应使用尽量少的投入。（　　　）

10. 合理的库内规划是存储容积率、流程效率提高及运行安全的基础。（　　　）

四、简答题

1. 简述商品包装的一般操作技巧。

2. 简述仓库布局的基本原则。

3. 简述货物出库作业流程。

4. 请简要描述海外仓的含义和功能。

5. 海外仓费用包括哪些？

项目实训

一、跨境电商物流包装设计

有一位境外客户需要购买 10 个仿古陶瓷碗工艺品摆件，陶瓷碗的口径为 12 厘米，高为 6.5 厘米。要求包装合理并能保护陶瓷碗的安全，请选择合理包装技巧进行包装设计。

陶瓷碗摆件

二、跨境电商周转库存决策

茂达自行车有限公司（简称"茂达公司"）主营城市车、山地车等系列产品，其生产的多款产品远销境外。茂达公司生产自行车所需物料包括车架、车座、车胎、脚蹬、润滑油等。根据茂达公司收集汇总的生产经营历史数据资料，公司对润滑油的年需求量为 8 000 千克，经济订货批量为 600 千克。在通知供应商送货后，货物一般在 7 天后送达，润滑油的安全库存是 120 千克。

（1）请从避免缺料和节省库存费用的角度出发，确定润滑油的合理订货周期和最高库存量。

（2）在本次订货的期初，公司通过盘点得知当前润滑油实际库存量为 400 千克，已订货而尚未到达的润滑油量为 0 千克，已经办理领料手续但还未领取的润滑油量为 300 千克，请确定本次订货量。

三、跨境电商安全库存决策

根据茂达公司的生产经营数据资料，该公司在过去 3 周对某型号车架的实际需求量分别为 165、151 和 169 件，最大订货提前期为 3 周，根据过往数据统计假定缺货概率为 5%。请确定该型号车架的安全库存和最佳订货时机。

四、跨境电商经济订货批量计算

某跨境电商企业对某物资的需求量为 1 200 单位，单价为 10 元/单位，年保管费率为 20%，每次订货成本为 300 元，求经济订货批量（ECQ）和年度最低总成本（TC^*）。

五、海外仓税费计算

境内某企业将某款鞋子发到英国，数量 200 双，申报价格 20 英镑/双。这批鞋子的总申报货值为 4 000 英镑，头程运费共 500 英镑，鞋子的关税税率为 10%，增值税税率为 20%。该款鞋子在 eBay 的最终销售价格（含税）为 100 英镑/双。该企业当季实际需要缴纳多少增值税？

六、跨境电商仓储企业调研

以小组为单位（每组 3～5 人），通过实地调研、网络调研、资料收集、文献阅读等方式，调研学校所在省（自治区、直辖市）跨境电商仓储企业（仓库）的情况，将其仓库平面布局、智慧仓储技术应用情况、入库作业流程、在库作业主要内容、出库作业流程等填入任务工单 3-1，并选择其中一个方面用 PPT 展开介绍。

任务工单 3-1　跨境电商仓储企业调研

小组名称		完成日期	
基本介绍			
仓库功能区域布局			
智慧仓储技术应用情况			
入库作业流程			
在库作业主要内容			
出库作业流程			
小组总结			

巩固拓展 ↓

📖 敲黑板

1. 一般包装技巧包括：对内装物要合理放置、固定和加固，对松泡商品要压缩体积，合理选择外包装的形状尺寸，合理选择内包装的形状尺寸，合理捆扎，合理使用防震缓冲包装。

2. 跨境电商货物包装的技巧包括：对内装物要合理放置、固定和加固；对松泡商品要压缩体积；合理选择外包装尺寸；合理选择内包装的形状尺寸；做好外包装的捆扎；合理使用防震缓冲包装。

3. 跨境电商仓储管理是指在跨境电商运营过程中对仓储商品的收发、结存等进行有效控制，以期达到仓储管理目的的活动。

4. 跨境电商智慧仓储管理方法包括：储位信息规范化、商品信息规范化、先进先出、客户化仓储。

5. 跨境电商仓库根据作业主要功能划分为收货区、暂存区、储存区、理货区、出货区及月台等区域，其中储存区是仓库重要的组成部分，货区平面布局的形式可以分为垂直式布局和倾斜式布局。

6. 跨境电商仓储作业流程包括货物入库、在库保管和货物出库等环节。其中：货物入库包括入库准备、货物接运、货物验收、办理入库、货物上架等工作环节；在库保管包括货物堆码、货物养护、货物盘点等工作内容；货物出库包括审核凭证、分拣备货、复核查对、货物包装、清点交接、销账清理等工作环节。

7. 库存决策的关键步骤包括：确定订货点、确定订货量、确定库存基准。

8. 海外仓是指为缩短与买家的距离、提升货物配送时效与物流体验，所建设在境外的货物仓储设施或仓储物流节点设施。

9. 海外仓具备的优势主要有：提升配送时效，解决卖家痛点，降低物流成本，提升卖家收益，提高商品曝光率，便于卖家拓展境外市场；而海外仓的劣势主要有：库存及资金占用量高，受目的国或地区政策影响大。

10. 海外仓费用由五个方面构成，分别为头程运费、订单处理费、仓储费、税费和尾程配送费。

📖 案例拓展

案例拓展一：亿安仓牵手京东物流，拣货效率提高八成。请扫描二维码查看案例内容。

【请思考】（1）跨境电商仓储管理未来的发展方向是什么？

（2）跨境电商仓储从业人员应该具备怎样的职业素养以适应岗位需求？

案例拓展二：虚拟海外仓成跨境电商新"利刃"。请扫描二维码查看案例内容。

【请思考】（1）虚拟海外仓相较于传统海外仓有何特别之处？

（2）近年来哪些因素促进了虚拟海外仓的发展？

📖 项目实践

请调研你所在城市典型跨境电商仓储企业，分析企业发展模式、主营业务、岗位需求、信息化技术应用、业务流程等，完成关于该企业的仓储业务发展现状及优化对策调研报告。

案例

亿安仓牵手京东物流，拣货效率提高八成

案例

虚拟海外仓成跨境电商新"利刃"

学习笔记

项目四
跨境电商供应链发货

学习目标

知识目标	1. 了解邮政物流、专线物流、海运、空运、中欧班列和卡班发货的含义； 2. 熟悉不同发货方式的操作流程和注意事项； 3. 掌握海运船期表、空运航班时刻表、中欧班列时刻表查询方法； 4. 掌握邮政包裹、快递物流、专线物流、海运、空运和中欧班列运费构成； 5. 掌握跨境电商物流方案设计和线上发货的操作流程。
能力目标	1. 熟悉邮政包裹、快递物流、专线物流、海运、空运和中欧班列的发货方法； 2. 能准确计算各种发货方式的运费； 3. 能快速准确地找到合适的发货时间和对应的发货要求； 4. 能设计跨境电商物流方案和设置运费模板。
素养目标	1. 培养跨境电商供应链发货岗位所需的自我管理和创新能力； 2. 培养积极进取的劳动精神和诚信精神； 3. 培养爱岗敬业精神，能够将家国情怀厚植于工作实际。

职业技能等级要求

📖 **跨境电商 B2C 数据运营**

1. 能够根据店铺运营目标，制定跨境电商供应链发货方案，独立高效地完成发货；
2. 能够深入分析竞品及竞店物流模板信息，并根据产品重量及产品特性，结合平台物流渠道创建物流模板；
3. 能根据境外客户合理要求，处理客户提出的跟物流有关的问题。

📖 **跨境电商 B2B 数据运营**

1. 能够根据商品种类、数量，合理选择国际物流方式；
2. 能够按照物流流程，根据船期表完成跨境物流在线下单作业；
3. 能够按交期完成与国际物流相关的委托事宜。

案例导入

中国快递挺进海外　打通国际化物流通道

近年来，中国快递企业不断加速出海，东南亚、中东、拉丁美洲等地区都出现了中国快递企业的身影。随着跟境外地区的贸易往来更频繁，中国快递企业在境外大力发展的同时，也面临着挑战。

　　2022 年 7 月前，顺丰控股参与投建的湖北鄂州花湖机场货运航线正式开通运行，预计到 2025 年，花湖机场将新开国际货运航线 10 余条，货邮吞吐量达 245 万吨，将进一步扩大其供应链及国际业务规模。2022 年 12 月 2 日，顺丰航空还开通了"杭州—安克雷奇—纽约"国际货运航线，这是顺丰航空搭建的第 4 条美洲航线。2022 年 12 月初，京东物流宣布其位于迪拜的 2 号仓正式投入使用，1.2 万平方米的室内仓储面积能够存储大、中、小件，支持一仓发多个平台、多个渠道。京东物流方面表示，随着迪拜本地仓的落地，京东物流将以迪拜为枢纽，搭建起串联亚、非、欧地区的网络，打通进出口双向流通的商流和物流交付链路。2022 年 12 月 5 日，中国邮政速递物流与海航集团签约。中国邮政速递物流相关负责人表示，双方将联手推出跨境电商、跨境物流和国际专线产品。2022 年 12 月 19 日，菜鸟与巴西社交电商 Facily 宣布达成合作，通过集中仓和自提点的方式提供物流服务。

　　为何中国快递企业都纷纷布局境外物流？有专家指出，在跨境物流方面，涉及报关、报检、结汇、退税等多个环节，很多国家和地区在政策、文化、习惯等方面存在不同，有些国家和地区的海关申报手续烦琐、时间长、费用高，经常发生海关扣货查验，长达数天、数周甚至数月的交货期使消费者的购物体验不佳。快递物流企业通过布局境外物流枢纽、物流线路等，可以降低跨境物流配送成本，增加跨境物流的集约化和规模化，提高消费者体验。目前，"快递出海"仍是蓝海赛道，增强国际快递能力也将成为我国快递企业的重点发展方向之一。

　　【请思考】（1）各种跨境电商物流模式分别有哪些特点？
　　　　　　　（2）各种跨境电商物流模式分别适用于运输哪些货物？
　　　　　　　（3）作为未来跨境电商供应链从业人员，应如何拓展国际视野和提升服务意识？

新知准备 ↓

📖 思维导图

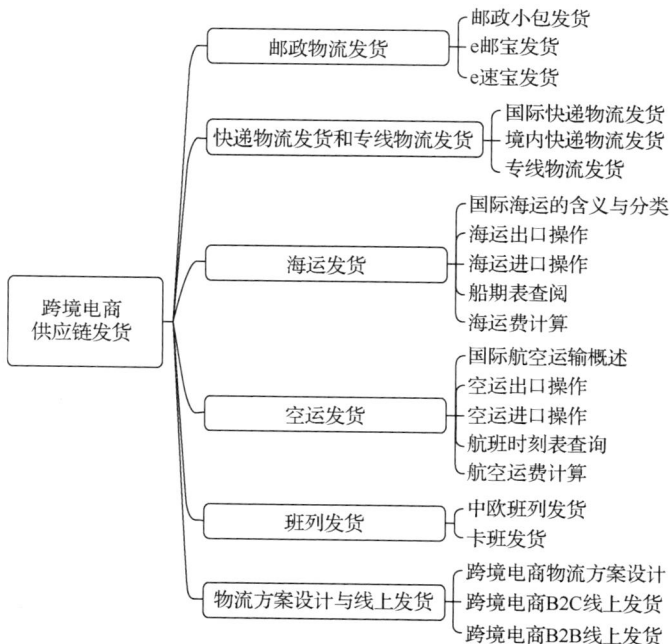

一、邮政物流发货

从广义上讲，邮政物流可分为国内物流、国际物流、电子商务物流。下面介绍的邮政物流特指跨境电商背景下的物流体系。按照当前中国邮政的业务来分类，邮政物流可分为邮政小包、e邮宝、e速宝等。

（一）邮政小包发货

邮政小包又称电子商务小包，是中国邮政专门针对轻小件物品寄递市场推出的业务，重点关注电子商务行业的各类寄递需求。通过中国邮政寄往境外的邮政小包，称为国际小包。国际小包又包括平常小包、跟踪小包、挂号小包3种。

1. 邮政小包的特点

（1）寄送方便，可送达全球绝大部分国家和地区。

（2）费用更低，降低了货运成本。邮政小包首重与续重均以100克为计费单位，与其他物流企业首重、续重以500克为计费单位的计费方式相比，价格区间更小，收费灵活度更大，可为寄件人有效节省邮寄费用。

（3）优先通关，缩短发货时间。邮政小包作为函件商品，能优先通关，因此可帮助寄件人有效缩短发货时间，提高寄送速度与效率。

2. 邮政小包的优势

（1）平台认可。邮政小包业务是最早在主流电商平台上线的物流解决方案之一，邮政小包可通过线上、线下两种渠道发货。

（2）交寄便利。全国大部分地区可交寄邮政小包，线上渠道提供上门揽收、寄件人自送等多种交寄方式。

（3）性价比高。邮政小包为经济型产品，它可以提供平价服务的路向，还可以提供1~2个境外段关键节点反馈信息，提供赔付保障和全程跟踪信息服务，以及异常情况查询、收件人签收等增值服务。

（4）渠道多样。部分路向提供空运、陆运等多种运输方式。

3. 邮政小包的重量、体积限制

（1）国际小包限重：2千克。

（2）国际小包尺寸规格如下。

① 最大：长、宽、厚合计900毫米，最长一边不得超过600毫米，公差不超过2毫米；圆卷状的，直径的两倍和长度合计1 040毫米，长度不得超过900毫米，公差2毫米。

② 最小：至少有一边的长度不少于140毫米，宽度不少于90毫米，公差2毫米；圆卷状的，直径的两倍和长度合计170毫米，长度不得少于100毫米。

4. 邮政小包的运送时效

当日中午12点前寄出，晚上8点后可以上网查询。送达亚洲邻国或地区需5~10个工作日，送达欧美主要国家或地区需7~15个工作日，送达其他国家或地区需7~30个工作日。

5. 邮政小包面单的填制

中国邮政实行包裹"面单一体化"，将收件信息、货物明细、服务渠道信息、扫描条码等列于一个标签或者面单上，跨境电商卖家必须经系统录入收件信息和与货物信息匹配的单号再进行面单的打印。

知识园地

邮政小包凭什么能成为跨境电商B2C出口直邮首选？

知识园地

中国邮政小包面单

具体填制要求如下。

（1）邮件种类：在适当的方格内画上√，以说明邮件类别。

（2）内件详细名称和数量：描述邮件内每类物品的数量及计算单位，特别是需检疫物品。不能仅仅以 Gift、Sample、Electronic 等笼统的名称作为品名，如邮递物为手机，不能填写 "Electronic"，而应该填写 "Cell Phone"。

（3）重量：填写每类物品的净重（以千克计算）。

（4）价值：填写每类物品的价值（应注明货币单位）。

（5）投寄商业物品的人士必须填写 HS 编码（编码协调制度的简称，按照世界海关组织协调制度填写）以及物品原产地（包括生产/制作或装嵌的地区）。

（6）总重量：填写邮件总重量（以千克计算）。

（7）总价值：填写邮件总价值（应注明货币单位）。

（8）寄件人签字。

（二）e邮宝发货

e邮宝业务是中国邮政为满足跨境轻小件物品寄递需要开办的标准类直发寄递业务。

1．e邮宝的特点

（1）经济实惠：支持按总重计费，首重为50克，续重按每克计费，免收挂号费。

（2）时效稳定：重点路向全程平均时效7～15个工作日，服务可靠。

（3）专业：为境内电子商务企业量身定制。

（4）服务优良：提供邮件跟踪服务，系统与平台对接，实现一站式操作。

2．e邮宝服务优势

（1）在线打单：进行在线订单管理，方便快捷。

（2）时效稳定：重点路向全程平均时效（参考时效）7～15个工作日，服务可靠。

（3）全程跟踪：提供主要跟踪节点扫描信息和妥投信息，安全放心。

（4）平台认可：主流电商平台认可和推荐物流渠道之一，有品牌保障。

3．e邮宝限重及通达范围

（1）限重2千克：爱尔兰、奥地利、澳大利亚、巴西、比利时、波兰、丹麦、德国、法国、芬兰、哈萨克斯坦、韩国、荷兰、加拿大、卢森堡、马来西亚、美国、墨西哥、挪威、葡萄牙、日本、瑞典、瑞士、沙特阿拉伯、泰国、土耳其、乌克兰、西班牙、希腊、新加坡、新西兰、匈牙利、意大利、印度尼西亚、越南。

（2）限重3千克：俄罗斯。

（3）限重5千克：以色列、英国。

4．e邮宝尺寸限制

（1）单件最大尺寸：长、宽、厚合计不超过90厘米，最长一边不超过60厘米；圆卷邮件直径的两倍和长度合计不超过104厘米，长度不得超过90厘米。

（2）单件最小尺寸：长度不小于14厘米，宽度不小于11厘米；圆卷邮件直径的两倍和长度合计不小于17厘米，长度不小于11厘米。

（三）e速宝发货

e速宝是中国邮政通过整合境内外渠道优质资源，专门针对不同国家和地区设计的跨境电商商业渠道物流解决方案。

1．e速宝的特点

① 单件限重 2 千克，最高限重 30 千克。
② 针对跨境电子商务轻小件物品投递需求，可以寄递带电产品。
③ 中国邮政负责客户开发和境内运输，渠道商负责境内外清关、国际运输与投递。
④ 通过商业渠道在线发运系统建立订单，订单信息通过 Excel 或 ERP 系统批量上传。

2．e速宝的服务优势

① 按克计费，价格具有竞争力。
② 商业清关，时效稳定。
③ 适用产品范围广，可寄递带电产品。
④ 提供赔偿及退件服务。

3．服务范围及参考时效

服务范围：美国、英国、德国、法国、西班牙、意大利、泰国、新加坡、马来西亚、印度。
参考时效：7～12 个工作日。

4．禁运物品

① 仿牌、刀具、纯电池等航空违禁品。
② 国家明令禁止的物品，如古董、货币及其他禁止出口的物品。
③ 液体、粉末、食品、药品等其他未尽列举禁运物品。

素质提升：家国情怀　　中国快递企业不断提高境外网络强韧度

在拓展境外业务方面，近年来，顺丰、"通达系"等企业通过各种方式建立境外收派网络，并通过属地化经营提升网络的牢固性。自 2017 年起，中通在东南亚、中东、南亚和非洲建设境外网络，实现属地化管理。2021 年，顺丰并购嘉里物流，其子公司嘉里快递在泰国、越南、马来西亚、柬埔寨、印度尼西亚等国家或地区建有快递服务网络。圆通、申通、韵达等快递企业也通过并购、加盟、寻找合作伙伴等方式增强境外服务能力。虽然已经取得了一定进展，但境外物流网络，尤其是空运、海运等运能储备能力建设，不能一蹴而就。要推进国际通道网络建设，不仅需要快递物流企业的努力，还需要相关部门引导企业展开合作，并调配资源推动国际物流通道建设。

【请思考】（1）物流企业应如何通过国际通道网络建设来提升综合服务能力？
　　　　　（2）我国快递企业如何抓住机遇深耕境外市场？

二、快递物流发货和专线物流发货

（一）国际快递物流发货

三大国际快递公司分别是 FedEx、UPS、DHL，它们通过自有团队和本地化派送服务为买家和卖家提供了良好的物流体验。

1．FedEx 发货

FedEx（联邦快递）隶属美国联邦快递集团（FedEx Corp.），是该集团快递运输业务的中坚力量。FedEx 为遍及全球的客户提供涵盖运输、电子商务和商业运作等方面的服务。

（1）运送时效：货物一般 2～4 个工作日可送达。
（2）优缺点：发往中南美洲和欧洲的运费较低，发往其他地区的运费较高；物流信息更新快，网络覆盖范围广，响应速度快。

（3）运费计算：体积重量＝长（厘米）×宽（厘米）×高（厘米）÷5 000，计费时取货物的实际重量和体积重量中的较大者。

【例 4-1】浙江金远电子商务有限公司在全球速卖通平台上向美国某客人销售了一款婚纱，包装重量（即货物毛重）为 2.6 千克，长×宽×高为 30 厘米×20 厘米×10 厘米，拟使用 FedEx 发货，请计算邮费。（根据 FedEx 的报价表，美国在计费 6 区，重量 3.0 千克的货物的运费是 700 元，当月燃油附加费为邮费的 23.5%。）

解： 货物的体积重量＝30×20×10÷5 000＝1.2（千克）

由于货物的毛重为 2.6 千克，毛重大于体积重量，因此按照毛重计算运费。美国在计费 6 区，又由于 FedEx 要求货物首重 500 克，不足 500 克的按照 500 克计算，因此，该票货物的邮费为 700×（1+23%）＝861（元）。

2. UPS 发货

UPS 于 1907 年成立于美国西雅图，是全球性的快递承运商与包裹递送公司。

（1）运输时效：货物一般 2～4 个工作日可送达。

（2）优缺点：速度快、服务好，发往美国境内某地只需要 48 个小时；货物可送达全球 200 多个国家和地区；对托运物品的限制比较多。

（3）运费计算：与 FedEx 发货的计算方法相同。

3. DHL 发货

DHL（中外运-敦豪国际航空快递有限公司）是德国邮递和物流集团（Deutsche Post DHL）旗下的公司。

（1）运输时效：DHL 时效快，货物一般 2～4 个工作日可送达，发往欧洲一般需要 3 个工作日，发往东南亚一般需要 2 个工作日。

（2）优缺点：全球网点较多；物流信息更新较及时，解决问题的速度较快；对重量在 21 千克以上的货物设有单独的大货价格，且发往部分国家或地区的大货价格比国际 EMS 的报价低；小货价格较高，小件发货对所运货物的限制也比较严格，拒收许多特殊货物。

（3）运费计算：与 FedEx 发货的计算方法相同。

（二）境内快递物流发货

1. 顺丰国际小包发货

顺丰国际小包（E-Parcel，EP），是为跨境电商 B2C 卖家发送 2 千克以下包裹而推出的一款高品质的小包类服务，服务范围覆盖全球 200 多个国家和地区。顺丰国际小包具有性价比高、清关便捷、安全高效、路由信息回传快等优点。

顺丰国际小包的优势主要体现在以下几个方面。

① 性价比高：相比市场同类型小包服务，性价比更高。

② 高效揽收：境内已开通网点皆可上门揽收。

③ 上网快速：路由信息回传快，发货当天即可上网查询信息。

④ 安全高效：便捷清关，运力稳定，时效可控。

⑤ 轨迹跟踪：可全程跟踪。

⑥ 可发带电产品：可接受符合航空运输安全标准的内置锂离子电池。

⑦ 贴心售后：提供顺丰标准售后服务，客服即时响应、快速处理。

2. EMS 发货

国际 EMS 是中国邮政与各国（地区）邮政合作开办的快速类直发寄递服务。国际 EMS 还可

知识园地

顺丰国际小包参考时效和服务标准

以提供保价、代客包装、代客报关等一系列综合延伸服务。

（1）EMS的服务优势。

① 覆盖面广：揽收网点多，目的地投递网络覆盖能力强。

② 收费简单：无燃油附加费、偏远附加费、个人地址投递费。

③ 全程跟踪：对邮件信息全程跟踪，便于相关人员随时了解邮件状态。

④ 清关便捷：享受邮件便捷进出口清关服务。

（2）EMS费用。

EMS费用的相关计算公式如下：

$$运费=首重运费+[重量（千克）×2-1]×续重标准资费$$

针对长、宽、高三边中任意一边长度在60厘米以上（含60厘米）的邮件，还需要计算其体积重量。

$$体积重量（千克）=长（厘米）×宽（厘米）×高（厘米）÷5\ 000$$

【例4-2】若使用EMS将重25.1千克的货物发到日本，首重运费为180元，续重标准资费为40元/千克，则总费用为多少？

解： 总费用=180+[（25.5×2-1）×40]=2 180（元）

说明：25.1千克超过了25千克，未超过25.5千克，按25.5千克计费。

知识园地

EMS通达范围和尺寸要求

素质提升：创新精神　　推进快递包装"绿色革命"

近年来，我国快递业务量稳居世界第一，快递包装问题也给环境保护带来一定压力。2020年，我国快递包装废物总量已超1 000万吨。2021年，我国快递年业务量首次超过1 000亿件，快递包装废弃物还将持续增加。进一步推动快递包装绿色化，变得更加紧迫。

推动快递包装绿色转型，需要全链条发力，从各个环节降本增效。

逆向物流：从降低回收难度上下功夫，如国家邮政局正探索构建邮件、快件包装物回收"逆向物流"模式。

政策引导：对绿色包装生产、绿色快递物流和配送体系建设、专业化智能化回收设施建设等项目，在资金、信贷、债券等方面给予支持，促进包装减量和绿色循环的新模式、新业态发展。

环保意识：用激励手段让绿色消费成为生活习惯，如一家快递企业2021年"双十一"期间每天准备了50万个新鲜鸡蛋，送给参与快递箱回收的消费者；唤醒价值认同，比如在消费者网购下单时，可以给予其付费使用绿色包装的选项。

【请思考】（1）物流企业应如何推动快递包装绿色转型？

（2）如何提高消费者的环保意识，促进快递包装回收？

（三）专线物流发货

专线物流又称货运专线，是指物流公司用自己的货车、专车或者航空资源，运送货物至其专线目的地，有专门使用的物流运输工具、物流线路、物流起点与终点、物流运输周期及时间等，包括航空专线、港口专线、铁路专线、大陆桥专线、海运专线以及固定多式联运专线。专线物流适合运送多批次、小批量、对时效要求高的货物，尤其是小额批发和样品等。专线物流的价格一般比国际商业快递的价格低，而在时效上，专线物流的时效较国际商业快递慢，但比邮政物流快。

按照服务对象的不同，专线物流可以分为跨境电商平台企业专线物流和国际物流企业专线物流，其中跨境电商平台企业专线物流是专门为在跨境电商平台上销售商品的中小企业开发的物流项目，通过在境内设立仓库实现提供简单易行且成本较低的物流服务的目的。

专线物流的特点包括：①服务向上游的货物揽收和下游的末端派送延伸，包括货物揽收、装卸打包、运输、在线追踪订单、清关、本地派送等一条龙服务；②运力供给高饱和，几乎无淡旺季区别，综合费用呈上升态势；③竞争高度市场化，且同质化竞争明显；④进口与出口专线运力可能存在错配现象。

1. Ruston 专线发货

Ruston（领航数贸科技股份有限公司）成立于 2013 年，是服务于中国品牌数字化出海的服务商，总部位于哈尔滨，业务中心位于深圳，在俄罗斯、美国、波兰、巴西、德国等国家或地区设有海外中心。俄罗斯境内的服务类型包括俄罗斯小包、俄罗斯大包、俄罗斯 3C 小包三种业务。

（1）俄罗斯小包。俄罗斯小包是俄速通与阿里巴巴速卖通合作设立的专门针对速卖通平台的物流模式，服务覆盖俄罗斯全境。

① 揽件与重量、尺寸限制。提供上门揽件服务，广东、福建、江苏、浙江、上海等地可 5 件起免费上门揽收，小于 5 件或不在揽收区域范围内的，需由卖家自行发货至集货仓。单件包裹重量在 2 千克以内。最大尺寸：非圆筒货物，长+宽+高≤90 厘米，单边长度<60 厘米；圆筒形货物，2 倍直径+长度≤104 厘米，单边长度<90 厘米。最小尺寸：非圆筒货物，单件表面尺码≥9 厘米×14 厘米；圆筒形货物，2 倍直径+长度≥17 厘米，长度≥10 厘米。

② 赔付保障。Ruston 专线物流商承诺，自包裹入库 30 天后，未收到包裹，且物流商不能确认货物状态，或自包裹入库后 60 天内未妥投，且未有异常信息返回，直接认定为包裹丢失。如果确认丢件，物流商将按照该订单在速卖通的实际成交价但不超过 700 元为标准进行赔偿。

（2）俄罗斯大包。俄罗斯大包可送至俄罗斯全境，平均时效为通关后 20～30 个工作日。

① 包装与重量、尺寸限制。货物外包装是无字干净纸箱，用无字胶带封口。货物重量不得超过 200 千克/箱，每箱货值不得超过 200 欧元（若超过，收货人收取货物时需要向俄罗斯海关缴纳相应的关税）。最大尺寸：长度≤1.8 米，单边长度≤1.5 米。最小尺寸：最长边长度≥0.17 米，最短边长度≥0.12 米。

② 赔付保障。对于物流承运过程中发生的货物丢失，物流商提供赔付保障。对于已购买保价的货物，如果整件货物丢失，则按照货物购买保价进行赔偿，并退还运费；如果货物部分丢失，则按照丢失货物重量占总重量的比重乘以保价进行赔偿，不退还运费。对于未购买保价的货物，如果整件货物丢失，则退还运费；如果货物部分丢失，按照丢失货物重量占总重量的比重乘以运费进行赔偿。

（3）俄罗斯 3C 小包。俄罗斯 3C 小包是俄速通面向俄罗斯电商市场推出的跨境包裹邮寄业务，寄件人可以邮寄手机电池、纽扣电池、化妆品等航空小包通常禁止邮寄的物品。

货物外包装要求为干净的快递袋包装，封口处粘胶仅限制在刚好封口为止，不需按货物体积折叠快递袋，禁止使用透明胶带封口或对包装进行多层封缠。重 3 千克以上的包裹需用白色布口袋包装。客户需将收件人信息和运单号贴在快递袋中心位置，标签不可大于 14 厘米×10 厘米。重量不得超过 10 千克/件，报价最高限额为 500 元/件。最大尺寸：425 毫米×265 毫米×380 毫米，超出尺寸需额外交付运费的 40%。

正常情况下 16～20 天可以实现俄罗斯大部分地区妥投，个别偏远地区需要 20～35 天。从绥芬河口岸进入俄罗斯，时效快，可以作为航空小包的补充。

（4）运费计算。运费计算公式为：

专线物流费用=（配送服务费+燃油附加费）×折扣+挂号服务费

【例 4-3】一位全球速卖通商家需要从境内寄送一个重量为 45 克的包裹和一个重量为 580 克的包裹至俄罗斯。他获得了俄速通报价：配送服务费为 80 元/千克，燃油附加费率为 11.25%，挂号服务费为 7.4 元。请计算物流费用。

解：45 克包裹的物流费用=（配送服务费+燃油附加费）×折扣+挂号服务费

=80÷1 000×45×（1+11.25%）×100%+7.4=11.41（元）

580 克包裹的物流费用=（配送服务费+燃油附加费）×折扣+挂号服务费

=80÷1 000×580≈（1+11.25%）×100%+7.4=59.02（元）

2. Aramex 专线发货

Aramex 是中东地区知名的快递公司，创建于 1982 年，总部位于迪拜，2012 年与中外运成立了中外运安迈世（上海）国际航空快递有限公司。因此，Aramex 专线也称"中东专线"。

（1）资费标准。Aramex 的标准运费由基本运费和燃油附加费两部分构成。运费计算方式为：

（首重价格+续重价格×续重重量）+燃油附加费×折扣（注：计费时取实际重量和体积重量中的较大值；超过 15 克按续重 1 千克计算）

体积重量=长（厘米）×宽（厘米）×高（厘米）÷5 000

（2）参考时效：寄件两天后可上网查看物流信息，中东地区派送时效为 3～6 个工作日。

（3）体积重量限制：单件包裹的重量不得超过 30 千克，体积不得超过 120 厘米×50 厘米×50 厘米；若单件包裹的重量超过 30 千克，则体积必须小于 240 厘米×190 厘米×10 厘米。

3. 燕文专线发货

Special Line-YW 即燕文航空挂号小包，简称燕文专线，由北京燕文物流股份有限公司利用直飞航班配载、清关并进行投递，目前已开通拉美专线、俄罗斯专线和印度尼西亚专线。

（1）参考时效。正常情况下，货物 16～35 天到达目的地。特殊情况下，货物 35～60 天到达目的地。特殊情况包括遇到节假日、特殊天气、政策调整，以及货物发往偏远地区等。

（2）体积重量限制。按克收费，经济小包 10 克起收，单件包裹限重在 2 千克以内。最大尺寸：非圆筒形货物，长+宽+高≤90 厘米，单边长度≤60 厘米；圆筒形货物，2 倍直径+长度≤104 厘米，单边长度≤90 厘米。最小尺寸：非圆筒形货物，单件表面尺寸≥9 厘米×14 厘米；圆筒形货物，2 倍直径+长度≥17 厘米，长度≥10 厘米。

🔍 素质提升：家国情怀　南航物流发布自营跨境电商专线产品，助力跨境电商品牌出境

南航物流跨境专线产品，主打通往英、美两国的端到端高时效服务。该产品具有两大优势——成本可控和运输高效。一是成本可控：南航物流发挥自身运力调配优势，与上下游携手，通过规模化运作，为客户降低全程运营成本，实现成本的可控。二是运输高效：南航物流着力解决境外提货痛点，充分钻研每个交接环节的时间细节，全程运输时效得到有效提升。2022 年，南航物流英、美专线在试运行阶段已完成 250 万个电商包裹的出境到门。以美国专线为例，其平均妥投时效在 5.5～7 天，派送范围覆盖美国全境，10 天妥投率高达 95%，时效足以满足 eBay、沃尔玛等境外电商平台的要求。小包直邮模式为广大跨境电商企业减少境外库存风险、实现高效运营提供助力。

【请思考】（1）专线物流的特点是什么？

（2）为助力中国制造出境，跨境电商供应链从业人员该如何做？

三、海运发货

（一）国际海运的含义与分类

国际海运（International Ocean Shipping）是水上运输的构成部分，可分为两大类：一类是定期船运输，也称班轮运输，主要装载件杂货、集装箱等货物；另一类是不定期船运输，也称租船运输，主要装载大宗散装货物，分航次租船和定期租船。

班轮运输，是指在一定的航线上，按照公布的船期表，以既定挂靠港口顺序进行规则的、反复的航行和运输的船舶营运方式。班轮运输具有"四固定"特征：固定港口、固定航线、固定船期、固定班次。班轮运输的主要单证有以下几种。

在装货港缮制的单证有：托运单——由托运人根据买卖合同和信用证上有关条款的规定，向承运人或其代理办理货物运输的凭证；装货单——既是货物办理托运的凭证，又是通知船上接受承运货物装船的凭证；收货单——一共有三联，其中第三联是承运人收到货物的凭证，也是发货人换取提单的依据；提单——承运人在接管货物或把货物装船之后签发给托运人，证明双方已订立运输合同，并保证在目的港按照提单所载明的条件交付货物的一种凭证。

在卸货港缮制的单证有：过驳清单、货物残损单和货物溢短单、提货单等。其中，提货单是收货人凭正本提单或副本提单随同有效的担保向承运人或其代理人换取的，可向码头堆场或货运站提取货物的凭证。

1. 整箱运输与拼箱运输

整箱运输是指货主自行将货物装满整箱以后，以箱为单位进行托运。整箱货（Full Container Load，FCL）的交接一般是在码头的集装箱堆场进行的。

拼箱运输是指代理人接受货主托运的数量不足整箱的小票货物后，根据货物性质和目的地进行分类整理，把同一目的地的货物拼装入箱进行托运。与整箱货不同，拼箱货（Less Than Container Load，LCL）一般是在集装箱货运站进行交接的。

2. 港口与航线

港口是位于江、河、湖、海或水库沿岸，具有一定的设备和条件，供船舶往来停靠、办理客货运输或其他专门业务的场所。港口是各国或地区外贸物资进出口的门户，是海陆交通最重要的联系枢纽。港口可分为基本港与非基本港。

反映港口装运能力的一个重要指标是港口吞吐量，其是指一定时期内，由水运进出港区范围并装卸的货物数量，以吨数或 TEU 表示。

船舶在两个或多个港口之间从事货物运输的线路称为航线。具体的海洋运输航线，由组成航道所必需的海域、海峡、运河、港口等来表示。世界上规模较大的三条主要集装箱航线是：远东—北美航线；远东—欧洲、地中海航线；北美—欧洲、地中海航线。这三条航线将全世界人口稠密、经济发达的三个地区（北美、欧洲和远东）联系起来。

（二）海运出口操作

在海运出口业务中，涉及的对象主要有货主、货代、船公司、船代、海关、堆场码头等。货主委托货代办理海运出口业务，货代在接受货主委托之后向船公司订舱。注意，这里货代并不是直接找船公司，而是找船公司的代理，也就是船代。订舱成功之后，货代协助货主向海关进行货物申报，海关审核没有问题之后就会放行；接下来，货代就可以协助货主把货物从仓库拉至港口码头，并在规定的时间内装上指定的船舶；货物上船之后，货代找船代签发提单，然后转交给货主，以便货主在货物到达目的地之后凭提单提取。

1. 接单审单

第一环节是货代接受货主询价。这里主要的单据是订舱委托书。它的主要作用是建立委托代理关系，明确订舱要求，包括货物信息、运输信息、装箱信息和运费信息。物流业务员需对订舱委托书信息进行核对，确认货物的品名是否存在不符海关监管条件或货物属于危险物的情况；确认货物的重量体积是否在仓库的装载范围内；确认订舱委托书信息是否完善准确。

2. 订舱

订舱一般要提前 7～10 天，过了截单期就无法预订该班舱位，除非船公司能够"加载"。物流公司接受跨境电商客户委托后，填制订舱单（Booking Note）并交至船公司提出订舱申请。船公司若同意承运，则将装货单、配舱回单等退还物流公司，要求相关企业将货物在规定时间内送至指定仓库。在海运集装箱出口业务中，最重要的单据当属"场站收据"联单，业内也称为"十联单"，第一、二联为货物托运单，第三、四联为运费通知单，第五联为装货单，第六、七联为场站收据副本、正本，第八联为货代底单，第九、十联为配舱回单。这十联基本贯穿整个出口业务流程。

知识园地

货物托运单样例

3. 集港

跨境电商通过海运方式运输货物时，头程基本上都是使用集装箱进行运输。集装箱运输是一种以标准规格金属箱作为容器，装运一定数量的货物，以金属箱作为运输单位的运输方式。集港是将待出口装船的货物及时齐备地集中到港方指定的地点，也就是我们日常物流作业中讲的重箱进场。货物装入空箱后，空箱即为重箱。在场装方式下，集港地点就是装箱所在堆场；拖装方式下，集港地点是船舶停靠码头所在堆场。货物集港后则处于海关监管下。集港环节中除了设备交接单，还有一份重要单据——装箱单。装箱单是详细记载每一个集装箱内货物的名称、数量等内容的单据，通常由装箱人缮制。

知识园地

集装箱和装箱单

素质提升：大国自信　**全球超 95%的集装箱都由中国制造**

航运集装箱被用来实现货物的跨洋运输，拖车底盘则将集装箱运出港口并运进内陆。若没有足够的集装箱和拖车底盘，供应节奏就会被打断，导致全面堵塞。而来自美国联邦海事委员会的一份报告显示：世界上几乎所有的集装箱和拖车底盘由中国制造。报告称，三家中国大公司生产全球近 82%的集装箱，加上一些相对较小的中型公司，中国制造的集装箱占比超过 95%。

实际上，全球航运业使用的 4 400 万个标准尺寸集装箱及 86%左右的联运拖车底盘是中国制造。二者的生产情况影响到整个全球供应链。

【请思考】（1）航运业务中，集装箱起到哪些重要作用？
　　　　　　（2）中国制造的集装箱对全球物流业的影响有哪些？

4. 报关

跨境电商的报关报检统一在中国国际贸易单一窗口进行申报，针对不同的目的国（地区），产品需要符合不同国家（地区）的要求。报关报检具体操作流程与一般贸易操作方式一致。货物出境时，应填制和提供出境货物报关单，并提供外贸合同、销售确认书或订单，信用证或有关函电，生产单位出具的厂检结果单原件，检验检疫机构签发的"出境货物运输包装性能检验结果单"正本。一般进出口货物的报关只需履行进出境报关程序即可，主要包括进出口申报、陪同查验、缴纳税费、提取或装运货物等。

知识园地

出口报关常见异常问题

此环节主要涉及的单据有报关单，"十联单"的第五、六、七联，发票，装箱单，许可证等。第五联，也就是装货单，我们称为 S/O，这份单据由船公司缮制，但是必须在由海关核准出口并在装货单上加盖海关放行章后，此装货单才生效，货物方可装船。海关放行后，货物就可以装船，此时涉及"十联单"的第六、七联：第六联是场站收据副本，是货物装船时在集装箱码头上与船上大副交接货物时使用的；第七联是场站收据正本，货物装上船后，由船上大副签字或由集装箱码头签章，退回船公司或船代，以便签发提单。

5. 提单确认与签发

提单签发环节是用由大副签字的场站收据正本换取提单，也就是签单。提单（Bill of Lading，B/L）是货物的承运人或其代理人收到货物后，签发给托运人的一种证件，是整个海运业务中重要的单据，因为它既是运输合同的证明，也是表明船公司收到了货物的收据，同时还是物权凭证，表明了货物的所有权。有权签发提单的人包括承运人本人、载货船船长或经承运人授权的代理。

知识园地

提单分类与填制

承运人（ABC）本人签发提单显示"ABC AS CARRIER"。代理必须经承运人特别授权才能签发提单，经承运人授权的代理人（XYZ）代签提单显示"XYZ AS AGENT FOR ABC AS CARRIER"。载货船船长签发提单不必经承运人特别授权，载货船船长（OPQ）签发提单显示"CAPTAIN OPQ AS MASTER"。提单有正本提单和副本提单之分，通常所说的提单都是指正本提单。副本提单只用于日常业务，不具有法律效力。正本提单应标注"Original"字样，副本提单应标注"Copy"字样。

跨境电商卖家领取提单流程：确定货物已装船—寻找排载单提单联—落实提单是否更改（如有更改，必须准备正本保函）—缴交人民币费用/缴交海运费（银行水单）—领取正本提单。

🔍 **素质提升：规则意识**　　**诚信经营，杜绝提单欺诈**

提单欺诈是指利用倒签提单和预借提单等方式进行的海运欺诈行为，这种欺诈行为已经成为海运欺诈的主要形式。提单欺诈主要包括以下3种形式。

（1）伪造提单。提单是信用证所要求的主要单据，在信用证业务中，只要单据符合信用证的要求，银行即凭单付款，而不审查单据的来源及其真实性。一些不法商人即利用信用证"单据交易、严格相符"的特点伪造提单，以骗取货款。

（2）空单。空单就是记载与货物极为不符，甚至货物根本未装船而签发的提单，是承运人及其代理人或载货船船长签发的伪造提单的一种。

（3）倒签和预借提单。托运人倒签和预借提单的目的是使提单签发日期符合信用证规定，顺利结汇，但对收货人来说则构成合谋欺诈，可能使收货人蒙受重大损失，对此，各国法律和海运规则都是不允许的。

【请思考】（1）如何在国际贸易中做到诚信经营？

（2）作为一名跨境电商供应链从业人员，如何在工作中做到诚信第一？

（三）海运进口操作

海运进口的流程主要为：收货人预备进口单据—换单—报检、报关—办理设备交接单—提箱、提货。

1. 收货人预备进口单据

跨境电商买家（收货人）向物流公司提供全套进口单据；物流公司查清此货物由哪家船公司承运、由哪家船代操作、在哪里可以换取提货单（提货单又叫小提单）。进口单据包括带背书的正本提单或电放提单、装箱单、发票、合同（一般贸易），必要时还应提供非木质包装证明或者熏蒸证。另外，物流公司需提前联系场站并确认好提箱费、掏箱费、装车费、回空费。

2. 换单

物流公司在指定船代或船公司确认该船到港时间、地点，如需转船，必须确认二程船名。凭带背书的正本提单（如果电报放货，可带电放提单的传真件与保函）去船公司或船代处换取提货单。可背书正本提单有两种形式：一是提单上收货人栏显示订舱人，则由发货人背书；二是提单上收货人栏显示真正的收货人，则需收货人背书。

3. 报检、报关

海关商检部门根据商品编码中的监管条件，确认此票货是否要做商检。需要提前做商检的进口货物，还要到商检部门做商检。报关资料包括带背书正本提单/电放提单、装箱单、发票、合同、小提单，以及进口货物报关单、商检证、动植检证等。此环节下，海关的通关时间一般为一个工作日以内，但如果遇到特殊货物也可能是两到三个工作日。查验有两种情况：①技术查验——依据单据及具体货物决定是否查验；②随机查验——海关放行科放行后，计算机自行抽查。

4. 办理设备交接单

物流公司凭带背书正本提单，或电放提单的传真件和保函，去船公司或船代的箱管部办理设备交接单。此环节需注意，如果是拼箱货，凭船代业务部进口科的通知单到箱管部缴纳进口单证费，然后可凭小提单和分单到码头直接提取货物，无须办理设备交接单。

5. 提箱、提货

物流公司凭小提单和拖车公司的提箱申请书到箱管部办理进口集装箱超期使用费（若有）、卸箱费、进口单证费等费用的押款手续。若押款人不是提单上所注明的收货人，则押款人必须出具同意为收货人押款并支付相应费用的保证函。押款完毕经船代箱管部授权后到进口放箱岗办理提箱手续，领取集装箱设备交接单，并核对其内容是否正确。收货人拆空进口货物后，将空箱返回指定的回箱地点。空箱返回指定堆场后，收货人要及时凭押款凭证，到箱管部办理集装箱费用的结算手续。此环节需要注意，如果是拼箱货，需要到船公司或船代处签取散货分提单，提货时用小提单和拼箱分单到码头提取货物。

（四）船期表查阅

船期表是以表格形式反映班轮的运营时间和线路的计划文件，是船公司或船舶代理人定期向不特定的社会公众发出的班轮航线和船期营运安排表。

1. 船期表识读

不同船公司或船舶代理人发布的船期表尽管多式多样，但是都有一些共同的信息，也就是船期表中的主要内容都包括航线名称、船名、航次编号、始发港、中途港、终点港、到达和驶离各港的时间，以及其他有关的注意事项等。

2. 船期查询

船期表一般是由船公司或船舶代理人根据市场情况而制定并对外公开的，以方便下游产业链安排出货时间。船期查询的渠道主要有四条：①直接在船公司网站查询；②直接向船公司或船舶代理人打电话或发传真查询；③在其他班轮信息平台查询（比如在锦程物流网上查询）；④利用手机 App 查询，如搜航 App 或者船公司的 App。

（五）海运费计算

1. 整箱运费计算

（1）运费构成。班轮运输中集装箱整箱运费包括基本运费和附加费两部分。基本运费是指对任何一种托运货物计收的运费，是整个运费的主要构成部分。班轮公司除收取运价表中规定的基本运费外，还要根据货物种类或服务内容，视不同情况增收不同的附加费。附加费可以按每一计费吨（或计费单位）加收，也可以按基本运费（或其他规定）的一定比例计收。

（2）整箱运费计算公式。

$$整箱运费=基本运费×箱数+附加费×箱数=全包价×箱数$$

其中，基本运费分 20′GP（20 英尺普柜）、40′GP（40 英尺普柜）、40′HQ（40 英尺高柜）三种价位，报价习惯写法是 2 600/4 100/4 200（一般情况下货币单位为美元）；全包价=基本运费+各类附加费。

【例 4-4】 某票货物从我国张家港出口到英国费利克斯托，经上海转船。5 个 20′GP，上海到费利克斯托的费率为 1 850 美元/20′GP，因自张家港经上海转船，其费率在上海直达费利克斯托的费率基础上加 100 美元/20′GP，另有旺季附加费 185 美元/20′GP、燃油附加费 90 美元/20′GP。该票货物 "ALL IN RATE" 的报价是多少？托运人应支付多少运费？

解： 全包价=基本运费+各类附加费

$$=1 850+（100+185+90）=2 225（美元）$$

因此，ALL IN RATE 的报价是 2 225 美元/20′GP。

整箱运费=全包价×箱数=2 225×5=11 125（美元）

因此，托运人应支付运费 11 125 美元。

【例 4-5】 某票货物由我国厦门运往新加坡，整箱装货物共 2 个 20′GP、3 个 40′GP、4 个 40′HQ。海运费报价为 CIF 新加坡 350++/650++/650++，有++的需加 BAF 与 PSS，BAF 与 PSS 分别为 40/70/70、40/70/70。请问共需要支付多少海运费？

解： 先把各箱型对应的基本运费及各种附加费等进行整理，如表 4-1 所示。

表 4-1　不同箱型对应的基本运费及附加费　　　　　　　　　　　　单位：美元

箱型箱数		2×20′GP	3×40′GP	4×40′HQ
基本运费		350	650	650
附加费	BAF	40	70	70
	PSS	40	70	70
ALLIN 运费		430	790	790

不难得出，20 英尺普柜的运费报价为 430 美元，40 英尺普柜的运费报价为 790 美元，40 英尺高柜的运费报价为 790 美元。

总运费=$\sum$各箱型箱数×各箱型对应运费

$$=2×430+3×790+4×790$$
$$=6 390（美元）$$

2. 拼箱运费计算

（1）拼箱运费构成。根据不同货物，班轮运费计收标准通常分为下列几种。

① 按货物实际重量计收，称为重量吨（Weight Ton），运价表内用 "W" 表示。

② 按货物的体积/容积计收，称为尺码吨（Measurement Ton），运价表中用 "M" 表示。

③ 按重量或体积从高计收，即由船公司选择其中较高的一种作为计费标准，运价表中用 "W/M" 表示。

④ 按货物 FOB 价的一定比例计收，称为从价运费，运价表内用 "A.V." 或 "Ad. Val."（拉丁文 Ad Valorem，意为 "从价"）表示。

⑤ 按货物的重量、体积或其 FOB 的一定百分比计收，即在重量吨、尺码吨和从价运费中选择最高的一种标准计收，在运价表内用 "W/M" 或 "A.V." 表示。

⑥ 按货物的重量或体积，再加上从价运费计收，即先按货物重量吨或尺码吨中的较高者计算，然后加收一定比例的从价运费，在运价表中用 "W/M plus Ad. Val." 表示。

（2）拼箱运费计算公式。拼箱货物的运费计算相对整箱来说复杂一些。

$$运费 = 基本运费 + 各种附加费$$

基本运费计算依据有重货与泡货之分，1 立方米的货物重量在 363 千克以上称为重货，如果在 363 千克以下则称为泡货。

$$实际重量 = 过磅后货物的物理重量$$
$$重量体积 = 实际重量 \div 363$$
$$货物体积 = 长（米）\times 宽（米）\times 高（米）\times 总件数。$$

计费吨：货物体积和重量体积相比，取大者为标准计算运输费用。

【例4-6】 无锡艾伦进出口公司要出口 103 箱运动衣套装到英国考文垂，交易条款为 DDP，运输方式为 CFS/Door（仓到门）。每个箱子的尺寸是 40 厘米×30 厘米×30 厘米，重量为 7 千克。该进出口公司委托上海某公司订舱和运输货物。假设上海港口当地费为报关费 100 元人民币、拼箱操作费 30 元/立方米、运费 USD$25/RT（计费吨），英国港口费用 200 美元、燃油附加费 25 美元、入境摘要报关单（ENS）费用 25 美元。英国境内送货费用共 100 美元。请计算出口这票货物的总费用。

知识园地

亏舱拼箱运费计算

解：（1）计算货物体积和重量体积。

货物体积：$0.40 \times 0.30 \times 0.30 \times 103 \approx 3.71$（立方米）

重量：$7 \times 103 = 721$（千克）

重量体积：$721 \div 363 \approx 1.99$（立方米）

（2）按照计算原则，取大者，故计费吨是 3.71 立方米。

基本运费：$3.71 \times 25 = 92.75$（美元）

附加费：$25 + 25 = 50$（美元）

英国境内费用：$200 + 100 = 300$（美元）

我国境内费用：$3.71 \times 30 + 100 = 211.3$（人民币元）

（3）总费用如下。

① 人民币：211.3（人民币元）

② 美元：$92.75 + 50 + 300 = 442.75$（美元）

四、空运发货

（一）国际航空运输概述

国际航空运输即国际空运，是指根据有关各方所订合同，以航空器作为运输工具，不论在运输中是否有间断或转运，其出发地和目的地是在两个缔约国（地区）或非缔约国的主权管辖下的领土内的约定经停地点，将货物运输至目的地的运输方式。

国际航空运输经营方式主要有班机运输和包机运输。班机运输指具有固定开航时间、航线和停靠航站的运输方式。班机运输通常为客货混合型运输，货舱容量较小，运价较高，但由于航期固定，有利于客户安排鲜活货物或急需货物的运送。包机运输是指航空公司按照约定的条件和费率，将整架飞机租给一个或若干个包机人，从一个或几个航空站装运货物至指定目的地的运输方式。包机运输适合于大宗货物运输，费率低于班机运输，但运送时间则比班机运输要长些。

国际空运同其他运输方式相比，有着鲜明的特点：①运输速度快，飞机的飞行时速在 600～800 千米/小时；②空间跨度大，通常现有的宽体飞机一次可以飞 7 000 千米左右；③破损率低、安全性好，飞机发生飞行事故的概率较低；④机舱容积和载运量比较小；⑤运输成本高；⑥易受天气影响，如遇到恶劣天气，航班不能得到有效保证。

1. 机型及装载限制

按用途来分，民用飞机可划分为三种。

（1）全货机：主舱及下舱全部载货，如 B737-200F。

（2）全客机：主舱全部装载旅客，只在下舱载货，如 B737-800。

（3）客货混用机：主舱前部装载旅客，后部可装载货物，下舱也可以装载货物，如 B747-357M。

航空集装器是指在飞机上使用的，用来装载货物、邮件和行李的专用设备，包括各种类型的集装箱、集装板及其网套、锁扣、角绳等。集装设备也被称作飞机货舱的可移动部件。常用的航空集装器是 PMC 高板、中板、低板，又被称为 Q7、Q6、LD。图 4-1 所示为常见的航空集装器。

航空集装器有一定的承载能力，超过承载能力可能会出现事故，航空集装器的装载限制有以下几种。

（1）重量限制。以常见的窄体机型 B737 为例，其载重量为 5~8 吨，B737-200 与 B737-300 载重量为 5 731 千克（前货舱载重量为 2 269 千克，后货舱载重量为 3 462 千克），B737-800 载重量为 8 408 千克（前货舱载重量为 3 558 千克，后货舱载重量为 4 850 千克）。

图 4-1　航空集装器

（2）总容积限制。以常见的窄体机型 B737 为例，B737-200 与 B737-300 货舱载货体积为 24.7 立方米，B737-800 货舱载货体积为 45 立方米。在量取货物的尺寸时，不管货物是规则的几何体还是不规则的几何体，均应以最长、最宽、最高为标准，以厘米为单位。

（3）舱门限制。以常见的窄体机型 B737 为例，其舱门高度为 86 厘米和 88 厘米，但同样是窄体机型的 A320，其舱门高度为 124 厘米。不同机型的舱门高度不同，所载运的货物的最大长、宽、高（包括垫板）尺寸不得超过舱门限制。货物的长、宽、高三边之和不能小于 40 厘米，最短一边不能小于 5 厘米。不符合上述规定的小件货物应加大包装后才能交运。

（4）地板承受力。飞机货舱内每一平方米的地板只能承受一定的重量，如果超过它的承受能力，地板和飞机结构很有可能会遭到破坏。因此，装载货物时一定不能超过地板承受限额。

2. 全球时差

地球自转产生时间差，为了方便查阅与时差换算，全球航空信息及数据解决方案提供商 OAG 公布了国际时间换算表，列出了各个国家或地区当地标准时间与格林尼治时间（GMT）的时差。

$$当地时间=GMT\pm 某一数值$$

其中：某一数值是指零时区向东隔几个时区，时间就加几小时；向西隔几个时区，时间就减几小时。这就是时差计算原则——东加西减。

【例 4-7】世界标准时间是早上 8 点，问杭州当地时间是几点？

解：杭州在东八区，杭州当地时间=8+8=16，即杭州当地时间是下午 4 点。

【例 4-8】10 月 15 日西班牙当地时间为早上 5 点，问加拿大温哥华当地时间是几点？

解： 西班牙在东一区，加拿大温哥华在西八区，时差 9 小时，西班牙时间早于加拿大，加拿大温哥华时间为 10 月 14 日 20 点。

在航空运输业务中，常常需要计算飞行时间，以正确计算货物的在途时间。航班飞行时间的计算大致分三步，以下举例说明。

【例 4-9】航班 AF033，一票货物于 12 月 10 日 10:30 从法国巴黎装机，将于同日 11:55 到达加拿大蒙特利尔。请计算该航班的飞行时间。

解：（1）查国际时间换算表，查清始发地、目的地的当地时间和世界标准时间的关系。巴黎时间＝GMT+1，蒙特利尔采用加拿大东部时区＝GMT-5。

（2）将始发时间和到达时间换算成标准时间。巴黎始发时间＝10:30-1 个小时＝9:30，蒙特利尔到达时间＝11:55+5 个小时＝16:55。

（3）求到达时间与始发时间的差额，得到飞行时间。故航班 AF033 从法国巴黎到加拿大蒙特利尔的飞行时间为 16:55-09:30＝7 小时 25 分钟。

有的航班飞行跨越国际日期变更线，会有日期变化，计算飞行时间时要特别留意。

（二）空运出口操作

航空货物出口程序包含以下环节。

1．达成出口意向

航空货运代理公司与跨境电商卖家（发货人）就出口货物运输事宜达成意向后，可以向发货人提供所代理的有关航空公司的"国际空运货物托运委托书"。发货人发货时，首先需填写委托书，并加盖公章，作为货主委托代理承办航空货运出口货物的依据。航空货运代理公司根据委托书要求办理出口手续，并据以结算费用。

2．委托运输

"国际空运货物托运委托书"是一份重要的法律文件，是托运人委托承运人或其代理人填开航空货运单的一种表单，其上列有填制货运单所需的各项内容，并印有授权承运人或其代理人代其在航空货运单上签字的文字说明。

3．审核单证

物流公司审核发货人提供的相关物流单证，主要包括发票、装箱单、托运书、报关单、许可证、商检证等。

知识园地

国际空运货物托运委托书和航空运单

4．预配舱

由货运代理人汇总所接受的委托和客户的预报，并输入计算机，计算出各航线航空运输的货物件数、重量、体积，按照客户的要求和货物情况，根据各航空公司不同机型对不同板、箱的重量和高度要求，制定预配舱方案，并对每票货配上运单号。

5．预订舱

货运代理人根据所制定的预配舱方案，按航班、日期打印出总运单号、件数、重量、体积，向航空公司预订舱。这一环节之所以称为预订舱，是因为此时货物可能还没有入仓库，预报和实际的件数、重量、体积等都会有差别，差异留待配舱时再做调整。

6．接单

航空公司接收托运人或其代理人送交的经过审核确认的托运委托书、报关单证及收货凭证，核对收货记录与收货凭证，并制作交接单，填写所收到的各种报关单证份数，给每份交接单配一份总运单或分运单。将制作好的交接单、配好的总运单或分运单、报关单证移交下一环节制单。如此时货未到或未全到，可以按照托运书上的数据填交接单并注明，货物到齐后再进行修改。

7. 填制航空货运单

航空货运单是发货人收结汇的主要有效凭证,包括总运单和分运单。因此,航空货运单的填写必须详细、准确,严格符合单货一致、单单一致的要求。填制航空货运单的主要依据是发货人提供的国际货物托运书。航空货运单一般用英文填写,目的地为中国香港的,航空货运单可以用中文填写,但货物的品名一定要用英文填写。

8. 接收货物

接收货物,是指航空货运代理公司把即将发运的货物从发货人手中接过来并运送到自己的仓库。接货时应对货物进行过磅和丈量,并根据发票、装箱单或送货单清点货物,并核对货物的数量、品名、合同号或唛头等是否与航空货运单上所列一致。

9. 贴标签

标签可以分为识别标签、特种货物标签和操作标签等。航空公司的标签是对其所承运货物的标识,各航空公司的标签虽然在格式、颜色上有所不同,但内容基本相同。标签上前三位阿拉伯数字代表承运航空公司,后八位阿拉伯数字是总运单号码。

分标签是航空货物代理公司对出具分标签货物的标识。凡出具分运单的货物都要制作分标签,填制分运单号码和货物到达城市或机场的三字代码。

一般一件货物贴一张航空公司的标签。对于集中托运货物,要在每一件货物上贴分标签,在分标签上要特别注明主单号和分单号。

10. 配舱

配舱时,需运出的货物都已入库。这时需要核对货物的实际件数、重量、体积与国际货物托运书上预报数量有无差异;应注意对预订舱位、板、箱的有效领用、合理搭配,按照各航班机型、板箱型号、高度、数量进行配载。同时,对晚到、未到货物以及未能顺利通关放行的货物做出调整处理,为制作配舱单做准备。

实际上,这一过程一直延续到单、货交接给航空公司后才完毕。

11. 订舱

订舱,就是代理公司将所接收空运货物向航空公司正式提出运输申请并订妥舱位。货物订舱需根据发货人的要求和货物标识的特点而定。一般来说,大宗货物、紧急货物、鲜活易腐货物、危险品、贵重物品等,必须预订舱位。非紧急的零散货物可以不预订舱位。

接到发货人的发货预报后,代理公司向航空公司吨控部门领取并填写订舱单,同时提供以下信息:货物的名称、体积(必要时提供单件尺寸)、重量、件数、目的地、要求出运的时间,以及其他运输要求(温度要求、装卸要求、货物到达目的地时限等)。

12. 出口报关

出口报关,是指发货人或其代理人在货物发运前,向出境地海关办理货物出口手续的过程。报关员持报关单证正式向海关申报,海关审核无误后,海关关员即在用于发运的运单正本上加盖放行章,同时在出口收汇核销单和出口报关单上加盖放行章,在发货人用于产品退税的单证上加盖验讫章,并贴上防伪标志。

13. 编制出仓单

配舱方案制定后就可着手编制出仓单。出仓单上应载明日期、承运航班的日期、装载板箱形式及数量、货物进仓顺序编号、总运单号、件数、重量、体积、目的地三字代码和备注。出仓单交给出口仓库,用于出库计划、出库时点数及交接。出仓单交给报关环节负责人,当报关有问题时,报关负责人可有针对性地反馈,以采取相应措施。

14. 提板、箱与装货

根据订舱计划向航空公司申领板、箱并办理相应的手续。提板、箱时取相应的塑料薄膜和网。对所使用的板、箱要登记、销号。对于货物装箱、装板，除特殊情况外，航空货运均以集装箱、集装板装运货物。

15. 签单

在货运单上盖好海关放行章后还需到航空公司签单。航空公司主要审核运价使用是否正确以及货物是否适合空运，如危险品等是否已办理相应的证明和手续。航空公司的地面代理规定，只有签单确认后才允许将单、货交给航空公司。

16. 交接发运

交接是向航空公司交单交货，由航空公司安排航空运输。交单就是将随机单据和应由承运人留存的单据交给航空公司。随机单据包括第二联航空运单正本、发票、装箱单、产地证明、品质鉴定书等。交货即把与单据相符的货物交给航空公司。交货之前必须粘贴或拴挂货物标签、清点和核对货物、填制货物交接清单。大宗货、集中托运货，以整板、整箱称重交接。零散小货按票称重，计件交接。航空公司审单验货后，在交接签单上验收，将货物存入出口仓库，将单据交吨控部门，以备配舱。

17. 航班追踪

单、货交接给航空公司后，航空公司可能因种种原因未能按预定时间运出货物，所以航空货运代理公司从单、货交给航空公司后就需对航班、货物进行跟踪。

18. 信息服务

航空货运代理公司须在多个方面为客户做好信息服务，如提供订舱信息、审单及报关信息、仓库收货信息、交运称重信息、一程及二程航班信息、集中托运信息、单证信息等。

19. 费用结算

费用结算主要涉及同发货人、承运人和境外代理公司三方面的结算。

（三）空运进口操作

航空货物进口操作包含以下环节。

1. 代理预报

在发货前，由相关代理公司将运单、航班、件数、重量、品名、实际收货人及其地址、联系电话等内容发给目的地代理公司。到货预报的目的是使目的地代理公司做好接货前的所有准备工作。

2. 交接单、货

单单核对，即交接清单与总运单核对；单货核对，即交接清单与货物核对。航空货物入境时，与货物相关的单据也随机到达，运输工具及货物处于海关监管之下。货物卸下后，被存入航空公司或机场的监管仓库，进行进口货物舱单录入，将舱单上总运单号、收货人、始发站、目的站、件数、重量、货物品名、航班号等信息通过计算机传输给海关留存，供报关用。同时，根据运单上的收货人地址寄发取单、提货通知。

3. 理货与仓储

（1）理货：逐一核对每件件数，再次检查货物破损情况，确有接货时未发现的问题，可与航空公司交涉；按大货、小货、重货、轻货、单票货、混载货、危险品、贵重品、冷冻品、冷藏品等分别堆存，进仓；登记每票货储存区号，并输入计算机。

（2）仓储：注意防雨、防潮；防重压；防变形；防变质；防暴晒；单独设危险品仓库。

4．理单、到货通知和正本运单处理

（1）理单：集中托运，总运单项下拆单；分类理单、编号；编制单证。

（2）到货通知：尽早、尽快、妥善地通知货主到货情况。

（3）正本运单处理：打制"海关监管进口货物入仓清单"一式五份，商检、卫检、动植检部门各一份，海关两份。

5．制单、报关

货主可自行办理制单、报关和运输，也可委托货代公司代办制单、报关和运输。进口报关大致分为初审、审单、征税、验放四个主要环节。进口货物报关期限为：自运输工具进境之日起的 14 日内；超过这一期限报关的，由海关征收滞报金，征收标准为货物到岸价格的万分之五。

6．收费、发货

货代公司仓库在发放货物前，一般先将费用收妥。收费内容有：到付运费及垫付佣金；单证、报关费；仓储费；装卸、铲车费；航空公司到港仓储费；海关预录入、动植检、卫检报验等代收代付费；关税及垫付佣金。

7．送货上门与转运

送货上门业务主要指将进口清关后的货物直接运送至货主单位，运输工具一般为汽车。转运业务主要指将进口清关后的货物转运至货代公司，运输工具主要为飞机、汽车、火车、轮船。

🔍 素质提升：创新意识　　**华纵物流：让全世界享受中国优质航空货运服务**

在提供传统国际货代服务的同时，华纵物流也在不断开拓新兴业务，为全球跨境电商客户提供头程运输、清关、仓储管理、库存管控、订单处理、物流配送和信息反馈等一条龙服务。目前，华纵物流已经推出欧盟专线、美国专线、日韩专线、新澳专线、东盟专线、中东专线、非洲专线及全球其他国家或地区专线的包裹寄递、物流配送及其相关业务。华纵物流坚持以"回归经营本质、持续自我造血，打造面向未来的竞争力"为理念，获得"WCA 国际货运代理高级会员"资质和"2022 年度深航协荣誉贡献奖"等荣誉。公司的规模大了，肩上的担子更重了，使命感也变强了。用实力说话，突破物流红海，做一家全中国、全亚洲乃至全球的航空货运标杆企业，是华纵物流的共同使命。

【请思考】（1）空运行业如何在创新精神的指引下做到不断创新业务范围？

　　　　　（2）华纵物流在提供物流服务方面做出了哪些示范？

（四）航班时刻表查询

航班时刻表由航空公司发布（或由机场汇总发布），通常包括目的港、航班号、起飞时间、到达时间、机型等航班信息。以在中国南方航空官网查询其航班时刻表为例，进入官网后，我们可以在客户服务栏目下找到航班时刻表查询页面，在始发站和目的站内输入机场三字代码（如果不知道机场三字代码，可以网络查询或者输入正确的机场中文名称），将出发日期改为起飞的时间，然后单击"查询"按钮即可。如图 4-2 所示，在始发站和目的站分别输入 PEK 和 FRA（分别代表北京首都国际机场和德国法兰克福机场），输入起飞时间后单击"查询"按钮可以看到相关的航班信息，同时可以直接在线订舱。需要注意的是，这里显示的是一个中转航班，我们看到中转机场是 HHA（长沙黄花国际机场）。

知识园地

航班时刻表查询

图 4-2　航班时刻表查询

（五）航空运费计算

1. 航空运价体系与运费构成

航空运价又称费率，是指承运人对所运输的每一单位重量（千克或磅）货物所收取的自始发地机场至目的地机场的费用。航空运价一般以运输始发地的本位币为单位公布，有的以美元为单位公布。目前国际航空运价按制定的途径划分，主要分为协议运价和国际航协运价。协议运价是指航空公司与托运人签订协议，托运人保证每年向航空公司交运一定数量的货物，航空公司则向托运人提供一定力度的运价折扣优惠。目前航空公司使用的运价大多是协议运价。国际航协运价是指 IATA 在运价手册上公布的运价。按照 IATA 货物运价公布的形式划分，国际航协运价可分为公布直达运价和非公布直达运价。

（1）运价代码。一般用 "M" "N" "Q" "C" "R" "S" 来表示。

① "M" 代表最低运费，也叫起码运费。

② "N" 代表 45 千克以下的普通货物运价。

③ "Q" 代表 45 千克及以上的普通货物运价。

④ "C" 代表指定货物运价。

⑤ "R" 代表附加运价。

⑥ "S" 代表附减运价。

（2）航空运价的影响因素主要有重量、数量、运距和货物性质。

① 重量分段对应相应运价，即在每一个重量范围内设置一个运价。图 4-3 所示为北京到东京的航空运价，N 表示重量在 45 千克以下的运价是每千克 37.51 元人民币，也就是运价 37.51 元人民币适用的重量范围是 0～45 千克，在这个重量范围内的货物适用该运价。

BEIJING	CN		BJS
Y.RENMINBI	CNY		KGS
TOKYO	JP	M	230.00
		N	37.51
		45	28.13
		100	23.17
		300	15.38

图 4-3　北京到东京的运价

② 数量折扣。一般随着运输重量的增加，运价会变低。在图 4-3 中，45 千克的运价是 28.13 元人民币，100 千克的运价是 23.17 元人民币，300 千克的运价是 15.38 元人民币。重量越大，运价越低。

③ 运距。运距越长，运价越高。

④ 货物性质。IATA 根据货物性质在普货运价的基础上实行运价附加和运价附减。例如，对

于活体动物、骨灰、灵柩、鲜活易腐物品、贵重物品、急件等货物采取运价附加的形式；而对于书报杂志、作为货物运输的行李等采取运价附减的形式。

（3）航空运价的计费规则。

① 货物运费以"元"为单位，元以下四舍五入。

② 按计费重量计得的运费与最低运费相比，取较高者。

③ 按实际计费重量计得的运费与按较高重量分界点运价计得的运费比较，取较低者。

2. 航空运费计算

计费重量是用以计算货物的航空运费的重量。在实际计算运费时，货物的计费重量往往取货物的实际毛重或体积重量。实际毛重是包括货物包装在内的货物重量。体积重量是按照 IATA 公布的规则，将货物的体积按一定的比例折合成的重量。体积重量的换算标准为每 6 000 立方厘米折合为 1 千克，或每 366 立方英寸折合为 1 千克，或每 166 立方英寸折合为 1 磅。体积重量等于以立方厘米表示的货物体积除以 6 000。不论货物的形状是否为规则的长方体或正方体，计算货物体积时，均应以最长、最宽、最高的三边的长度计算。

一般情况下，比较货物的实际毛重与货物的体积重量，取较高者。当货物按较高重量分界点的较低运价计算的航空运费较低时，则将此较高重量分界点的货物起始重量作为计费重量。IATA 规定，国际货物的计费重量以 0.5 千克为最小单位，重量尾数不足 0.5 千克的，按 0.5 千克计算；0.5 千克以上不足 1 千克的，按 1 千克计算。

计费重量的计算步骤：①计算货物体积；②将体积折算成体积重量；③比较体积重量与货物重量，取二者中的较大者为计费重量。

普通货物运费的计算步骤：①计算计费重量；②找出适用运价；③计算航空运费（航空运费=计费重量×适用运价）；④当计费重量接近下一个较高重量分界点时，按照较高重量分界点的较低价计算航空运费，然后与按适用运价计算的运费进行比较，取较低者；⑤填制货运单的运费计算栏。

【例 4-10】 运输路线为北京首都国际机场到荷兰阿姆斯特丹史基浦机场，运输商品是零件，毛重为 38.6 千克，尺寸为 101 厘米×58 厘米×32 厘米，公布的航空运价如图 4-4 所示。计算该票货物的航空运费，并填制航空货运单的运费计算栏。

BEIJING	CN		BJS
Y.RENMINBI	CNY		KGS
AMSTERDAM	NL	M	320.00
		N	50.22
		45	41.53
		300	37.52

图 4-4　航空运价

解：（1）按照实际重量计算。

体积=101×58×32=187 456（立方厘米）

体积重量=187 456÷6 000=31.24 千克，进位为 31.5 千克

实际毛重=38.6 千克

计费重量=39 千克

适用费率=50.22 元/千克

运费=39×50.22=1 958.58（元）

（2）因为重量 39 千克接近下一重量分界点，采用较高重量分界点的较低运价计算。

计费重量=45 千克

适用费率=41.53 元/千克

运费=41.53×45=1 868.85（元）

将（1）和（2）计算得到的运费相比较，取较低者。故该票货物的航空运

知识园地

指定货物和等级货物运费计算

费为 1 868.85 元。

根据计算结果，填制的航空货运单运费栏，如图 4-5 所示。

No. of Pieces RCP	Gross Weight	kg lb	Rate Class		Chargeable Weight	Rate/ Charge	Total	Nature and Quantity of Goods（Incl. dimensions or Volume）
				Commodity Item No.				
1	38.6	K	Q		45.0	41.53	1 868.85	PARTS DIMS: 101cm×58cm×32 cm

图 4-5　航空货运单运费栏

五、班列发货

《联合国国际货物多式联运公约》对国际多式联运（International Multimodal Transport）的定义是：按照国际多式联运合同，以至少两种不同的运输方式，由多式联运经营人把货物从一国境内接管地点运至另一国境内指定交付货物的地点。

班列发货包括中欧班列（CHINA RAILWAY Express，CR Express）发货和卡班发货两种。

（一）中欧班列发货

1. 中欧班列发货概述

中欧班列是由中国铁路总公司组织，按照固定车次、线路、班期和全程运行时刻开行，运行于中国与欧洲及"一带一路"共建国家或地区间的国际联运列车，是国际多式联运的一种形式。

目前，我国依托西伯利亚大陆桥和新亚欧大陆桥，已初步形成西、中、东三条中欧班列运输通道，西部通道由我国中西部经阿拉山口（霍尔果斯）出境，中部通道由我国华北地区经二连浩特出境，东部通道由我国东南部沿海地区经满洲里（绥芬河）出境。

（1）中欧班列的创新和优势。

中欧班列是深化我国与沿途国家和地区经贸合作的重要载体和推进"一带一路"建设的重要抓手，是我国跨境电商物流的重要创新模式。

① 中欧班列是国际物流陆路运输的骨干方式。亚欧之间的物流通道主要包括海运通道、空运通道和陆运通道，中欧班列以运距短、速度快、安全性高的特征，以及快捷、绿色环保、受自然环境影响小的优势，已经成为国际物流陆路运输的骨干方式。

② 中欧班列物流组织日趋成熟，班列沿线国家和地区经贸交往日趋活跃，国家和地区间铁路、口岸、海关等部门的合作日趋密切。这些有利条件使铁路进一步发挥国际物流陆路运输骨干作用，在"一带一路"倡议中将丝绸之路从原先的"商贸路"变成产业和人口集聚的"经济带"起到重要作用。

③ 中欧班列节约运输时间和成本。中欧铁路作为"一带一路"物流项目的先行者，一经开通就成为名副其实的竞争力强、综合性价比高的运输方式。与传统的运输方式相比，中欧班列的运输时间是海运的三分之一，最快 12 天即可将货物运抵欧洲。图 4-6 显示了中欧班列在时效、价格、舱位供应量等方面与海、空运的对比。

知识园地

中欧班列与图定班列

	时效	价格	舱位供应量	天气适应性	适合货重
空运	快	高	少	弱	高
铁运	中	中低	中	强	中
海运	慢	低	大	中	低

日均运行 1300 公里　正点率接近 100%　最快 12 天抵达欧洲　12days

图 4-6　海、空、铁运对比

素质提升：大国风范 **"中欧班列"奋力奔跑，绘就美好发展蓝图**

　　根据中国国家铁路集团有限公司报道，2022年中欧班列累计开行达到10 000列，累计发送货物97.2万标准箱，同比增长5%，综合重箱率达98.4%，较2021年提前10天破万列。中欧班列之所以广受欢迎，还得益于我国进一步扩大开放的各项举措，通过落实开放政策，举办各类国际展会，使互利共赢的合作局面得到巩固。我国坚定不移地扩大对外开放，稳定产业链、供应链，以开放促改革促发展，充分展现了我国开放包容、共同发展的国际合作理念与实际行动。

　　（1）打通堵点稳外贸。中欧班列为出口企业复工达产夯实基础。中欧班列类似班车，运费比航空运费更低，运程比海运更短。有义乌货主算账，同样一批小商品运往西班牙马德里，使用中欧班列比海运省时60%以上，运输成本下降近30%，大大增加了出口产品附加值。

　　（2）攻克难点畅物流。中欧班列为稳定全球供应链提供支撑。随着联想、戴尔、TCL等企业布局中西部，电子产品成为成都始发中欧班列运载的主要商品。中欧班列开展宽轨段"三并二"运输，推行内外贸货物"集拼集运"混装模式，使物流成本下降5%～10%，有效缓解班列拥堵。

　　【请思考】（1）中欧班列对世界经济的巨大贡献是什么？
　　　　　　　　（2）作为跨境电商供应链的从业人员，如何助力"中国制造"走向世界？

　　（2）中欧班列时刻表识读。

　　中欧班列的运输方式主要有整柜和散货拼箱两种。

　　① 整柜业务范围。

　　● CHINA TO EUROPE（中国—欧洲）：整柜站到站（CFS TO CFS），门到站（DOOR TO CFS），站到门（CFS TO DOOR），门到门（DOOR TO DOOR），报关清关（CUSTOMS CLEARANCE）。

　　● EUROPE TO CHINA（欧洲—中国）：整柜站到站（CFS TO CFS），门到站（DOOR TO CFS），站到门（CFS TO DOOR），门到门（DOOR TO DOOR），报关清关（CUSTOMS CLEARANCE）。此方式跟海运极其相似。

> 知识园地
>
> 中欧班列时刻表

　　② 散货拼箱业务范围。

　　● 出口：散货站到站，门到站，站到门，门到门业务。

　　● 进口：散货站到站，门到站，站到门，门到门业务。

　　2. 中欧班列进出口操作

　　（1）中欧班列出口操作流程如下。

　　① 填写出口委托书。托运人委托安排拼箱或集装箱运输，委托书上填写运往的国家（地区）及到站，货物的品名和数量，预计运输的时间，委托人单位名称、电话、联系人等，并确保委托书真实有效。以书面形式发送委托书，或者登录相关网站线上订舱平台提交委托书。

> 知识园地
>
> 国际铁路代理出口委托书

　　② 填制运输单证。托运人与代理人确认报价并确认代理关系，托运人需要以书面形式委托代理人。所需单据有运输委托书、报关委托书、申报要素、合同、装箱单、发票等。最晚于发车前4天提供单据，代理人审核确定无误后发货人盖章，提供电子版扫描件即可。铁路运单是由铁路运输承运人签发的货运单据，是收、发货人同铁路部门之间的运输契约，根据随车单据整理填写，经托运人确认后出具。国际铁路货物联运所使用的运单是铁路部门与货主间缔结运输契约的证明，运单正本从始发站随同货物附送至终点站并交给收货人，是铁路部门同货主之间交接货物、核收运杂费用、处理索赔与理赔的依据；运单副本是卖方凭以向银行结算货款的主要证件。

联运货物运单分慢运运单和快运运单两种。快运运单的正面和背面的上、下边带有 1 厘米宽的红边以示区别。运单由五张组成：运单正本（随同货物到站，并连同第 5 张和货物一起交收货人），运行报单（随同货物到站，并连同第 4 张一起留存到达站），运单副本（是货物发送后交发货人与收货人通过银行结算贸易货款的凭证），货物交付单（随同货物到站，并连同第 2 张一起留存到达站），货物到达通知单（随同货物到站，并连同第 1 张和货物一起交收货人）；除此外，还有一份补充报单作抄件用，有过境站时，每次过境填写一份，由出口国境站留存。

③ 出口报关。出口货物到美国、澳大利亚、加拿大、欧盟等外包装为木制的需做熏蒸或热处理的，托运人需提供的单证有货物清单、发票、合同、报关委托书、厂检单等。

出货人在货物运抵海关监管区后，装货的 24 小时之前，备齐海关所需单证向海关申报。必备单证有货物清单、发票、合同、报关委托书、装货单等各一份。有出口手册的，需提供手册报关。

④ 发车。根据运输计划安排火车发出，并跟踪运输信息。

⑤ 口岸交接。货物到达口岸后需要办理转关换装手续。

（2）中欧班列进口操作。

① 换单。收货人向代理人提供到货通知书、正本提单或电放保函及换单费、THC（码头处理费）等，换取进口提货单。

② 进口报关。进口报关所需单证包括以下几种：货物装箱单、发票、合同、报关委托书；从欧盟、美国、韩国、日本进口货物，如是木制包装箱的，需提供热处理证书或植物检疫证书，如是非木制的提供无木制包装；税则所规定的各项证件（如进口许可证、机电证、重要工业品证书）；有减免税手册的，提供减免税证明手册。

③ 海关审价。进口申报后如海关审价需要，收货人或其代理人须提供相关价格证明，如信用证、保单、原厂发票、招标书等海关所要求的文件。

④ 税费缴纳。海关打印税单后，收货人或其代理人须在 7 个工作日内缴纳税费。如超过期限，海关按日计征滞纳金。

⑤ 查验放行。报关查验放行后，收货人或其代理人应及时缴纳报关、报检代垫代办费。

注意

货物到港后 14 日内必须向海关申报。如超过期限，海关按日计征滞报金。超过 3 个月，海关将作无主货物处理、变卖。

---

3. 中欧班列运费计算

中欧班列运费计算的主要依据是《国际铁路货物联运统一过境运价规程》（简称《统一货价》）、《国际铁路货物联运协定》（简称《国际货协》）和我国的《铁路货物运价规则》（简称《国内价规》）。

（1）运费计算原则。发送国家（或地区）和到达国家（或地区）铁路的运费，均按铁路所在国家（或地区）的规章办理。过境国（或地区）铁路的运费，均按承运当日统一货价规定计算，由发货人或收货人支付。如在参加国际货协的国家与未参加国际货协的国家之间运送货物，则有关未参加国际货协的国家铁路的运费，可按其所参加的另一种联运协定计算。我国出口的联运货物，交货共同条件一般均规定在卖方车辆上交货，因此我方仅负责至出口国境站一段的运送费用；但联运进口货物，则要负担过境运送费和我国铁路段的费用。

（2）国内段运费计算。国内段运费按《国内价规》计算，其程序是根据货物运价里程表确定出发站至到站间的运价里程。一般应根据最短路径确定，并需将国境站至国境线的里程计算在内。根据运单上所列货物品名，查找货物运价分号表，确定适用的运价号。根据运价里程与运价号，在货物运价表中查出适用的运价率。计费重量与运价率相乘，即得出该批货物的国内段运费，其计算公式为：

$$国内段运费=运价率×计费重量$$

（3）过境运费计算。过境运费按《统一货价》规定计算。计算程序是：根据运单上载明的运输路线，在过境里程表中查出各通过国的过境里程；根据货物品名，在货物品名分等表中查出其可适用的运价等级和计费重量标准；在慢运货物运费计算表中，根据货物运价等级和总的过境里程查出适用的运费率。

其计算公式为：

$$基本运费额=货物运费率×计费重量$$
$$运费总额=基本运费额×（1+加成率）$$

加成率指运费总额应按托运类别在基本运费额基础上所增加的百分比。

（二）卡班发货

跨境公路运输，即卡航运输，又称卡班运输，是国际物流的第四种运力，也就是除了海、铁、空运外的全公路卡车运输。凭借亚欧大陆的国际公路网络，中欧、中亚、东南亚、中蒙、中俄的跨境全公路运输正在崛起。

1. 卡班运输的含义与特点

卡班运输是定时、定点出发，准点到达的一种运输方式。根据我国的地理位置，卡班线路大体分为港澳线、东盟线、中亚线、中欧线、中俄线。面向蒙古国和俄罗斯的北部口岸，集中在黑吉辽和内蒙古；面向东盟的南部口岸，主要集中在两广和云南；面向中亚和欧洲的西部口岸发展迅速，主要集中在新疆和西藏。近年来，卡班运输发展迅猛，各个口岸的运输量轮番突破前高。

卡班运输的特点：一是不挑货；二是安装了 GPS，能 7 天 24 小时跟踪货物情况，物流公司的监控塔台还能进行温控和防疲劳驾驶控制；三是卡班运输线路已非常成熟，运输速度快；四是跨境卡班领域不断开发精品线路，打造仓储配套、构建平台和商贸集群，带动了地方发展，促进了境内外贸易双循环。

2. 卡班运输的优势

卡班运输优点很多：一是借助于现代公路运输网络实现门到门运输，具有极高的灵活性；二是运输速度非常快，中蒙线的卡班从天津到俄罗斯乌兰乌德最快仅用 7 天，从广东过新疆霍尔果斯口岸至西班牙的阿利坎特市，单程 14 000 多千米，仅需 16 天；三是卡班接货范围广，卡班不仅可以整车承运，还可以零担散货，中国到欧洲部分国家集卡集拼业务，可以运输普货、电商散货、敏感货及生鲜冷链货等；四是可以根据不同的始发地和目的地，优选路径、优先配载，还能结合海运、河运、铁路运输等运输方式，执行多式联运。

3. 卡班操作流程和注意事项

整车运输是一车一票出运，无论是集装箱还是厢式车或其他车型，基本能实现门到门运输。整车可以根据客户需求定制车型、线路、温控要求，以及是否可以采用 TIR（国际公路运输公约）一票通关模式，客户还可以要求部分路段采用武装押运。

卡班整车的操作流程是：①客户发委托书，物流公司接单；②货物进仓（客户提供报关随车资料）；③装车；④报关放行；⑤出境；⑥目的地清关。

整车出口，需要注意以下几点。

① 签订公路货物运输合同，如运单、定期合同或一次性运输合同等。合同中的运价、运力、时效、保险等都是关键条款。确认出运线路和进出境的口岸。

② 注意货物装箱和交接，要按照装箱方案来执行，注意封箱、拍照等。

③ 需要提前办理货物保险和保价。

④ 货物运输中，关注运输路线实时定位，进行实时温控检测等。

卡班拼箱的操作流程与整车相同，需要注意以下事项。

① 拼箱按照重量、体积或者标准托盘计费。

② 拼箱货物往往是电商普货，基本是包货，但承运人更喜欢重货，重货整车运输价值会更高。

③ 一些粉末、液体、纯电等敏感货物不拼箱，否则容易中途发生事故。

④ 拼箱可以门到门，也可以前端送达集货仓，后端到仓自提，即仓到仓。

⑤ 拼箱涉及的杂费很多，拼箱的单票货物品名一般要求不超过 5 个，否则要加收增品费用。到仓后还会产生拆柜、存储、贴标、打包、派送等费用。

六、物流方案设计与线上发货

（一）跨境电商物流方案设计

跨境电商企业在选择物流方案时，应当从企业自身的角度出发，以提升自身的核心竞争力及最大限度满足客户需求为最终目标，进行全方位的分析并做出科学决策。

1．影响因素分析

根据自身的实际需求和资源状况，综合考虑以下几个因素，谨慎选择适合的物流方案。

（1）跨境电商企业的规模和实力。跨境电商企业的规模和实力，在一定程度上影响着其对跨境电商物流方案的选择。不同规模和实力的跨境电商企业对物流的要求也呈现出很大的不同。

（2）货物性质。跨境电商物流方案的选择与所运输的货物关系密切，如货物的体积和重量是影响国际物流成本的重要因素。由于邮政小包的价格较低，而且能够运往全球各地，因此受到很多跨境电商企业的喜爱。此种跨境电商物流方案适合的货物主要有以下特点：小、低价和不怕挤压。而对于手机、计算机等价值较高，重量较轻，更新换代较快的货物，则适合选择商业快递。商业快递的时效性强，一般 3～5 天就能到达目的地。对于家具、大型机器、私人游艇之类的大件物品，更适合的跨境电商物流方案应该是海外仓储模式。

（3）物流时效。跨境电商物流方案的选择必须充分考虑物流渠道本身的时效。对于客户要求在极短时间内送到的货物，应选择海外仓或者是国际快递；对时间要求不高的货物，可以选用邮政小包以节约成本。

（4）物流成本。跨境电商企业在选择物流方案时，必须从物流总成本的角度出发，综合考虑所有的费用之后尽量选择对本企业最有利的跨境电商物流方案。物流总成本一般包含仓储费用、运输费用、采购费用、客户关系维护费用等。

（5）跨境电商平台的资源支持。随着跨境电商的快速发展，跨境电商物流专线、国际快递等高品质物流服务，跟第三方海外仓的本土物流时效和成本的差距越来越小。在这种情况下，应将跨境电商平台对物流方式的资源倾斜程度作为制定跨境电商物流方案的重要参考依据。对跨境电商企业来讲，除了自建国际官网以外，依托任何第三方跨境电商平台，都不要错过平台给予资源支持的物流方案。

2．物流方式绩效分析

物流运营中，衡量运输表现的几类绩效指标主要包含成本、客户服务、企业可持续三大类。

（1）成本特指运输成本，关系到企业的盈利状况。

（2）客户服务类绩效指标包括准时率、货物损坏/丢失率、运输时间等，会影响客户对配送服务的满意度。

（3）企业可持续类绩效指标包括二氧化碳排放量等，体现了企业在获得经济效益的同时，对生态环境与绿色供应链的关注。

运输绩效指标如图 4-7 所示。

（1）运输成本。销售产生收入，而物流产生成本，其中运输活动产生的成本在所有物流活动中占比最高，所以企业应该着重考虑并想方设法降低运输开支，从而获得更多利润。衡量运输成本的常用指标是单位重量货物的运输成本，比如每一磅或千克货物的运输成本、每一百磅货物的运输成本。

在零担运输中，物流公司会综合考虑各方面因素来定运价，包括货物重量、体积及其他因素（如是否易碎、是否需要特殊设备装卸等）。

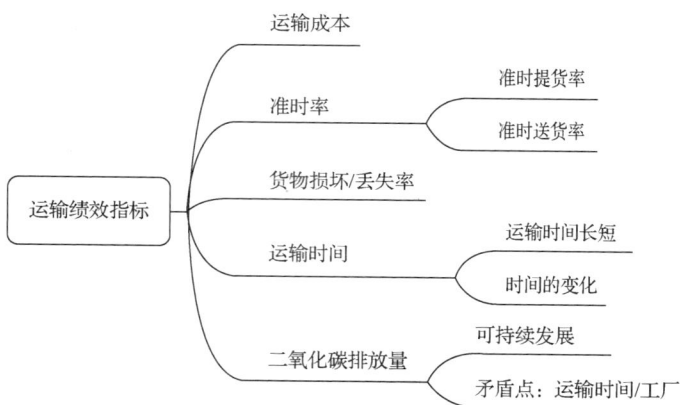

图 4-7　运输绩效指标

整车运输费用的计算简单很多，物流公司会根据运输距离，针对不同路线直接给出每辆卡车的运价。由于这一运价和卡车的实际装货量并没有关系，而只和运输距离有关，因此企业也会针对整车运输，在绩效评价中引入另一成本指标——每一英里（1 英里 ≈ 1.61 千米）的运输成本，来衡量单位距离的运输成本。除此之外，因为整车运输费用和装货量无关，在不超重的前提下，应最大限度地增加装载量，以降低单位重量的成本。

（2）准时率。除了上面介绍的成本指标，准时率也是重要的指标之一，反映客户是否能按时收到货物，也能从侧面反映出客户对于服务的满意度。准时率包括准时提货率和准时送货率。

（3）货物损坏/丢失率。运输与配送虽然位于供应链的末端，却是至关重要的一环。除了要保证货物准时送至客户手中，还要确保货物的名称和数量与订单一致，以及货物到达时完好无损。这符合经常提到的 7R 原则，即"将适当数量（Right Quantity）、适当产品（Right Product）在适当的时间（Right Time）、适当的地点（Right Place），以适当的条件（Right Condition）和适当的成本（Right Cost）交付给适当的用户（Right Customer）"。

货物在途运输中，由于被多次装卸以及路途颠簸，难免会发生损坏甚至丢失的情况。如果客户收到破损的货物或者没有收到货物，应该在第一时间按照流程联系运输方（供应商），双方沟通、尽快寻找原因。通常情况下，客户联系运输方是因为货物发生了以下问题：①外部可见的破损；②（包装）内部的不可见破损；③货物全部丢失；④货物部分丢失/短缺。

在清晰定义了货物问题之后，要寻找问题发生的根本原因，并交由负责方处理。这里的负责方不一定是物流公司，也可能是供应商，甚至是客户自己。货物在配送之后被发现破损，不能想当然地认为是在运输途中发生破损，指责物流公司的服务质量差；也许是货物本身有质量问题，或者供应商的包装不结实、包装流程不规范导致对货物的保护性较差；甚至还可能是客户自己操作不当导致货物破损。

（4）运输时间。运输时间是指货物的在途运输时间，即从货物在供应商处被装好车，到最终到达目的地并被卸载和接收所用的时间。在公路运输中，不同运输方式的单日运输距离不同：整车运输大多是点到点、一对一的长途运输，单日运输距离大概是 800 千米；而零担运输途经很多转运中心，大多是局限在当地的短途运输，单日运输距离大概是 480 千米。

基于单日运输距离，在已知总运输距离的前提下，就可以估算出运输时间。物流公司通常会在运输管理系统（Transportation Management System，TMS）中根据运输距离自动计算出运输时间，并算出预计到达时间；之后，比较实际到达时间和预计到达时间，就能知道货物是否准时送达；在

知识园地

准时提货率和准时送货率

进行每周/月/季绩效评价时，统计出准时送达的货物数量，并得到准时送货百分比（准时送货率）。

除了运输时间长短，还要考虑时间的变化。很多时候，运输时间的稳定性比时间长短更加重要。假设客户是一个制造工厂，工厂生产线上对零部件的需求是相对稳定的，物料专员会根据既定的物料需求计划，有规律地向供应商订购。如果从下订单到收到零部件的时间是2周（其中包括在途运输时间5天），那么物料专员会在产生实际需求的2周前订购。运输时间作为总交货时间的重要组成部分，需要控制在最小的波动范围内，否则会打破"订购—交货"的动态平衡。

（5）二氧化碳排放量。一些企业已经将二氧化碳排放量列为一项重要的运输绩效指标。企业除了考虑运输成本和客户服务，还开始关注绿色物流和可持续发展。

二氧化碳排放量的计算公式是：

$$二氧化碳排放量（克）=运输距离×货物重量×碳排放因子$$

图4-8所示为不同运输方式的碳排放因子。从图4-8中可以看出，空运的碳排放因子最高，说明运输同样重量的货物，空运的二氧化碳排放量最高；而海运的碳排放因子最低，说明海运最环保。延伸比较运输成本和运输时间，空运的运输成本也最高，运输时间最短（速度最快）；而海运的运输成本最低，运输时间最长（速度最慢）。这也反映了运输时间和二氧化碳排放量两个指标在实际运作中通常相互矛盾，要想减少二氧化碳排放量，运输时间就会增加。因此，要想实现节能减排，需要考虑其造成的运营影响，得到相关部门的支持和配合。

不同运输方式的碳排放因子比较（每短吨-英里的二氧化碳排放量）

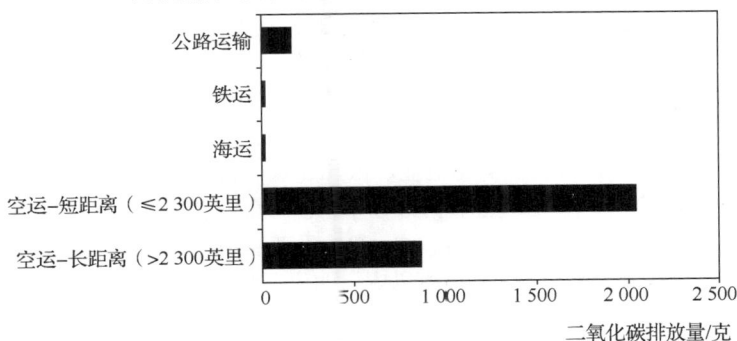

图4-8　不同运输方式的碳排放因子

素质提升：创新精神　用好"三板斧"，提升跨境电商物流核心竞争力

在跨境电商行业从野蛮生长向理性发展的进程中，物流企业通过整合供应商、制造商、仓配及金融等渠道资源，为跨境电商提供相对稳定的业务渠道。随着行业相关法律法规、政策规则的逐步健全，跨境电商物流正在走向合规化、制度化。跨境电商物流作为全链路的物流运输产品，通过不断优化运力资源、提高易地利用率、降低人工成本，保持合理利润。物流企业通过信息系统、流程优化来实现精细化和标准化管理，努力降低人工成本、沟通成本以及出错成本，做到精细运营、高效运转。物流企业构建自有干线、海外仓、"最先一千米"的揽收能力以及"最后一公里"的地面配送能力，从单一服务环节向整体物流组织模式创新转型，建立可持续的差异化竞争优势。

【请思考】（1）跨境电商物流企业是如何助力跨境电商大发展的？

（2）跨境电商物流企业在提升核心竞争力方面是怎样体现创新精神的？

3. 物流方案制定

（1）跨境电商B2C物流方案制定。这里以阿里巴巴速卖通平台为例，介绍平台提供的跨境电商物流方案，其他平台的物流方案可以参照制定，同时，考虑到国际物流选择多，差别大，以及不同企业情况不同、不同收货地情况不同、不同货物情况不同等因素，跨境电商平台物流方案仅仅是一种选择，跨境电商企业可以选择适合自己的第三方跨境电商物流方案。

进入阿里巴巴速卖通平台卖家后台，在"物流服务"页面选择"物流方案"，即可查询常用的物流方案。在"物流方案查询"页面，可以根据收货地、货物类型（普通货物、带电货物、纯电货物、液体货物）、货物价值、包裹信息（重量，长、宽、高）等查询对应的物流方案详情。

知识园地

速卖通物流方案

① 经济类物流。物流运费成本低，目的地包裹妥投信息不可查询，适合运送货值低、重量轻的货物。经济类物流仅允许线上发货；货物大多在 16～35 天能送达，特殊情况下为 60 天送达。其中，中国邮政平常小包+（China Post Ordinary Small Packet Plus）是针对订单金额 5 美元以下、重量 2 千克以下的小件物品推出的空邮服务，运送范围通达全球 212 个国家和地区；运费根据包裹重量按克计费。30 克及以下重量的包裹按照 30 克的标准计算运费，30 克以上的包裹按照实际重量计算运费。每个单件包裹限重在 2 千克以内，免挂号费。

菜鸟超级经济-顺友（SunYou Economic Air Mail）是由顺友物流（Sypost）推出的针对 2 千克以下小件物品的经济类物流服务，可发化妆品、内置电池、外置不超过 2 块的电池，以及不超过 50 毫升的液体货物，限订单金额在 5 美元以下使用，可运送至全球 157 个国家及地区。这种物流服务按克计费，无首重限制，无处理费和挂号费，适合货值低、重量轻的物品。

② 简易类物流。邮政简易挂号服务可查询包括买家签收在内的关键环节物流追踪信息。

例如，菜鸟无忧物流-简易是专门针对速卖通卖家的小包货物推出的简易类物流服务，由平台售后和赔付，正常情况下的时效为 30 天左右，可设置运费模板，支持线上发货。

计费方式：俄罗斯、乌克兰、白俄罗斯、智利、英国、波兰、比利时、德国、荷兰、捷克、葡萄牙、法国、斯洛伐克、匈牙利、罗马尼亚、保加利亚、希腊、芬兰、丹麦、奥地利、斯洛文尼亚、克罗地亚、塞浦路斯、瑞典、爱尔兰、马耳他、卢森堡、韩国、意大利、立陶宛、拉脱维亚、爱沙尼亚、加拿大、以色列、巴西、挪威、塞尔维亚、斯里兰卡全境的运费根据包裹重量按克计费，1 克起重，单件包裹限重在 2 000 克以内；西班牙的运费根据包裹重量按克计费，1 克起重，单件包裹限重在 500 克以内。

③ 标准类物流。标准类物流包括邮政挂号服务和专线类服务，全程物流追踪信息可查询，是买家常用的物流方案之一。该物流方案包含商业物流、专线物流等，其中全球配送的物流方案承诺运达时间为 60 天，各个国家（或地区）专线物流承诺运达时间为 15～20 天。

菜鸟无忧物流-标准（AliExpress Standard Shipping）是菜鸟网络推出的优质物流服务，为速卖通卖家提供境内揽收、国际配送、物流详情追踪、物流纠纷处理、售后赔付一站式的物流解决方案。菜鸟网络与优质物流商合作，搭建覆盖全球的物流配送服务。该物流服务能够通过智能分单系统，根据目的地、货物品类、重量等因素，匹配出最佳物流方案，运送服务触达全球 254 个国家及地区，核心国家（或地区）预估时效 16～35 天。

计费方式：小包 1 克起重，按克计费；大包取实际重量与体积重［体积重=长（厘米）×宽（厘米）×高（厘米）÷8 000］中的较大者计重；欧向 25 国寄送货物 1 克起重，按克计费；其余国家，0.5 千克起重，按每 500 克计费。小包普货、小包非普货及大包计费标准不同，部分国家和地区不支持寄送大包货物。

◆ 小包计费：包裹申报重量≤2 千克，且包裹实际重量≤2 千克，且包裹单边长度≤60 厘米，且包裹长+宽+高<90 厘米。

◆ 大包计费：包裹申报重量>2 千克，或包裹实际重量>2 千克，或包裹单边长度>60 厘米，或包裹长+宽+高>90 厘米。

④ 快速类物流。快速类物流包括商业快递和邮政提供的快递服务，时效快，全程物流信息可

追踪查询，适合运送高货值货物。

菜鸟无忧物流-优先（AliExpress Prem um Shipping）是菜鸟网络推出的优质物流服务，运送范围覆盖全球 176 个国家及地区。该物流服务同样可以通过智能分单系统，根据目的地、货物品类、重量等因素，匹配出最佳物流方案，非偏远国家或地区预估时效 16～35 天。

计费方式：货物送往俄罗斯，首重 100 克，续重 100 克，最大运送 30 千克货物，以实际重量计费（不收取燃油费）。货物运往俄罗斯以外其他国家及地区：运送 30 千克及以下货物，首重按 500 克计算，续重以 500 克为一个单位计算；30～70 千克货物按千克计费。俄罗斯以外其他国家及地区，以体积重量和实际重量的较大者为计费重量，体积重量计算方式为：长（厘米）×宽（厘米）×高（厘米）÷5 000，结果单位为千克。此报价不含燃油费，燃油费另外收取。仓库根据包裹入库时的重量尺寸计算运费。

⑤ 海外仓物流。备货到海外仓，出单后直接从海外仓发货，时效更快、服务更好。

（2）跨境电商 B2B 物流方案制定。以阿里巴巴国际站为例，介绍平台提供的跨境电商 B2B 物流方案，其他平台的物流方案可以参照制定，跨境电商企业可以视企业情况、不同收货地情况、不同货物情况等选择适合自己的跨境电商 B2B 物流方案。阿里巴巴一达通前身是深圳市一达通企业服务有限公司，2014 年被阿里巴巴集团全资收购后，逐渐成为阿里巴巴国际站生态圈中的重要外贸综合服务平台，为中小企业提供专业、低成本的通关、外汇、退税及配套的物流和金融服务。阿里巴巴一达通国际物流平台主要提供海运、空运、快递、陆运等物流方案供 B2B 卖家选择。

阿里巴巴一达通海运已开通上海、宁波、深圳、大连、天津、青岛、厦门、广州八大起运港，可以提供海运整柜和拼箱、拖车、报关服务；在线查询船期、订舱服务；散货目的港送货到门等增值服务。阿里巴巴一达通海运业务流程如图 4-9 所示。

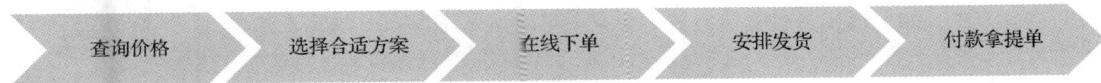

查询价格　→　选择合适方案　→　在线下单　→　安排发货　→　付款拿提单

图 4-9　阿里巴巴一达通海运业务流程

阿里巴巴一达通国际空运可以从北京、上海、杭州、广州、深圳等多个城市起运，航线覆盖 170 个目的国和地区，主要提供拖车、报关服务，支持在线查看空运运费、在线比价、在线下单服务。阿里巴巴一达通国际空运业务流程如图 4-10 所示。

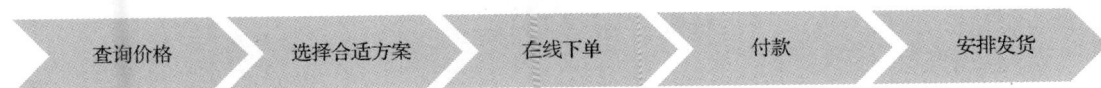

查询价格　→　选择合适方案　→　在线下单　→　付款　→　安排发货

图 4-10　阿里巴巴一达通国际空运业务流程

阿里巴巴一达通陆运业务包括拖车、铁路运输等业务。阿里巴巴一达通陆运业务流程如图 4-11 所示。

在线查询　→　在线下单　→　接单、派车　→　出账单　→　付款　→　返回签收单

图 4-11　阿里巴巴一达通陆运业务流程

阿里巴巴一达通国际快递业务目前已经实现 UPS 和 FedEx 上门取件，运费折扣低至 1.1 折，赠运费险，航线覆盖 200 多个目的国和地区。阿里巴巴一达通国际快递业务流程如图 4-12 所示。

查询价格　→　在线下单　→　冻结 20%运费　→　上门取件　→　账单结算

图 4-12　阿里巴巴一达通国际快递业务流程

速卖通无忧物流强在哪儿

与商家自己选择线上发货不同，在无忧物流中，商家不需要设置复杂的运费模块，只要一键选择"AliExpress 无忧物流"，即可完成运费模板设置。值得一提的是，无忧物流还提供境外段的物流信息查询服务，即使货物到了境外，商家也能够查询到物流信息，降低丢包率。与速卖通平台相连通，无忧物流在处理商家的售后纠纷中下了很大功夫。如果使用无忧物流，当物流纠纷发生时，平台会代替商家直接介入处理纠纷。当物流导致到期货物未妥投时，平台则会承担上限 1 200 元人民币的赔款，降低可能因此产生的资金损耗。由于无忧物流完备的物流纠纷解决流程和完善的赔付机制，使用过无忧物流的商家的 DSR 评分（店铺动态评分）有明显提升，且 NR（No Response，无应答）纠纷提起率也大幅下降。

【请思考】（1）速卖通无忧物流是如何服务于跨境电商发展的？
（2）从无忧物流的成功经验来看，作为物流从业人员，应如何提升自身的服务意识？

（二）跨境电商 B2C 线上发货

1. 物流运费模板设置

以速卖通平台为例，有标准运费、卖家承担运费（免运费）、自定义运费三种方式。

（1）标准运费设置：登录速卖通账号，依次执行【模板管理】—【运费模板】—【新增运费模板】命令，为该运费模板设置一个名称（不能输入中文），然后选择物流方式，并填写货物运达的时间和运费折扣。卖家可以选择自己支持的物流方式，如果选择多种物流方式，买家下单时可以根据自己的需求选择最适合的一种。选择标准运费，系统能根据买家下单时选择的目的地计算运费；填写好减免率后，系统会根据买家下单时选择的目的地以及产品的实际重量、尺寸生成对应的运费。

知识园地

国际物流运费设置技巧

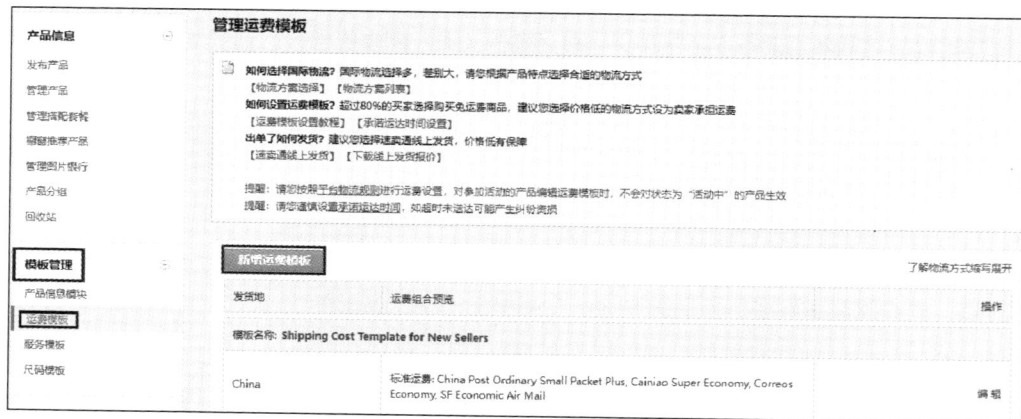

（2）卖家承担运费（免运费）设置：执行【模板管理】—【运费模板】—【新增运费模板】命令，选择合适的物流方式，选中【自定义运费】单选项，设置运费组合。

（3）自定义运费设置：分为两种情况，一种需要设置所有国家（或地区）免运费；另一种是设置部分国家（或地区）免运费，根据具体情况来设置。

设置运费模板的步骤如下。

（1）执行【模板管理】—【运费模板】—【新增运费模板】命令，如图 4-13 所示。

图 4-13　速卖通运费模板设置页面

（2）选择物流线路。在打开的页面中，输入新增运费模板的名称（只能输入英文和数字，不能输入中文），选择发货地和物流线路，进行运费设置。运费有标准运费、卖家承担（即免运费）、自定义运费三种方式可供选择。相关页面如图4-14所示。

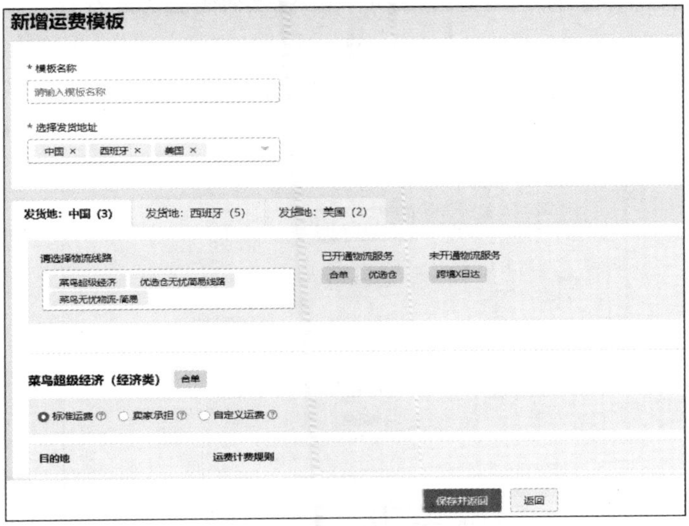

图4-14　速卖通运费模板设置页面

注意

物流线路的设置要符合物流方案列表和速卖通物流政策的要求，这样产品前台才会展示对应的物流线路。

（3）设置折扣比例。

① 如果选中【标准运费】单选项（见图4-15），可设置运费的计费规则，其中的减免百分比是指在物流公司标准运费的基础上给出的折扣。比如，物流公司的标准运费为100美元，输入的减免百分比是30%，买家实际支付的运费就是100×（1-30%）=70（美元）。

② 如果选中【卖家承担】单选项（见图4-16），则前台展示的运费为0，即卖家包邮，买家无须支付运费。

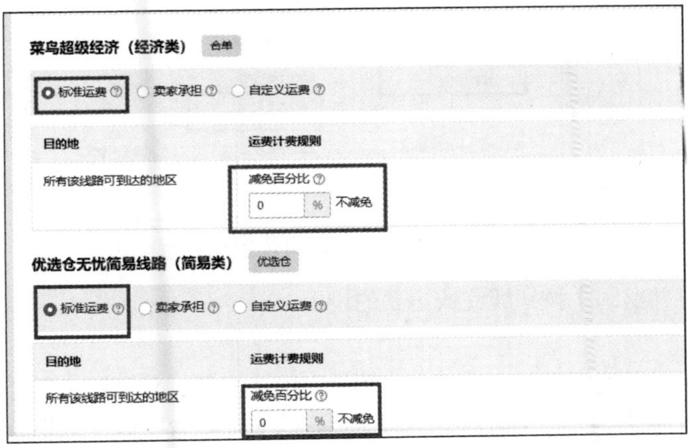

图4-15　标准运费设置

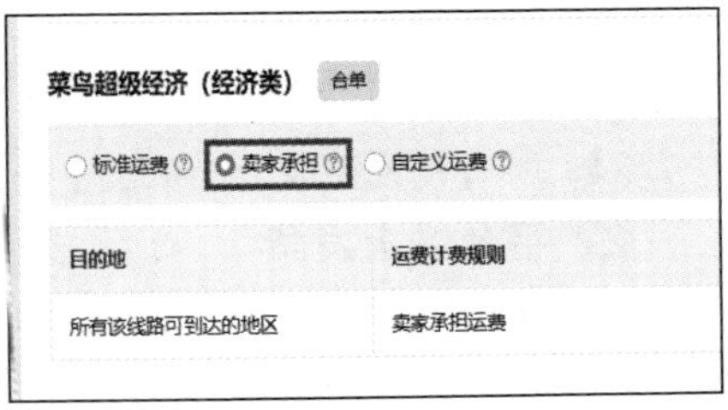

图4-16　卖家承担设置

③ 若选中【自定义运费】单选项，可以分别设置不同目的地的运费计算方式。

卖家可以设置按照重量计费（见图 4-17），如首重 0.5 千克，首重运费为 1 美元，每增加相应重量，再设置续加运费。

卖家也可以设置按数量计费（见图 4-18），如设置首批采购数量为 0～10 件，首批运费为 1 美元，每增加 1 件商品的续加运费是 0.5 美元。这里需要特别注意的是，采购数量在 10 件以内（含 10 件）的运费都是 1 美元，每增加 1 件商品是指 10 件之外的商品数量，如 12 件商品的运费为 2（1+0.5×2）美元。

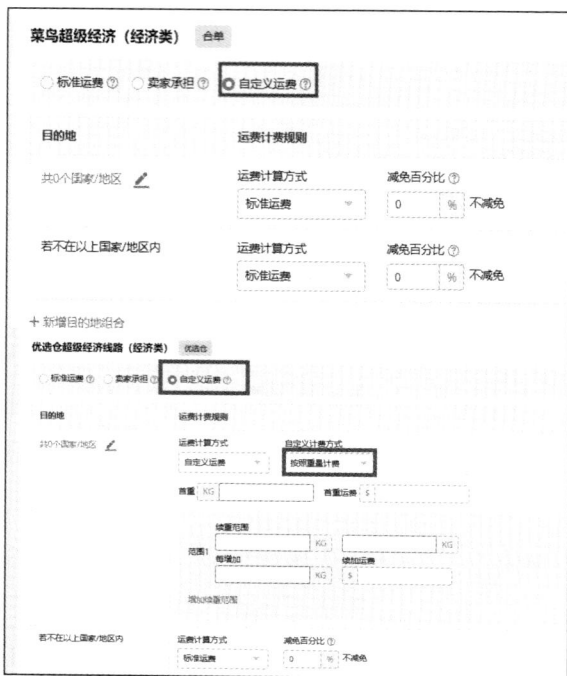

图 4-17　自定义运费设置——按照重量计费

卖家还可根据实际的物流情况对部分国家或地区设置为【不发货】，如图 4-19 所示。

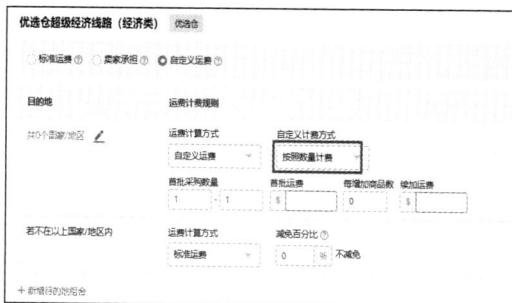

图 4-18　自定义运费设置——按照数量计费

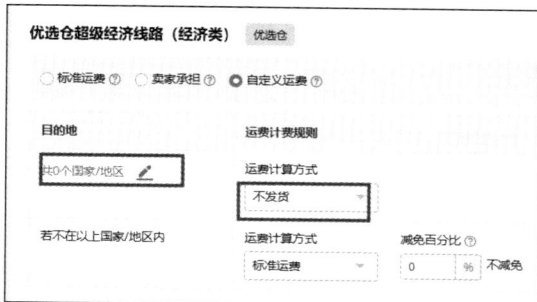

图 4-19　自定义运费设置——不发货

（4）所有设置完成后，单击【保存并返回】按钮即完成运费的设置。

2. 平台线上发货

以阿里巴巴速卖通平台为例，阿里巴巴速卖通线上发货是由阿里巴巴速卖通、菜鸟网络联合多家优质第三方物流商打造的物流服务体系。卖家使用线上发货需要在速卖通后台在线下载物流订单，物流商上门后（或卖家自寄至物流商仓库），卖家可在线支付运费并在线发起物流维权。阿里巴巴作为第三方将全程监督物流商服务质量，保障卖家权益。

卖家可以选择以下三种方式进行线上发货：

（1）在阿里巴巴速卖通后台进行线上发货操作；

（2）通过第三方软件（全球交易助手、打单宝、速卖通 ERP 等软件）进行线上发货操作；

（3）对接线上发货 API（应用编程接口），通过自有 ERP 进行线上发货操作。

下面简要介绍第一种方式，即在速卖通后台进行线上发货的操作步骤。

（1）执行【交易】—【所有订单】命令，选择状态为【等待您发货】的订单，可以看到所有等待发货的订单明细，选择需要发货的订单，单击【发货】按钮即可，如图 4-20 所示。

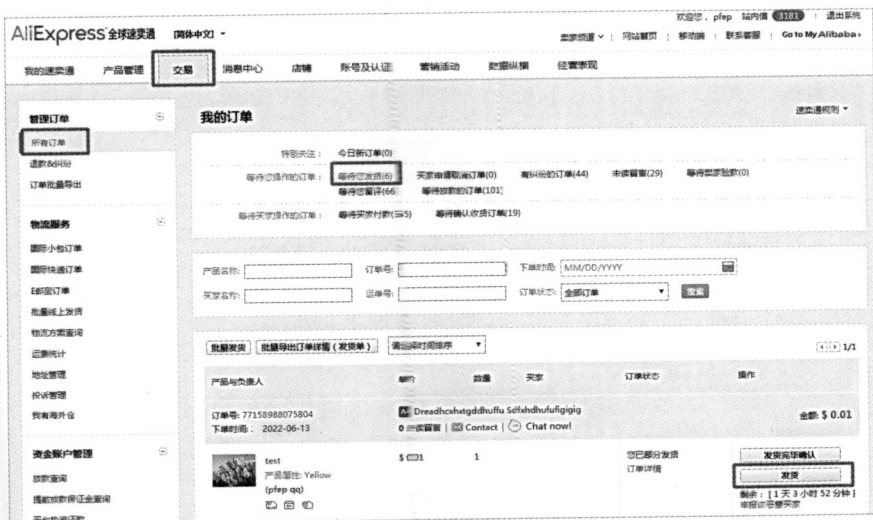

图 4-20　选择待发货订单并单击【发货】按钮

（2）在打开的页面中单击【线上发货】按钮，如图 4-21 示。对于已部分发货的订单，将会看到【填写发货通知】【发货完毕确认】【线上发货】三个按钮，如图 4-22 所示。这时可单击【线上发货】按钮，进入选择物流方案的环节。

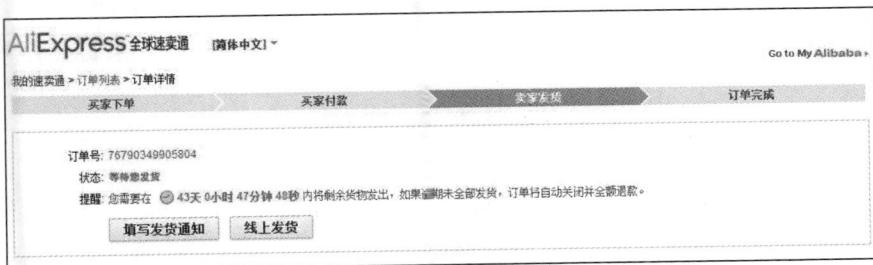

图 4-21　线上发货

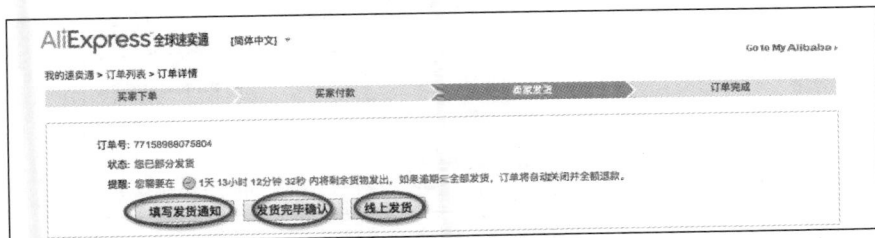

图 4-22　已部分发货的订单的发货页面

（3）选择物流方案。在"选择物流方案"页面，可选择需要的物流服务。当选择的物流服务与买家下单的服务不一致时，系统会弹出提示信息请卖家确认。物流方案设置完毕后，单击【下一步，创建物流订单】按钮，如图 4-23 所示。

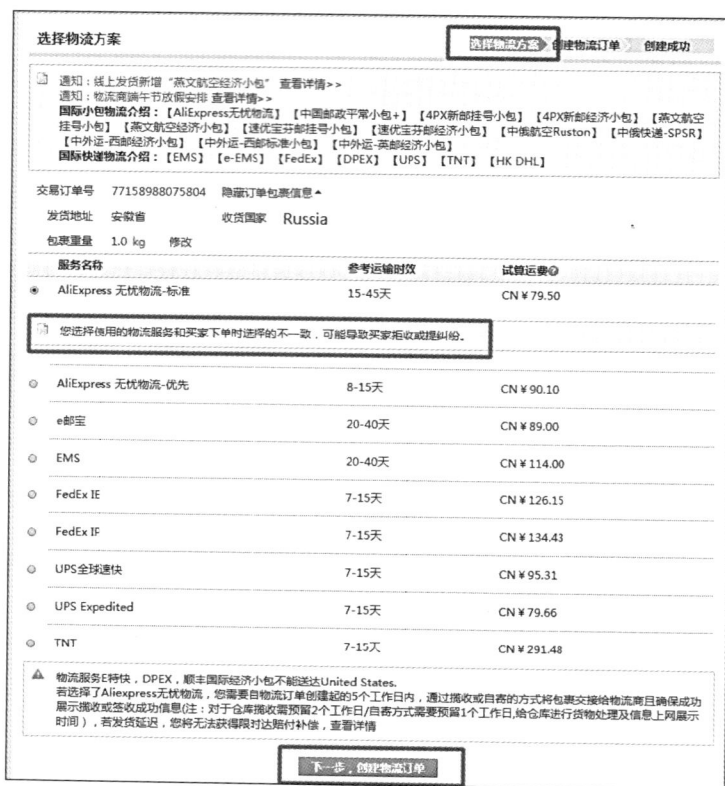

图 4-23　选择物流方案

（4）创建物流订单。图 4-24 所示为创建的物流订单。如果需要修改买家的收件信息，可以单击【修改收件信息】链接，系统会弹出收件信息，卖家可在此根据需要对收件信息进行修改，如图 4-25 所示。

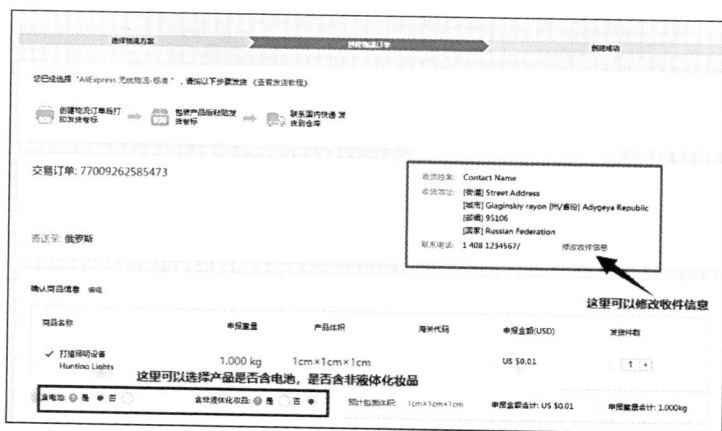

图 4-24　创建物流订单

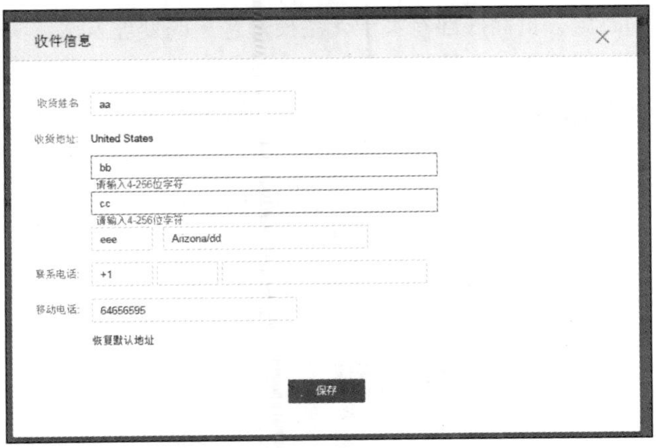

图 4-25　修改收件信息

确认买家收件信息后，卖家可以选择【免费上门揽货】或【自送至中转仓库】选项。如果发件地在物流商的揽收范围内，系统会自动分配对应的仓库。如果仓库所在地没有推荐的揽收仓，系统会弹出相应提示，如图 4-26 所示。如果继续选择【申请仓库上门揽收】选项，卖家务必先与仓库进行沟通看能否上门揽收，以免被仓库拒单，如图 4-27 所示。

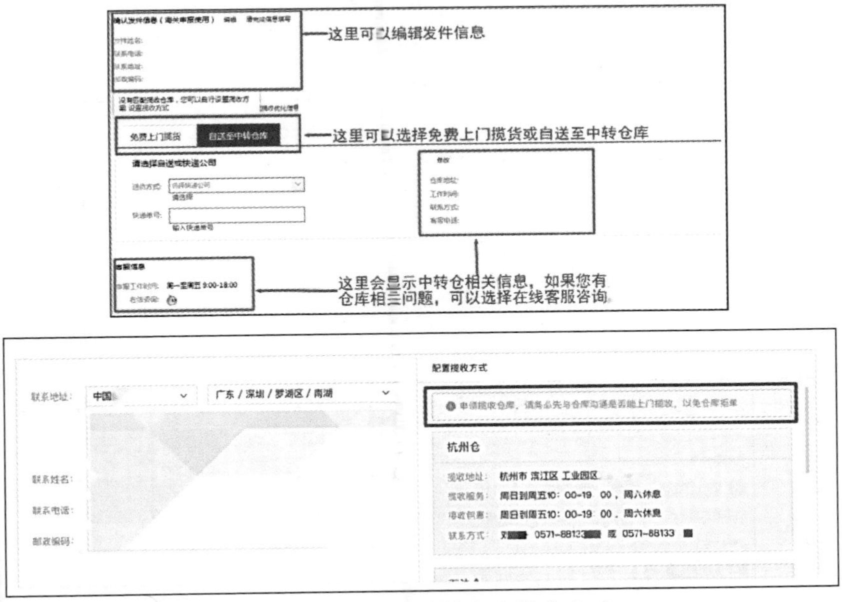

图 4-26　确认发件信息和揽收方式

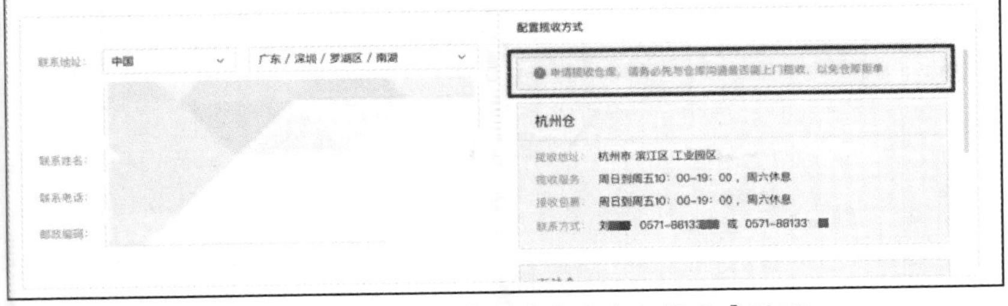

图 4-27　继续选择【申请仓库上门揽收】选项

在创建物流订单的时候，页面底部有关于无法投递包裹的处理方案。卖家可以根据需要，选择是否需要将包裹退回，或者在境外销毁。若选中【退回】单选项，每单会收取固定金额的退件服务费；若选中【销毁】单选项，不产生退件服务费，物流商会免费销毁包裹，如图4-28所示。

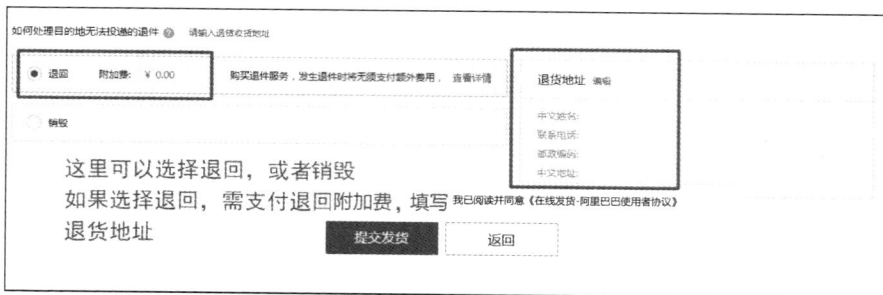

图4-28　设置包裹无法投递的处理方案

以上设置全部完成之后，勾选【我已阅读并同意《在线发货-阿里巴巴使用者协议》】，并单击【提交发货】按钮，如图4-29所示。至此，物流订单创建完毕。

（5）查看国际物流单号，打印发货标签。物流订单创建完毕之后，系统会提示"成功创建物流订单"。单

图4-29　提交发货

击【物流订单详情】链接，即可看到生成的国际物流单号，如图4-30所示。这时，卖家可以打印发货标签。

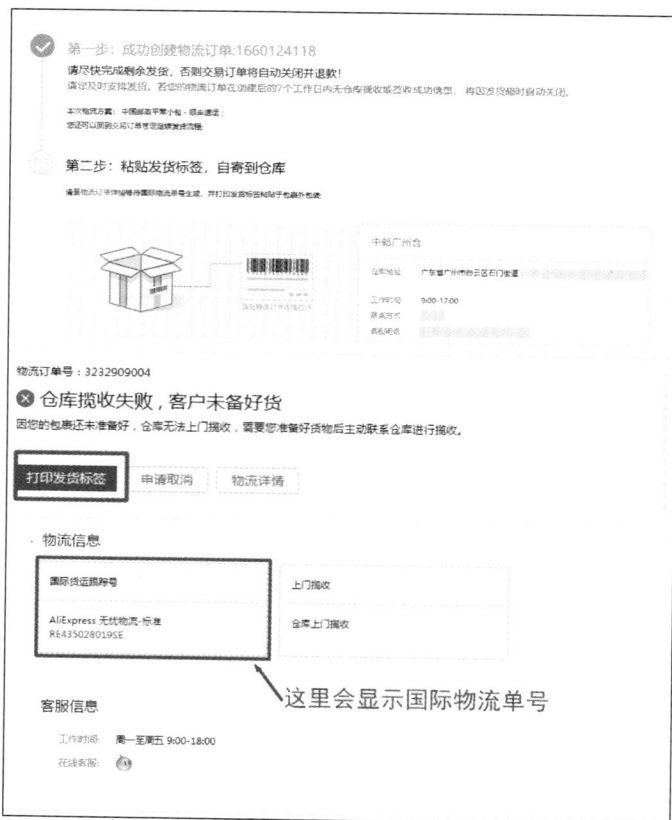

图4-30　查看物流订单详情并打印发货标签

（6）写发货通知。卖家在完成打包发货并交付物流商之后，即可填写发货通知，如图4-31所示。

图 4-31　填写发货通知

（7）按照发货情况和信息，填写完毕后单击【提交】按钮，即完成线上发货任务。

（三）跨境电商 B2B 线上发货

1. 物流运费模板设置

以阿里巴巴国际站为例，具体的物流运费模板设置如下。

（1）执行【交易管理】—【运费模板】命令，如图4-32所示。

（2）在打开的页面中单击【新建运费模板】按钮，输入模板名称，选择发货地，填写发货地邮编，并设置支持的物流方式、解决方案和运费调整比例等信息。

其中，支持的物流方式可为"快递"或"海运快箱"。解决方案有以下几种。

◆ 普货解决方案（一件代发专区适用）。适配行业/商品：服装、流行配饰、鞋帽、箱包、礼品工艺品、运动户外用品、包

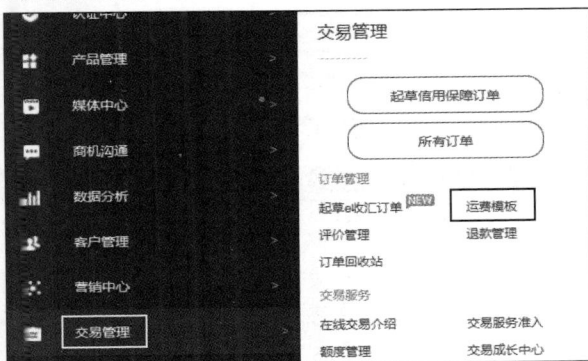

图 4-32　进入运费模板设置页面

装和印刷、宠物用品等行业中的普货商品。解决方案中的物流方式是系统推荐组合的，包括快递、小包、多式联运。

◆ 带电解决方案（一件代发专区适用）。适配行业/商品：手表、蓝牙耳机、智能穿戴设备、美容仪器、家用小电器等。电池和功率要求：仅支持内置电池和配套电池，功率≤100Wh（大功率不适用）。解决方案中的物流方式是系统推荐组合的，包括快递、小包、多式联运。

◆ 美容个护解决方案。适配行业/商品：口红、眼影、玻尿酸、沐浴露、洗发水、肥皂等。本套解决方案不适合含酒精类产品。

◆ 眼镜解决方案。适配行业/商品：眼镜。

◆ 自定义方案。

（3）单击【保存运费模板】按钮，完成运费模板设置。

2. 平台线上发货

仍以阿里巴巴国际站为例，该平台通过阿里巴巴一达通完成发货。阿里巴巴一达通是一家服务于中小微企业的外贸综合服务商，搭建了"数据=信用=财富"外贸平台的信用体系，以集约化的方式，为外贸企业提供快捷、低成本的通关、外汇、退税及配套的物流、金融服务，以电子商务的手段，解决外贸企业的服务难题。

使用阿里巴巴一达通发货的步骤如下。

（1）登录阿里巴巴一达通，进入阿里巴巴一达通操作平台，执行【物流服务】—【订单管理】命令，可以看到页面显示【海运】【空运】【快递】【陆运】等不同选项，如图4-33所示。

图4-33 查询物流方案

（2）以海运为例，这里选择【海运拼箱】选项，输入相关物流信息，如始发港、目的港、体积、重量、货好时间等，单击【运价查询】按钮，可以查询相关运价，如图4-34所示。

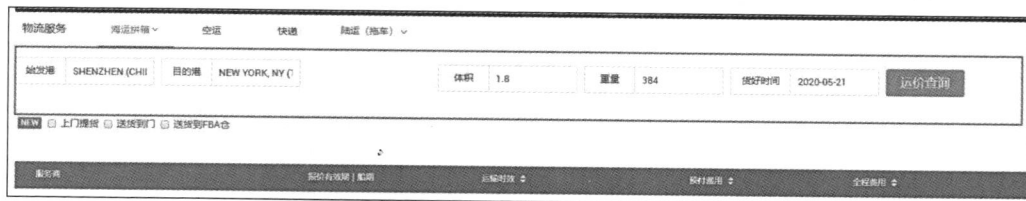

图4-34 填写物流信息

（3）在运价查询结果页面的【订舱】栏中，选择适合的船期，如图4-35所示。

举例来说，如果选择罗宾逊全球货运（上海）有限公司，单击【船期】按钮后会看到最晚进仓日期为2020年5月25日，预计开船日期是2020年5月31日。运输方式为直拼，无须转船。如果确认选择此船期，单击【下单】按钮即可，如图4-36所示。

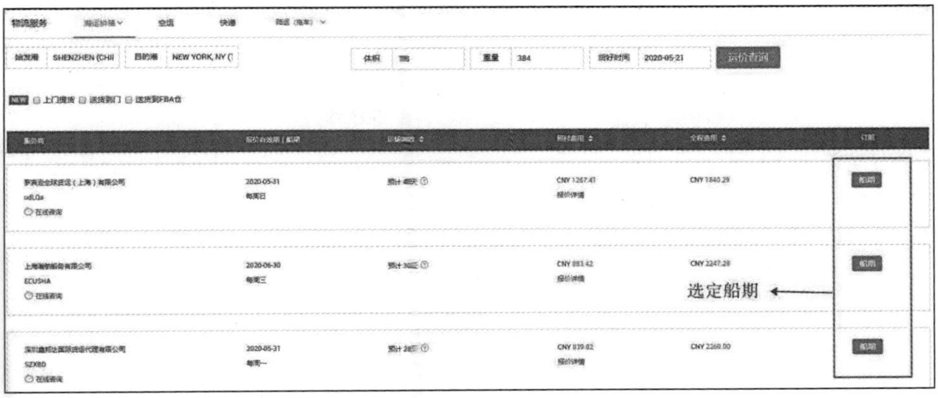

图 4-35　选择船期

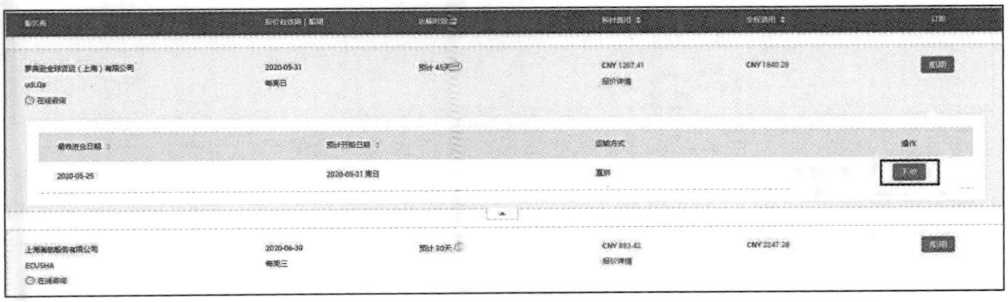

图 4-36　下单

（4）在打开的"船期信息及报关方式"页面，可以看到始发港为深圳，目的港为纽约，预计航程为 45 天。在此页面选择报关方式和报关资料的提供者，填写本单联系人信息，如图 4-37 所示。

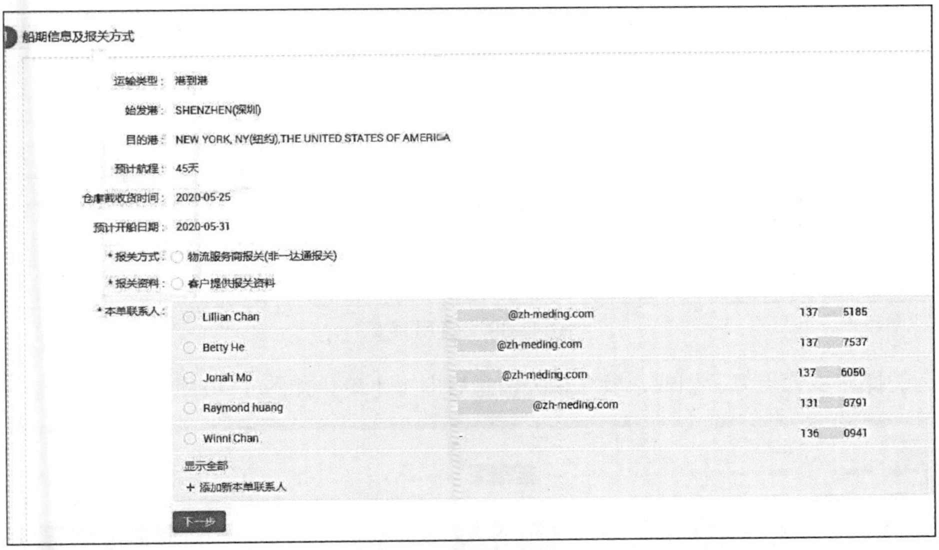

图 4-37　船期信息及报关方式

（5）填写收发货人及货物信息，如图 4-38 所示。发货公司的英文名称应与提单中的名称保持一致，用英文填写地址和联系人。收货人信息中，如果是指示提单，就勾选【TO ORDER】；如果是记名提单，就填写与提单上一致的收货公司名称、相关地址和联系人等信息。注意：不要忘记填写通知人信息。

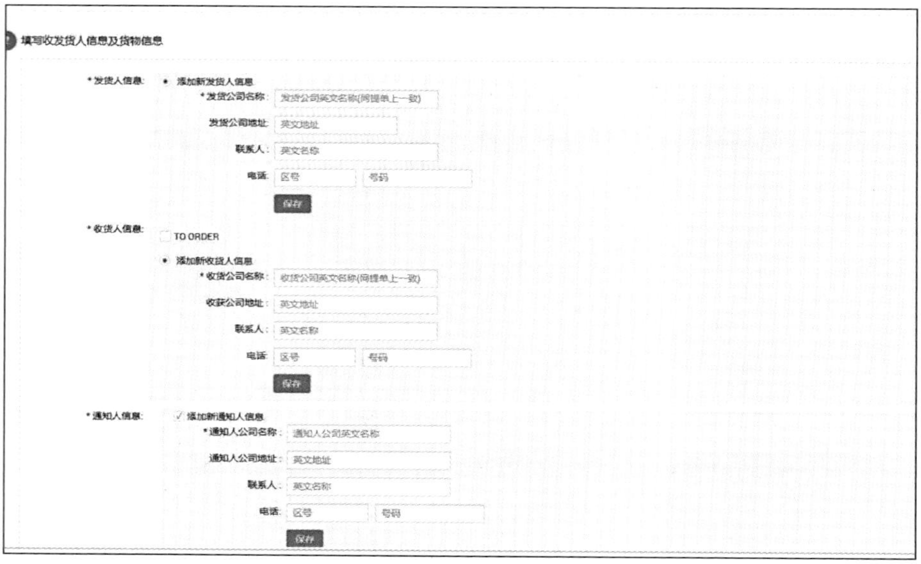

图 4-38　填写发货人、收货人及货物信息

（6）确定费用预算。在【支付币种】选项卡选择使用的支付情况，有全部人民币支付、全部
美元支付、海运费用美元支付（其他人民币支付）三种类型。【费用预算】选项卡中显示的费用是
根据前面填写的货物信息自动计算的，确认费用无误后，勾选【我已阅读并同意《国际物流服务
平台线上服务协议》】，并单击【下一步】按钮，如图4-39所示，然后在弹出的对话框中单击【确
定】按钮，即完成线上发货下单。

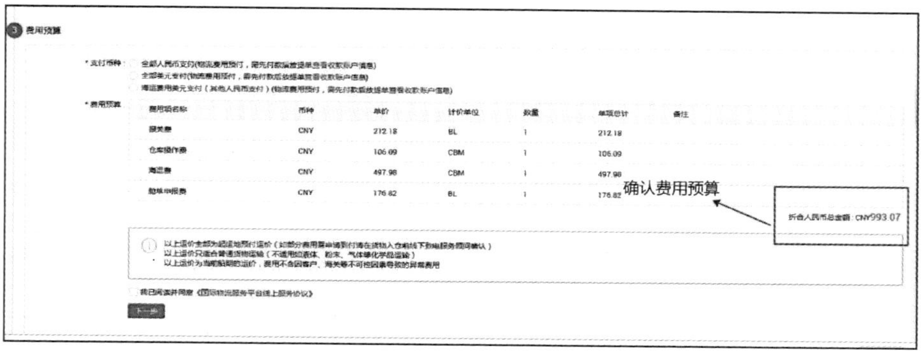

图 4-39　费用预算

空运的操作步骤与海运相似，填写相关信息后即可下单，如图4-40所示。

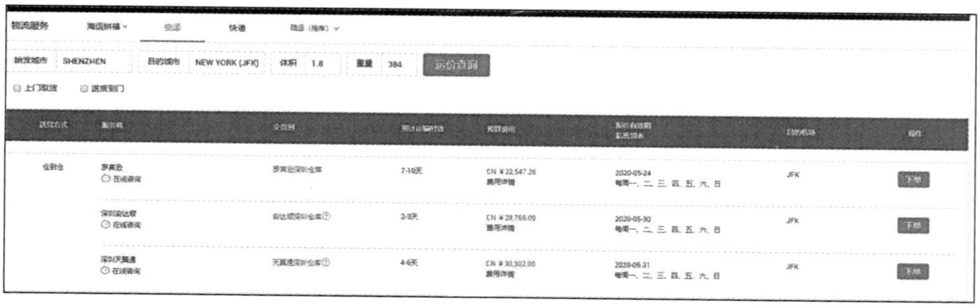

图 4-40　空运发货

测试与实训 ↓

项目测试

一、单选题

1. 邮政包裹类跨境电商物流方式一般要求包裹重量在（　　）千克以内。
   A. 1　　　　　　　　B. 2　　　　　　　　C. 3　　　　　　　　D. 4

2. CMA CGM Group 是指（　　）。
   A. 马士基航运　　　B. 地中海航运　　　C. 法国达飞轮船　　D. 中远海运集运

3. 国际航空运输的最小计费单位是（　　）千克。
   A. 0.5　　　　　　　B. 1　　　　　　　　C. 1.2　　　　　　　D. 2

4. 在国际快递运输时，物品体积折算成的重量称为（　　）。
   A. 毛重　　　　　　B. 体积重　　　　　C. 计费重　　　　　D. 实重

5. 航空公司主运单的缩写是（　　）。
   A. SAWB　　　　　　B. MAWB　　　　　　C. LAWB　　　　　　D. HAWB

6. 国际快递是指在（　　）国家（地区）之间进行的快递、物流业务。
   A. 两个或两个以上　B. 两个以上　　　　C. 两个　　　　　　D. 特指一个

7. 三大国际快递公司不包括（　　）。
   A. UPS　　　　　　　B. FedEx　　　　　　C. DHL　　　　　　　D. SF EXPRESS

8. 中国邮政推出的邮政物流商品中，递邮范围最广的是（　　）。
   A. e邮宝　　　　　　B. e特快　　　　　　C. 邮政小包　　　　D. e速宝

9. 专线物流的劣势为（　　）。
   A. 价格高　　　　　B. 揽件范围有限　　C. 丢包率高　　　　D. 效率差

10. 阿里巴巴国际站配套的主要发货方式是（　　）。
    A. 中国邮政　　　　B. 专线物流　　　　C. 阿里巴巴一达通　D. 菜鸟物流

二、多选题

1. 影响跨境电商物流方案的因素包括（　　）。
   A. 跨境电商企业的规模和实力　　　　　　B. 货物性质
   C. 物流时效与成本　　　　　　　　　　　D. 跨境电商平台的资源支持

2. 快递物流可分为（　　）。
   A. FedEx　　　　　　B. UPS　　　　　　　C. DHL　　　　　　　D. e速宝

3. 线上发货流程包括（　　）。
   A. 选择物流方案　　　　　　　　　　　　B. 创建物流订单
   C. 货物打包交给物流商　　　　　　　　　D. 填写发货通知

4. 航空货运单是（　　）。
   A. 运费收据　　　　B. 报关单据　　　　C. 保险证明　　　　D. 运输合同

5. 按照提单收货人抬头分类，提单有（　　）。
   A. 清洁提单　　　　B. 不清洁提单　　　C. 记名提单
   D. 指示提单　　　　E. 不记名提单

6. 以下提单属于非法提单的有（　　）。
   A. 倒签提单　　　　B. 预借提单　　　　C. 顺签提单　　　　D. 过期提单

7. 班轮运输的特点包括（　　　）。

　　A. 有固定航线　　　　B. 有固定港口　　　　C. 有固定的货源　　　　D. 有固定船期

8. 铁路运输西、中、东三条中欧班列运输通道的出境口有（　　　）。

　　A. 阿拉山口（霍尔果斯）　　　　　　　　B. 二连浩特

　　C. 满洲里（绥芬河）　　　　　　　　　　D. 海拉尔

9. 专线物流适合运输（　　　）的货物。

　　A. 价值高　　　　B. 对时效要求高　　　　C. 多批次　　　　D. 小批量

10. 海运船期表的主要内容有（　　　）。

　　A. ETA　　　　　　B. ETD　　　　　　C. POD

　　D. SI CUT OFF　　　E. POL

三、判断题

1. 中国邮政小包的限重为 70 千克。（　　　）

2. 载货船船长无权签发提单。（　　　）

3. 空运发货中，体积重量的换算标准为每 6 000 立方厘米折合为 1 千克。（　　　）

4. 提单是货物的承运人或其代理人收到货物后，签发给托运人的一种证件。（　　　）

5. 中欧班列运费计算的主要依据是《国际铁路货物联运统一过境运价规程》《国际铁路货物联运协定》和我国的《铁路货物运价规则》。（　　　）

6. 国际 e 邮宝属国际专线的物流方式之一。（　　　）

7. 同国际快递相比，邮政物流是比较经济的物流商品。（　　　）

8. 无忧物流是全球速卖通的主要物流方式。（　　　）

9. 国际快递的业务流程其实和国内快递的业务流程是一样的。（　　　）

10. 专线物流之所以价格低廉，主要是因为其通过陆路运输。（　　　）

四、简答题

1. 简述 e 邮宝的特点。

2. 简述燕文专线的优劣势。

3. 简述海运出口操作流程。

4. 简述空运出口操作流程。

5. 全球速卖通物流方案主要有哪几类？

五、计算题

1. 从天津运往肯尼亚内罗毕港口一批不锈钢工具，共计 100 箱。每箱体积为 20 厘米×30 厘米×40 厘米，每箱重量为 25 千克。当时燃油附加费的费率为 40%。内罗毕港口拥挤附加费为 10%。计费标准为 W/M，等级为 10 级，对应的费率为 443 元。请计算应收运费。

2. 西班牙客人在某知名服装定制网站定制了一件衬衫，包装重量为 450 克，包装体积为 20 厘米×10 厘米×8 厘米，拟选用 UPS 商业快递邮寄，请计算运费。（查 UPS 的报价表可知，中国到西班牙的报价为 230 元/0.5 千克，货物重量每增加 0.5 千克，运费加 62 元。）

3. 某票货物从宁波港出口到英国伦敦，整箱运输，5×40′GP。宁波到伦敦的费率为 3 700 美元/40′GP，宁波港经新加坡转船，其费率在宁波直达伦敦的费率基础上加 200 美元/40′GP，另有旺季附加费 370 美元/40′GP，燃油附加费 180 美元/40′GP。问：

（1）该票货物"ALL IN RATE"的报价是多少？

（2）托运人应支付多少运费？

项目实训

一、邮政物流的资费对比与评价

请根据本项目学习的邮政物流知识，在网上选择一款重量为 1～2 千克的商品，查询相关物流企业的报价，针对 3 种邮政物流方式，计算该商品的邮政物流费用，完成任务工单 4-1，并给出总体评价。

任务工单 4-1　邮政物流的资费对比与评价

商品名称				发货地		
商品重量				目的地		
商品体积				备注		
序号	物流方式	重量限制	体积限制	时效性	费用	优缺点
1						
2						
3						
总体评价						

二、专线物流的资费对比与评价

请根据本项目学习的专线物流知识，在网上选择一款重量为 1～2 千克的商品，查询相关物流企业的报价，计算该商品的专线物流费用，完成任务工单 4-2，并给出总体评价。

任务工单 4-2　专线物流的资费对比与评价

商品名称				发货地		
商品重量				目的地		
商品体积				是否属于特殊商品		
序号	物流方式	重量限制	体积限制	时效性	运费	分析评价
1						
2						
3						
总体评价						

三、海运发货相关术语

请根据本项目学习的海运发货知识，完成任务工单 4-3。

任务工单 4-3　海运发货相关术语英文表述练习

中文	英文	中文	英文	中文	英文
新加坡		门到门		标准箱	
鹿特丹		门到港		高柜	
釜山		门到站		大柜	
神户		港到港		小柜	
西雅图		港到门		挂衣箱	
长滩		港到站		冷藏箱	
汉堡		站到门		吊柜费	
热那亚		站到港		海运费	
多哈		站到站		提单费	

四、航空运价计算

根据以下资料计算运费，并填写任务工单 4-4。

Routing：Beijing, China (BJS) to Tokyo, Japan (TYO)

Commodity：MACHINERY

Gross Weight：2Pieces　　EACH18.9 kgs

Dimensions：2Pieces 70cm×47cm×35cm×2

34～45 千克对应的运价如图 4-41 所示。

BEIJING	CN		BJS
Y.RENMINBI	CNY		KGS
TOKYO	JP	M	230.00
		N	37.51
		45	28.13

图 4-41　航空运价

任务工单 4-4　航空运费单

No. of Pieces RCP	Gross Weight	kg lb	Rate Class	Commodity Item No.	Chargeable Weight	Rate/Charge	Total	Nature and Quantity of Goods

五、阿里巴巴全球速卖通运费模板设置

1. 新建 1 个运费模板，中国发货，发往俄罗斯、美国、加拿大、英国、日本、韩国、巴西、新西兰、澳大利亚，卖家包邮，中国邮政小包，承诺运达时间为 30 天。

2. 新建 1 个运费模板，中国发货，发往阿根廷、黎巴嫩，标准运费减免 10%，中国邮政小包，承诺运达时间为 30 天。

请将设置过程用 PPT 演示。

巩固拓展 ↓

📖 敲黑板

1. 邮政物流可分为邮政小包、e邮宝、e速宝等。

2. 快递物流可分为 FedEx、UPS、DHL、顺丰国际小包、EMS 等。

3. 专线物流，又称货运专线，是指物流公司用自己的货车、专车或者航空资源，运送货物至其专线目的地。一般在目的地有自己的分公司或者合作网点，以便货车来回都有货装。按照服务对象的不同，专线物流可以分为跨境电商平台企业专线物流和国际物流企业专线物流。

4. 海运出口操作流程主要环节有：接单审单—订舱—集港—报关—提单确认与签发。海运进口操作流程主要环节有：收货人预备进口单据—换单—报检、报关—办理设备交接单—提箱、提货。

5. 空运出口程序包含以下环节：达成出口意向—委托运输—审核单证—预配舱—预订舱—接单—填制航空货运单—接收货物—贴标签—配舱—订舱—出口报关—编制出仓单—提板、箱与装货—签单—交接发运—航班追踪—信息服务—费用结算。

6. 中欧班列出口操作流程：填写出口委托书—填制运输单证—出口报关—发车—口岸交接。中欧班列进口操作流程：换单—进口报关—每关审价—税费缴纳—查验放行。

7. 跨境电商物流方案设计的主要影响因素有跨境电商企业的规模和实力、货物性质、物流时效、物流成本、跨境电商平台的资源支持。阿里巴巴速卖通物流方案主要有经济类物流、简易类物流、标准类物流、快速类物流、海外仓物流。

📖 案例拓展

2021年，我国跨境电商进出口继续保持良好发展势头，跨境电商进出口8 867亿元，同比增长28.6%。其中，出口6 036亿元，增长44.1%，进口2 831亿元，跨境电商行业正迈入发展成熟期。这一阶段，供应链整合、精细化运营、沉浸式购物等创新商业模式成为新的发展方向。对于跨境电商企业来说，只有具备有竞争力的供应链系统，企业才能够获得强大的国际竞争力。

供应链管理系统为跨境供应链需求者提供商、关、检、税、汇等一站式服务。跨境电商的火热得益于消费升级下的大趋势及资本的青睐，也离不开快速崛起的跨境电商平台及优质的供应链管理系统。毋庸置疑，跨境电商单打独斗的时代已过去，通过搭建健康发展和有针对性的供应链系统，企业将会在未来获得各种重要的优势。背后的供应链乃至生态圈的竞争已经开始，中国跨境电商B2B供应链将迎来一个新的时代。

【请思考】（1）跨境电商供应链如何助力跨境电商产业高质量发展？
（2）跨境电商供应链从业人员应如何拓展自己的国际视野？

📖 项目实践

请结合所学内容，调研广东省农产品跨境电商出口采用的主要发货模式，分析采用不同发货模式的原因和优势，形成调研报告。

学习笔记

项目五
跨境电商供应链通关

👤 学习目标

知识目标

1. 掌握跨境电商通关的概念、主体及其职责；
2. 了解跨境电商通关平台的功能；
3. 掌握跨境电商 B2C 通关模式的含义、业务流程及监管要求；
4. 掌握跨境电商 B2B 通关模式的含义、业务流程及监管要求；
5. 掌握跨境电商 C2C 通关模式的含义、业务流程及监管要求；
6. 掌握跨境电商零售进出口商品申报清单的构成要素。

能力目标

1. 能够根据企业跨境电商订单需求选择合适的通关模式；
2. 能够根据选定的跨境电商通关模式填制申报清单，完成通关操作。

素养目标

1. 培养自觉维护国家安全与形象的家国情怀；
2. 弘扬诚信精神，坚守职业道德底线和法律底线；
3. 树立创新意识。

👤 职业技能等级要求

📖 **跨境电商 B2C 数据运营**

能够根据海关通关合规要求合理设计通关方案，采用跨境电商通关新模式完成通关。

📖 **跨境电商 B2B 数据运营**

1. 能依据海关要求提供报关资料；
2. 能按交期完成报关报检相关委托事宜。

👤 案例导入

在繁忙的广州南沙港码头，满载各种进出口货物的车辆在港区穿梭。2020 年 7 月起，这里又多了跨境电商 B2B（企业对企业）出口货物的身影。一辆满载服装、家居用品、办公用品等货物的货柜车开往南沙海关监管作业场所，在 15 分钟内完成通关手续，随后货物从南沙港装船离境。2020 年 10 月 15 日上午 11 时，多批厢式货车顺序驶入，停靠在广州白云机场国际航空货站收货平台，工作人员将货物从车上卸下，送入收货平台的 X 光机中进行安检，同时向海关发送出口货物运抵指令。广州海关通过智能化系统将货物信息与查验指令进行对碰，发送"查验"或"放行"指令，需要查验的货物被直接运往海关查验区，海关关员按规定对 B2B 出口货物实施优先查验，快速核对品名、规格和数量信息，并利用 AI 识图等技术对产品商标进行确权后快速放行。无须查验的货物则可直接组装，等候航班停靠后装载出口，通关用时不到 60 分钟。新模式下，不仅通关时间大大缩短，而且申报过程也更加简便。广州南沙港的广州市凯越货运代理有限公司办公室里，工作人员正登录中国国际贸易单一窗口平台，向海关申报 9710 清单出口货物信息。广州海关发挥首批试点海关优势，积极推进跨境电商 B2B 出口试点工作，打通了海、陆、空等多渠道，实现了跨境电商 B2B 直接出口（9710）、跨境电商出口海外仓（9810）监管方式下业务类型全覆盖。

【请思考】（1）什么是跨境电商通关？

（2）跨境电商通关涉及哪些主体？

（3）我国跨境电商通关模式有哪些创新？

新知准备 ↓

📖 思维导图

跨境电商供应链通关
- 跨境电商通关基础
  - 跨境电商通关主体
  - 跨境电商通关平台
  - 跨境电商通关资质办理
  - 跨境电商商品管理
  - 跨境电商目的国（地区）清关
- 跨境电商B2C通关
  - 1210模式通关
  - 1239模式通关
  - 9610模式通关
- 跨境电商B2B通关
  - 9710模式通关
  - 9810模式通关
  - 1039模式通关
- 跨境电商C2C通关
  - 邮政渠道通关
  - 快递渠道通关
- 跨境电商监管模式对比与选择
  - 跨境电商监管模式对比
  - 跨境电商监管模式选择

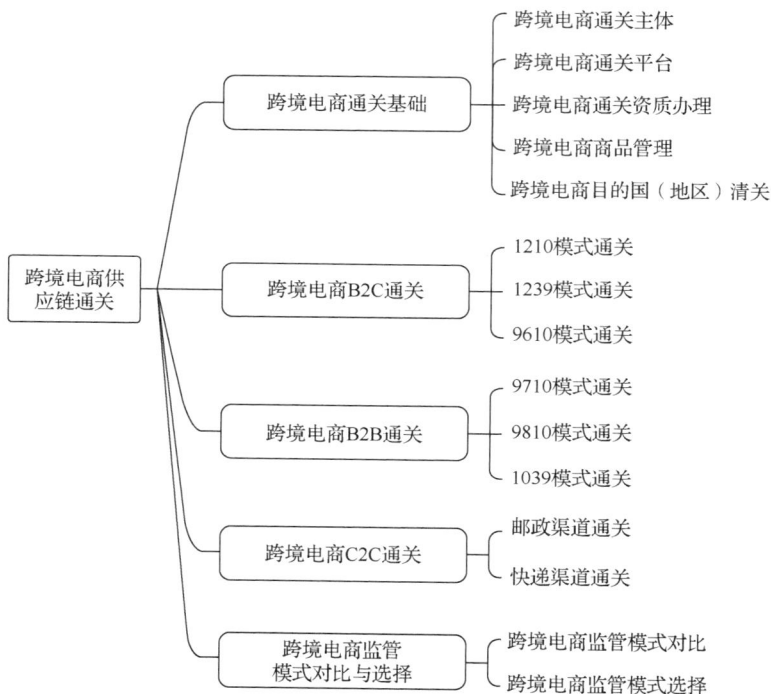

一、跨境电商通关基础

跨境电商通关是跨境电商中一个必不可少的关键环节。下面将从跨境电商通关主体、通关平台、通关资质办理、商品管理、目的国（地区）清关五个方面展开介绍。

知识园地

世界海关组织

（一）跨境电商通关主体

1. 跨境电商通关监管部门：海关

海关是根据国家法令，对进出关境的运输工具、货物、行李物品、邮递物品和其他物品进行监督管理、征收关税和其他税费、出入境检验检疫、查缉走私和编制海关统计的国家行政管理机关，一般设立在国家对外开放的口岸和海关监管业务集中的地点。海关是国家行政机关、国家进出境监督管理机关，海关的监督管理属于国家行政执法活动。

一个国家的海关法令可以全面实施的地域，被称为关境或税境。关境与国境有所不同，国境是指一个国家行使全部主权的领土范围，包括领土、领海、领空。关境和国境的关系存在三种情况：关境大于国境，关境小于国境，关境等于国境。关境大于国境通常是指几个国家结成关税同盟，组成一个共同的关境，实施统一的关税法令和对外税则，如欧盟；关境小于国境通常是指国境内设立自由港、自由贸易区，如我国香港、澳门和"台澎金马"（台湾、澎湖、金门、马祖）是单独关境区，我国的国境大于关境；关境等于国境的情况适用于大多数国家。

素质提升：家国情怀　　**为世界跨境电商贡献"中国智慧"**

作为跨境电商监管链条的关键环节，海关正面临着跨境电商快速增长带来的机遇和挑战。与传统贸易模式相比，跨境电商具有碎片化、小额化、高频次的特征，这给海关传统监管模式提出了新课题。2018年2月9日至10日，首届世界海关跨境电商大会在北京举行，全球各国（或地区）海关、政府部门、国际组织等近两千名代表出席会议，探讨普惠共享、创新实践、技术引领、未来发展展望、"一带一路"倡议所带来的电商发展新机遇等议题，大会发布《北京宣言》。其中，我国海关牵头制定的世界海关跨境电商国际规则《跨境电商标准框架》，是世界海关跨境电商监管与服务的首个指导性文件，标志着我国在世界海关跨境电商国际规则制定方面发挥了引领作用，为跨境电商可持续发展贡献了"中国智慧"。

《跨境电商标准框架》主要内容包括：一是阐述跨境电商现状、趋势和特点，强调政府部门对跨境电商的"包容、审慎、创新、协同"的监管理念，改革监管模式，通过优化监管和服务，促进跨境电商的健康快速发展；二是分析机遇和挑战，指出跨境电商的快速增长给贸易便利化和安全保障、公平有效的税收和维护社会安全等方面带来的新挑战；三是明确跨境电商监管和法律框架应基于协调性原则，确保跨境电商国际立法与境内立法相互协调；四是介绍跨境电商的商业模式，其按照交易主体划分主要包括B2B、B2C和C2C等；五是确定跨境电商各利益相关方的角色和责任；六是梳理通过邮政渠道、国际快递、空运、海运及其他方式运输的跨境电商货物通关流程；七是明确跨境电商管理核心原则。

知识园地

跨境电商标准框架

【请思考】（1）海关的职能是什么？
　　　　　（2）我国海关为全球跨境电商发展贡献了哪些中国智慧？

---

2. 跨境电商通关相关企业

跨境电商通关相关企业共有5种类型，分别是跨境电商企业、跨境电商企业境内代理人、跨境电商平台企业、支付企业、物流企业。

参与跨境电商零售出口业务的企业应当向所在地海关办理信息登记，如需办理报关业务，还应向所在地海关办理备案登记。

跨境电商企业是指自境外向境内消费者销售跨境电商零售进口商品的境外注册企业（不包括在海关特殊监管区域或保税物流中心内注册的企业），或者境内向境外消费者销售跨境电商零售出口商品的企业，为商品的货权所有人。

跨境电商企业境内代理人指开展跨境电商零售进口业务的境外注册企业所委托的境内代理企业。

跨境电商平台企业是指在境内办理工商登记，为交易双方（消费者和跨境电商企业）提供网页空间、虚拟交易场所、交易规则、信息发布等服务，设立供交易双方独立开展交易活动的信息网络系统的经营者，如速卖通、亚马逊、阿里巴巴国际站等第三方平台运营方。

支付企业是指在境内办理工商登记，接受跨境电商平台企业或跨境电商企业境内代理人委托为其提供跨境电商零售进出口支付服务的银行、非银行支付机构及银联等。支付企业为银行的，应具备国家金融监督管理总局颁发的金融许可证；支付企业为非银行支付机构的，应具备中国人民银行颁发的支付业务许可证，支付业务范围应当包括互联网支付。

物流企业是指在境内办理工商登记，接受跨境电商平台企业、跨境电商企业或其境内代理人委托为其提供跨境电商零售进出口物流服务的企业。参与跨境电商业务的物流企业还应获得国家邮政管理部门颁发的快递业务经营许可证。直购进口模式下，物流企业应为邮政企业或者已向海关办理代理报关登记手续的进出境快件运营人。

（二）跨境电商通关平台

国际贸易单一窗口是一项国际贸易便利化措施，是指参与国际贸易和运输的相关各方通过单一平台一次性提交标准化信息和单证，满足相关法律法规和监管的要求。如果是电子报文，可一次性提交各项数据。

国际贸易单一窗口主要分为三种模式：一是瑞典的"单一机构"模式，即由一个机构来处理进出口业务，机构在收到企业申报数据后直接进行处理；二是美国的"单一系统"模式，系统只负责电子数据的收集和分发，政府各部门负责业务处理；三是新加坡的"公共平台"模式，企业只需填制一张电子表格就可以向不同的政府部门申报数据，政府部门处理后会将结果自动反馈给企业。

目前我国跨境电商通关平台是中国国际贸易单一窗口平台，其源于2013年9月上海自贸区试行的"一口受理"模式。我国国际贸易单一窗口平台具有一点接入、一次提交、一次查检、一键跟踪、一站办理的"五个一"功能特色，能够提高国际贸易供应链各参与方系统间的交互性，优化通关业务流程，提高申报效率，缩短通关时间，降低企业成本，促进贸易便利化。截至2021年12月，中国国际贸易单一窗口平台基本功能包括19大类81项，累计注册用户502万家，日申报业务量1 400余万票，服务覆盖全国所有口岸和各类特殊区域，能够满足企业"一站式"业务办理需求，并持续向口岸物流、贸易服务等全链条拓展，成为口岸和国际贸易领域重要的贸易服务平台。

🔍 素质提升：创新精神 中国国际贸易单一窗口创新服务模式，提升跨境贸易便利化

2022年12月28日，中国国际贸易单一窗口门户网站海南自由贸易港服务专区（简称"服务专区"）正式上线，可以为企业提供"一站式"海南自由贸易港特色服务。特色服务包括零关税、离岛免税、物流协同、公服平台、智慧关务五个栏目。

服务专区上线是中国国际贸易单一窗口不断创新服务模式的一个缩影。自2016年建设以来，中国国际贸易单一窗口围绕"一点接入、一次提交、一次查验、一键跟踪、一站办理"功能目标，不断进行制度创新、模式创新。它的主要功能是"三大"，即大通关、大物流、大外贸；它的主要特点是"三跨"，即跨地区、跨行业、跨部门。企业足不出户，就可向海关、外汇、税务等部门一次性提交相关申报资料，一窗通办相关部门业务，实现了口岸各部门间的信息共享和业务协同，进出口环节38种监管证件全部通过中国国际贸易单一窗口实现联网核查、无纸通关。

除了执法类的业务之外，中国国际贸易单一窗口利用数据聚集优势，与金融保险机构

合作，创新推出"外贸+金融"模式，有效解决了中小微外贸企业融资难、融资贵的问题，惠及企业 20 余万家。中国国际贸易单一窗口还大力推进与港口、铁路、民航、公路等物流节点的对接和信息双向交互试点，创新"通关+物流"模式，降低物流成本，提高物流效率。根据规划，中国国际贸易单一窗口将向更利化、智能化、国际化的"三化"方向发展，海关总署将会同相关部门不断拓展单一窗口的更多新功能，为我国外贸更高质量发展提供基础平台支撑。

【请思考】（1）中国国际贸易单一窗口要实现哪些功能目标？
（2）中国国际贸易单一窗口未来的发展方向是什么？

（三）跨境电商通关资质办理

根据《关于跨境电子商务零售进出口商品有关监管事宜的公告》（海关总署公告 2018 年第 194 号）中的相关规定，跨境电子商务平台企业、物流企业、支付企业等参与跨境电子商务零售进口业务的企业，应当向所在地海关办理备案登记；境外跨境电子商务企业应委托境内代理人向该代理人所在地海关办理备案登记。跨境电商企业申请进出口货物收发货人、报关企业备案的，应当取得市场主体资格。

1. 备案登记

（1）办理海关报关单位备案登记。跨境电商企业需要进行报关单位备案，其中已备案的进出口货物收发货人需要办理变更业务备案申请，增列跨境业务。仅在跨境电商平台上从事跨境电商零售业务并通过行邮渠道邮寄商品的跨境电商企业无须办理报关单位备案。企业通过中国国际贸易单一窗口标准版"企业资质"子系统或"互联网+海关"一体化网上办事平台"企业管理和稽查"—"企业资质办理"子系统填写相关信息，并向海关提交申请。

（2）办理中国电子口岸 IC 卡。在完成海关备案登记之后，跨境电商企业需在企业注册地中国电子口岸数据中心制卡中心办理中国电子口岸 IC 卡。办卡需要填写 A 类业务登记表、中国电子口岸企业情况登记表并加盖公章（办理信息变更业务无须填写中国电子口岸企业情况登记表）。

（3）跨境电商企业类型备案。未办理海关报关单位备案的跨境电商相关企业，可在报关单位备案时同步完成跨境电商企业类型备案；已办理海关报关单位备案的，可以通过变更企业信息的方式进行跨境电商企业类型备案。申请单位持 IC 卡或 Ikey 登录中国国际贸易单一窗口，选择"标准版应用"中"企业资质"项下的"企业资质"，单击"海关企业通用资质"项下"企业注册登记"的"注册变更信息申请"，变更时需要勾选对应企业类型，如"电子商务企业""电子商务交易平台""物流企业""支付企业""监管场所经营人"等，并可复选。提交变更申请时，应在"经营范围"栏目注明"跨境电子商务类型"和"跨境电子商务网站网址"，变更完成后保存、提交即可。

2. 申请海关传输编号

企业可以登录电子口岸网站申请海关传输编号（DXPID）。申请海关传输编号需要提交电子口岸跨境电商业务开户申请表及上传电子口岸数据交换平台用户申请表；企业可同时申请海关传输编号和数字签名证书，也可先申请海关传输编号，再申请数字签名证书。

3. 申请加密证书

根据海关总署公告 2018 年第 113 号的要求，跨境电商进出口业务各申报主体需要对所申报及传输的电子单证数据使用数字签名技术。申请数字签名证书的企业可通过专业加密加签设备、企业中国电子口岸 IC 卡或 Ikey 三种方式对电子单证数据进行加签，其中专业加密加签设备是操作便捷、传输效率高且稳定的加签方式。

（四）跨境电商商品管理

1. 正面清单管理

正面清单是指跨境电商零售进口商品清单，我国对跨境电商零售进口实施正面清单管理，非清单内商品不得以跨境电商零售进口方式入境销售。申请人在进行商品备案时需要审核备案商品是否属于清单目录所列商品。财政部等8部门发布公告，自2022年3月1日起，在跨境电商零售进口商品清单（2019年版）的基础上，优化调整跨境电商零售进口商品清单，增加了滑雪用具、家用洗碟机、番茄汁等29项近年来消费需求旺盛的商品。同时，根据近年我国税则税目变化情况调整了部分商品的税则号列，根据监管要求调整优化了部分清单商品备注。经过调整，清单商品总数达到1 476个。

知识园地

跨境电子商务零售
进口商品清单

2. 负面清单管理

负面清单管理是指在负面清单内的商品，禁止以跨境电商形式入境。根据负面清单，下列商品不得以跨境电商形式入境：

（1）《中华人民共和国进出境动植物检疫法》规定的禁止进境物；

（2）未获得检验检疫准入的动植物源性食品；

（3）列入《危险化学品名录》《剧毒化学品目录》《易制毒化学品的分类和品种名录》《中国严格限制的有毒化学品目录》的化学品；

（4）微生物、人体组织、生物制品、血液及其制品等特殊物品；

（5）可能危及公共安全的核生化等涉恐及放射性等产品；

（6）废旧物品；

（7）以国际快递或邮寄方式进境的跨境电商商品，还应符合《中华人民共和国禁止携带、邮寄的动植物及其产品名录》的要求；

（8）法律法规禁止进境的其他产品和国家质检总局（现国家市场监督管理总局）公告禁止进境的产品。

需要注意的是，通过国际快递或邮寄方式进境的动植物及其产品和其他需检验检疫物品，能够提供国家有关行政主管部门的审批许可证书，并具有输出国家或地区官方机构出具的检疫证书，可以进境。对于个人携带的猫、狗等宠物，应提供有效的输出国家或地区官方出具的检疫证书和疫苗接种证书，并植入有效电子芯片，且每人仅限一只。

（五）跨境电商目的国（地区）清关

跨境电商通关往往还涉及目的国（地区）清关。我国与目的国（地区）在通关政策和流程上可能存在差异，下面以欧盟和美国为例进行介绍。

1. 欧盟清关

欧盟清关的方式分直接报关和间接报关两种。直接报关是企业通过委托书授权代理公司以委托人的名义进行申报，委托人承担缴纳税费责任；间接报关是企业通过委托书授权代理人以自己的名义代表委托人申报，委托人和代理人均可承担缴纳税费责任。

欧盟清关的流程主要有资质准备、报关申报、海关查验、缴税放行及递延清关等环节，如图5-1所示。资质准备阶段，跨境电商企业首先准备纳税人识别号和经营者注册号。报关申报分为电子申报和纸质申报两种，需要准备的单证有"欧盟统一报关单"、供货商发票、合同、提单、运单、装货单、装箱清单、保险证明、银行汇票、进口货物许可证等。海关批准进口后，将向进口商或其代理人签发进口入境许可书。进口商或其代理人可在货物运抵口岸后14天内申报。海关查验分随机查验和人工布控查验。大多数进口货物在海关通过申报文件形式审查放行。涉及危险货物等高风险货物或者海关认为有必要进一步查验的货物将进行人工查验。缴税放行阶段，进口货物应根据相关法律法规缴纳关税、增值税等税费。进口增值税可以通过递延清关模式延期缴纳。报关文件齐全、足额缴纳税费或按规定提供担保的进口货物，海关将予以放行。递延清关是指货物进口时只需要缴纳关税，而不需要立即缴纳进口增值税，可递延至最终配送国家（地区）完成货物销售后，以缴纳销售增值税的方式抵扣进口增值税。通过递延清关，进口企业在货物进口时只需缴纳关税，无须立即缴纳进口增值税，这种方式有利于提高资金利用率。

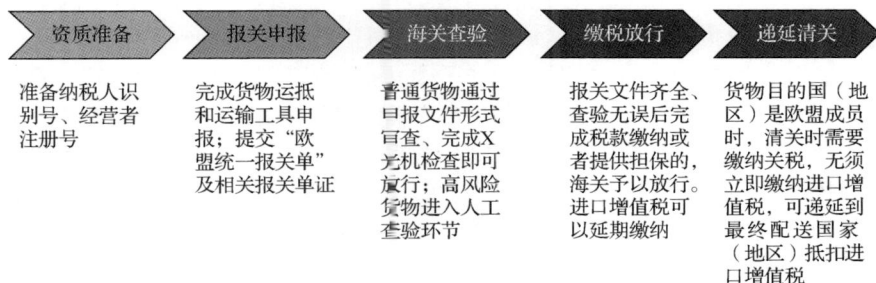

图 5-1　欧盟清关业务流程

2. 美国清关

美国清关的方式有直接报关和间接报关两种，都需要用到美国收货人的税号（The Internal Revenue Service No.，简称 IRS No.或 Tax ID）和购买保证金（Bond）。其中，IRS No.是美国收货人在美国国税局登记的一个纳税人识别号；保证金需要进口商向美国海关购买，有年保证金（Annual Bond）和单次保证金（Single Bond）两种。年保证金，即每年只需购买一次，适用于经常进口货物的进口商；单次保证金，适用于不经常进口货物的进口商。

美国清关流程主要有资质准备、报关申报、海关查验、缴税放行四个阶段，如图 5-2 所示。在资质准备阶段，确认税号和保证金后，还需要准备委托书（Power of Attorney，POA）、进口安全申报（ISF）、原产地标志、美国反恐舱单系统（AMS）等资料。报关申报阶段，向海关申报的方式有电子申报和纸质申报两种。报关行在货物预备到港或抵达内陆点 5 天之内进行申报，需提供相关单证。海关查验阶段，美国海关查验方式主要有四种，分别是基础查验（Vacis Exam）、机器扫描查验（CET）、开柜查验（Tail Gate）、人工查验（MET）。其中，基础查验是美国海关常使用的一种查验方式，主要审核清关相关文件（包括海关舱单和清关文件），一般在船靠目的港码头后 24 小时内完成。缴税放行阶段，若货柜被美国海关放行，货主可安排卡车到港口把货物提走，然后派送到消费者手中。

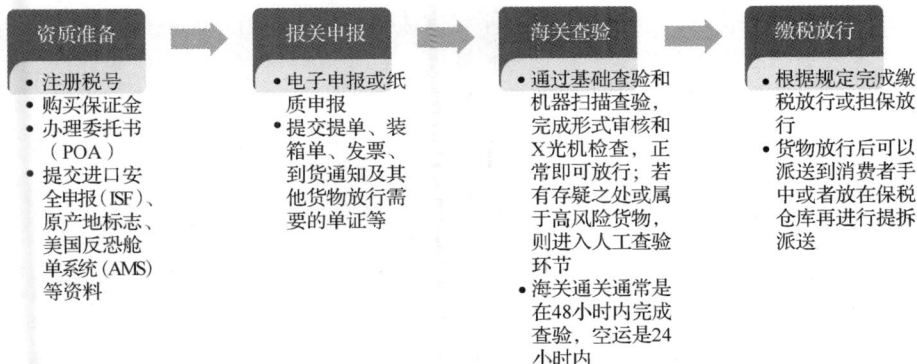

图 5-2　美国清关业务流程

二、跨境电商 B2C 通关

跨境电商 B2C 通关模式主要包含 1210、1239、9610 三种模式，其中 1210、9610 模式均有跨境电商进口和出口业务，1239 模式仅有进口业务。从目前跨境电商的发展来看，在进口业务中，1210 模式是主流；而在出口业务中，9610 模式是主流。

（一）1210 模式通关

1. 含义

根据海关总署公告 2014 年第 57 号，1210 全称为"保税跨境贸易电子商务"，简称"保税电商"，是指境内个人或电商企业在经海关认可的电商平台实现跨境交易，并通过海关特殊监管区域或保税监管场所进出电商零售进出境商品［海关特殊监管区域、保税监管场所与境内区外（场所外）之间通过电商平台交易的零售进出口商品不适用该监管方式］。1210 模式是目前境内天猫、京东等跨境电商平台进口业务采用的主流模式。

2. 功能与适用范围

1210 模式简化了通关程序，便于企业拓展境外资源，境内供货商只需备货在保税仓，便能触达终端，从而为跨境出口搭建了多元化渠道；"入区即退税"（保税区除外），有效缩短了企业资金运转周期，减少了退税时间成本；货物批量入区及集货运输出口，方便了各种贸易属性货物的混装和拼柜，有效降低了企业物流成本；跨境电商出口退货渠道畅通，保障了跨境商品"出得去、退得回"，方便了退货，解决了企业后顾之忧。

1210 模式适用于进口时仅限经批准开展跨境贸易电商进口试点的海关特殊监管区域和保税物流中心（B 型）。随着政策的落实与推进，1210 模式适用于所有自贸试验区、跨境电商综试区、综合保税区、进口贸易促进创新示范区、保税物流中心（B 型）所在城市（及区域）。截至 2022 年年底，全国共有 86 个城市（地区）和海南全岛区域（中心）开展的网购保税进口业务适用 1210 模式。

3. 业务操作

基本业务操作可以分为五个阶段：入区准备，跨境电商企业将商品批量备货至海关特殊监管区域内的保税仓库；交易管理，境外消费者下单；通关申报，跨境电商企业根据订单为每件商品办理海关通关手续；查验放行，在保税仓库完成贴面单和打包，经海关查验放行；物流配送，跨境电商企业委托物流企业将商品配送至境外消费者手中。下面分别以出口业务和进口业务进行说明。

（1）出口业务操作。1210 特殊区域出口分为跨境电商特殊区域包裹零售出口和跨境电商特殊区域出口海外仓零售两种形式。

跨境电商特殊区域包裹零售出口是指货物通过一般贸易出口方式进入综合保税区等特殊区域，海关对其实行账册管理，企业通过电商平台完成销售后，在特殊区域内将货物打包，拼箱离境后送至境外消费者手中的模式。在这一模式下，企业可取得出口退税。企业须先在海关特殊监管区域内设立符合要求的仓库，进行电商资质备案，同海关等实现信息化系统对接，在金关二期系统设立"出口跨境电商"用途的专用电子账册，此后才可以开展跨境电商特殊区域包裹零售出口业务。跨境电商特殊区域包裹零售出口业务流程如下。

① 商品进入海关特殊监管区域。区内企业在金关二期系统申报进口核注清单，区外企业填报出口报关单（监管方式为一般贸易）；区内企业再申报入区核放单，商品入区。

② 商品零售后从海关特殊监管区域离境。境外消费者通过跨境电商平台下单并支付，相关企业将交易、收款、物流等信息传输给海关，在跨境电商统一版系统填报申报清单（监管方式代码 1210），海关比对相关信息无误后放行。企业将货物打包后（包裹上贴有为境外消费者配送的快递单），将该批次已放行的申报清单在金关二期系统归并后生成出口核注清单（监管方式代码 1210），

再申报出区核放单，申报成功后该批次包裹出区。根据所在综合保税区是否包含出境口岸，企业可选择直接出口或者办理转关手续至出境口岸后离境。

跨境电商特殊区域出口海外仓零售是指货物通过一般贸易出口方式进入综合保税区等特殊区域，海关对其实行账册管理，企业在特殊区域内完成理货、拼箱，再批量出口至海外仓，境外电商平台完成零售后将商品从海外仓打包送至境外消费者手中的模式。对 1210 特殊区域出口海外仓零售而言，企业还应在海关进行出口海外仓业务模式备案，提供海外仓证明材料，在金关二期系统设立用途是"海外仓"的电子账册，其他要求及流程与特殊区域普通货物出口基本相同。在跨境电商特殊区域出口海外仓零售形式下，入区申报监管方式为"一般贸易"（0110），出区填制出口报关单申报，监管方式填写"保税电商"（1210）。

1210 模式出口业务流程如图 5-3 所示。

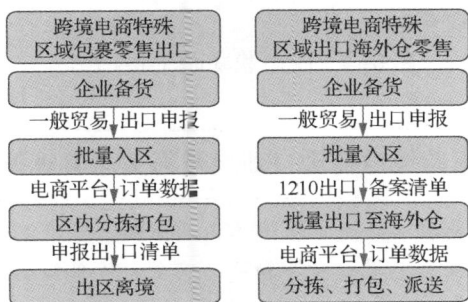

图 5-3　1210 模式出口业务流程

特殊区域跨境电商包裹零售出口的商品发生退货时，企业通过中国国际贸易单一窗口或跨境电子商务通关服务平台向海关提交退货申请，退货申请的商品种类、数量等不得超出原出口清单的范围，电商企业、平台企业须与原出口清单所列的一致。退货商品由境外退运至原特殊区域时，区内企业向海关申报保税核注清单，根据保税核注清单数据归并生成进口报关单/进境备案清单，并在报关单/备案清单录入界面的"业务事项"选项中勾选"跨境电商海外仓"，监管代码为"退运货物"（4561），在备注栏首位填写区内原出口报关单号/出境备案清单号。需要注意的是，退货企业应在申报清单放行之日起 30 日内向海关申请，并在申报清单放行之日起 45 日内将退货商品运抵原海关监管作业场所、原海关特殊监管区域或保税物流中心（B 型）。

知识园地

跨境电子商务零售
进口商品申报清单

（2）进口业务操作。1210 模式进口业务在海关特殊监管区域或者保税物流中心（B 型）内开展，业务流程如图 5-4 所示。跨境电商企业将跨境电商商品通过国际物流批量运输至境内并申报进口核注清单，报关单放行以后，可以申报入区核放单，获准入区后可以完成货物入库。进口货物保税入库后在 1210 模式下有两种形态：一是跨境电商企业自己将货物在电商平台上架销售（B2C），二是跨境电商企业（转出企业）将货物以保税区区间结转的方式（监管方式为保税间货物，代码为 1200）结转给另一家同样经营 1210 进口业务的跨境电商企业（转入企业），由后者在跨境电商平台进行销售（B2B2C）。采用第二种形态需要先办理保税区区间结转，之后业务流程与第一种一样。首先是相关业务主体分别进行订单、支付单、运单及清单的申报，海关审核通过后进行出口核注清单申报，核注清单类型为"保税电商"，监管方式为"料件进出区"等（保税区区间结转业务时为"保税间货物"），运输方式为"其他运输"，清单类型是"普通清单"，报关标志为"非报关"。核注清单申报通过后，报关企业可以在中国国际贸易单一窗口申报出区核放单，核放单的类型为"二线进出区"，进出标志为"出区"，待核放单数据状态显示"海关终审通过"，货物就可以出区。放行后，由境内物流公司将包裹派送给境内消费者。

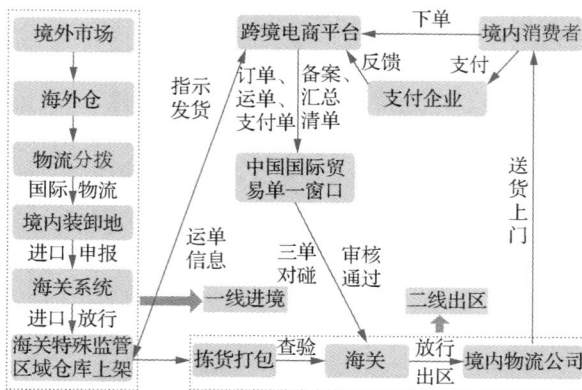

图 5-4 1210 模式进口业务流程

素质提升：诚信精神　跨境电商进口违规被海关总署查处

　　跨境电商企业进口的商品必须是申报清单内的商品，跨境电商企业不得进口涉及危害口岸公共卫生安全、生物安全、进口食品和商品安全、侵犯知识产权的商品，以及其他禁限商品。2021 年 12 月，海关总署组织全国 19 个直属海关开展 2021 年跨境电商进口消费品质量安全风险监测工作，监测对象包括牙刷、服装、婴童用品、家用电器等 13 个类别的跨境电商进口消费品，共抽检 562 批，有 55 批不符合我国产品标准中质量安全有关要求，风险发现率为 9.79%，主要风险项目包括牙刷的磨毛、规格尺寸，婴儿服装的绳带、附件抗拉强力，推车的锐利边缘和尖端，玩具的小零件、塑料包装袋厚度、使用说明，儿童口罩的颗粒物过滤效率、断裂强力、外观质量，电吹风的防触电保护、插头、电源软线、标志等。2020 年年底，深圳海关在查验一批以跨境电商模式申报进口的化妆品时发现，该批货物总价明显低报，且该批货物的随行快递单及购买人身份信息均为伪造。经查，该批货物货主采取刷单方式伪造订单、运单、支付单，将本应以一般贸易方式进口的货物伪报成跨境电商渠道进口的货物，待货物从口岸入境后，转关至佛山、广州从化等地办理清关，再委托境内运输公司将货物运送给深圳的终端货主，货主收货后通过实体店铺、淘宝店铺等方式将走私货物销售牟利。

　　【请思考】跨境电商企业应如何坚持诚信精神？

（二）1239 模式通关

1. 含义

　　根据海关总署公告 2016 年第 75 号，1239 全称为"保税跨境贸易电子商务 A"，简称"保税电商 A"。

2. 功能与适用范围

　　1239 模式下，跨境电商企业可以提前批量备货至保税仓库，有订单后可立即从保税仓发货，这种方式的国际物流成本低，通关效率高；程序简单，便于企业拓展境外资源；退货方便，可及时响应售后服务需求，用户体验好；便于各种贸易属性货物的混装和拼柜。1239 模式适用于境内电商企业通过试点城市之外的海关特殊监管区域或保税物流中心（B 型）一线进境的跨境电商零售进口商品。

3.　业务操作

基本业务流程与 1210 一致，境外货主会将批量商品储存在保税仓内，消费者在平台下单，平台将订单明细推送给保税仓，电商企业根据订单办理海关通关手续，保税仓打包包裹，联系境内快递公司取货，快递公司将包裹派送给消费者。

具体来讲，1239 模式的通关分为以下几个阶段。①前期准备阶段：经营跨境电商 B2C 进口业务的企业需要先取得外贸经营权，并完成相关口岸监管系统的注册、备案等操作，选择有跨境业务报关资质的报关行作为通关代理。②入区准备阶段：跨境电商企业进行商品备案、申请账册并通知境外发货，货物运抵一线口岸后，接收贸易业务单据（包括发票、装箱单、提单等），准备好货物明细单，关检整合预录入，先进后排核放单录入，从一线入境口岸转关到特殊监管区进行报关。③入区通关阶段：车（运输车辆）、单（核放单）关联，查验、核销（舱单）、报关，场站理货入库，先进后放核放单补录入。④出区通关阶段：货物在电商平台上架销售之后，货物开始出区通关，申报清单数据，分送集报申请单变更，清单确认、归并申报，个人物品放行，缴纳跨境电商综合税，办理核销。

1239 模式的业务流程与 1210 模式的进口业务流程基本相同，区别在于采用 1239 模式清关时，部分商品需要提供通关单；1239 模式适用于 1210 模式适用范围之外的区域（中心）。

（三）9610 模式通关

1.　含义

根据海关总署公告 2014 年第 12 号，9610 全称为跨境贸易电子商务，简称"电子商务"。

2.　功能与适用范围

9610 模式可以为跨境电商出口企业沉淀数据，为企业的发展做出更好的规划；为跨境电商出口企业提供退税，降低企业成本，让产品在境外市场更具竞争力；通过清单核放、汇总申报，提高跨境电商出口企业通关效率。

9610 模式用于境内个人或电商企业通过电商交易平台实现交易，并采用"清单核放、汇总申报"模式办理通关手续的零售进出口商品（通过海关特殊监管区域或保税监管场所一线的电商零售进出口商品除外）。9610 出口针对的是小规模出口，如国际快递出口发货，也就是俗称的集货模式；9610 进口被称为直邮进口模式。

3.　业务操作

（1）出口业务操作。

①企业备案/注册阶段：跨境电商企业或其代理人向海关完成企业备案、出口商品备案，将商品上架跨境电商平台，通过物流企业将商品发往平台仓库。②形成交易数据阶段：境外消费者在跨境电商出口平台下单，形成订单、支付单和物流运单数据。③通关申报阶段：跨境电商企业或平台将电子订单、支付凭证、电子运单等传输给海关，在商品进入海关监管仓库后，跨境电商企业或其代理人向海关提交申报清单，一般情况下通过"清单核放、汇总申报"方式办理报关手续。④离境结关阶段：海关完成查验后，商品从海关监管仓库放行，然后通过国际物流渠道送至消费者手中。⑤申报退税阶段：出口企业办理结汇和退税。

9610 模式出口业务流程如图 5-5 所示。

"清单核放、汇总申报"是指跨境电商零售商品出口后，跨境电商企业或其代理人应当于每月 15 日前（当月 15 日是法定节假日或者法定休息日的，顺延至其后的第一个工作日），将上月结关的申报清单依据清单表头"八个同一"规则（同一收发货人、同一运输方式、同一生产销售单位、同一运抵地、同一出境关别，以及清单表体同一最终目的地、同一海关商品编码、同一币制）进行归并，汇总形成出口报关单向海关申报，报关单上监管方式代码栏填写"电子商务"（9610）。

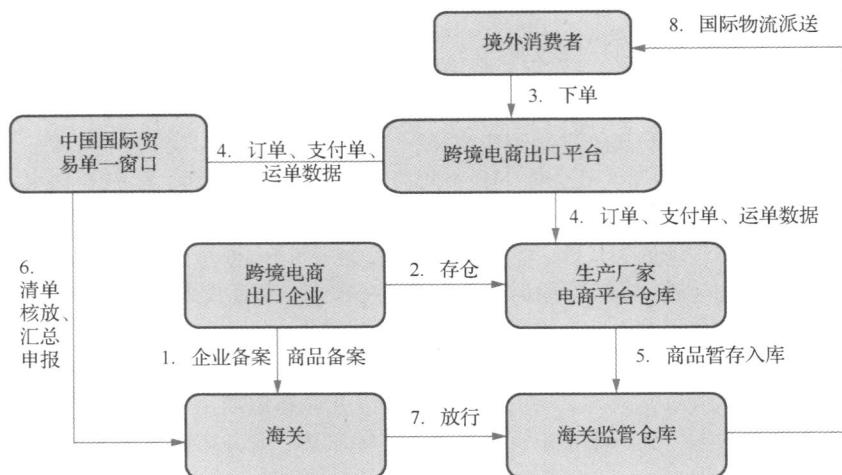

图 5-5　9610 模式出口业务流程

汇总申报模式下，清单申报业务类型为"B"，商品编码为 10 位海关编码，商品第一计量单位为法定计量单位，汇总形成中华人民共和国海关出口货物报关单（以下简称"出口报关单"）向海关申报。

以"清单核放、汇总统计"方式办理报关手续的，清单申报业务类型为"A"，商品编码前4 位按税则归类申报，后 6 位补"0"，商品第一法定计量单位为"千克"，不再汇总形成出口报关单。

开展跨境电商零售出口退货业务的企业，可以对原出口报关单、出口申报清单、出境货物备案清单所列全部或部分商品申请退货。跨境电商零售出口及特殊区域包裹零售出口模式下，出口商品可单独运回，也可批量运回。跨境电商出口海外仓及特殊区域出口海外仓零售模式仅适用因品质或规格原因向海关办理出口商品退货申请的情况，退货商品应在自出口放行之日起 1 年内退运进境。企业首先需要向拟开展业务的现场海关提出申请，然后通过中国国际贸易单一窗口或跨境电商通关服务平台向海关提交退货申请，退货申请的商品种类、数量等不得超出原出口清单的范围。

（2）进口业务操作。跨境电商进口企业通过跨境电商交易平台或直营网站向境内买家出售商品，确定订单后，将包裹通过邮件、快件等方式办理海关清关手续，并派送至境内买家手中。具体分为五个阶段：企业备案/注册、形成交易数据、海外仓发货到境内、进口报关、境内配送，如图 5-6 所示。

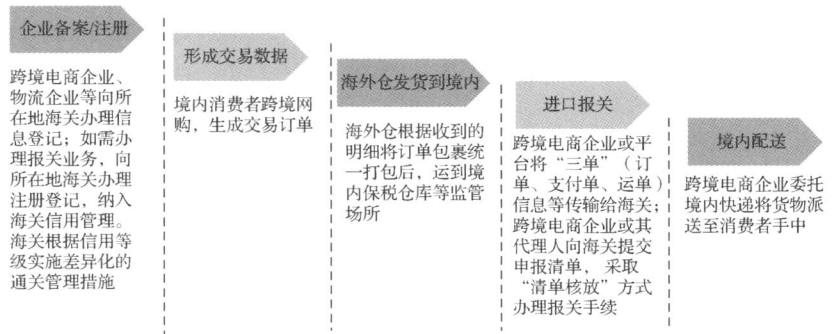

图 5-6　9610 模式进口业务流程

三、跨境电商 B2B 通关

跨境电商 B2B 通关主要有 9710（跨境 B2B 直接出口）、9810（跨境 B2B 出口海外仓）两种模式，基本业务流程如图 5-7 所示。跨境电商 B2B 出口货物适用全国通关一体化，企业可以选择向属地海关进行申报，货物在口岸地海关进行验放，海关对跨境电商 B2B 出口货物可优先安排查验，企业在物流及海关查验方面可享受较大便利。

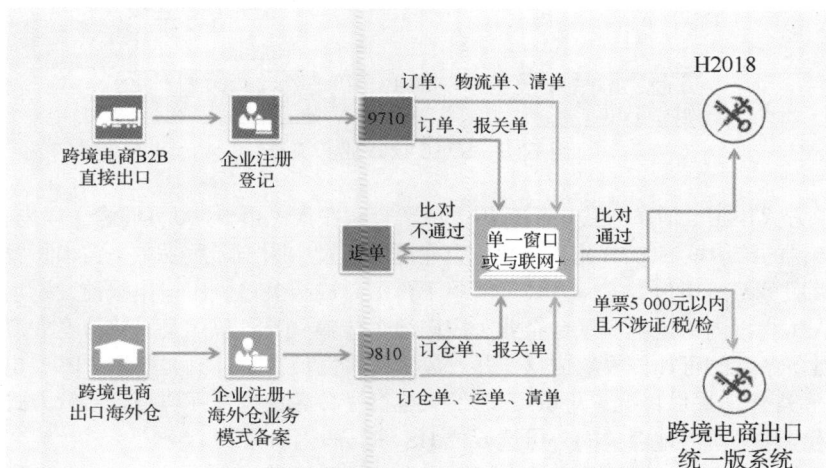

图 5-7　跨境电商 9710/9810 通关流程

（一）9710 模式通关

1. 含义

根据海关总署公告 2020 年第 75 号，9710 全称为"跨境电子商务企业对企业直接出口"，简称"跨境电商 B2B 直接出口"。跨境电商 B2B 直接出口模式是指境内企业通过跨境物流将货物运送至境外企业或海外仓，并通过跨境电商平台完成交易的贸易形式。境内企业通过跨境电商平台（如阿里巴巴国际站等）开展线上商品、企业信息展示，并与境外企业建立联系，在线上或线下完成沟通、下单、支付、履约流程，实现货物出口。

2. 功能与适用范围

9710 模式将企业零散、小单、流动的出口交易变得简单化，并且新增了便捷申报通道，使出口企业申报更为便捷，通关成本进一步降低，有利于降低中小企业参与国际贸易的门槛，获得新外贸用户，抢占新市场，衍生新服务。9710 模式适用于跨境电商 B2B 直接出口的货物，境内企业通过跨境电商平台与境外企业达成交易后，通过跨境物流企业将货物直接出口送达境外企业，并根据海关要求传输相关电子数据，接受海关监管。

3. 业务操作

跨境电商企业在阿里巴巴国际站等跨境电商 B2B 平台上传商品，待形成订单后，委托物流企业、出口代理企业或外贸综合服务企业等第三方机构提交"三单"（订单、支付单、运单）信息给跨境电商综合服务平台；待平台校验信息成功后，推送报关信息给海关审核，海关审核通过后放行；商品通过国际物流运输至目的地完成进口清关，然后交付给境外企业。

9710 模式分清单和报关单两种方式申报，业务流程如图 5-8 所示。

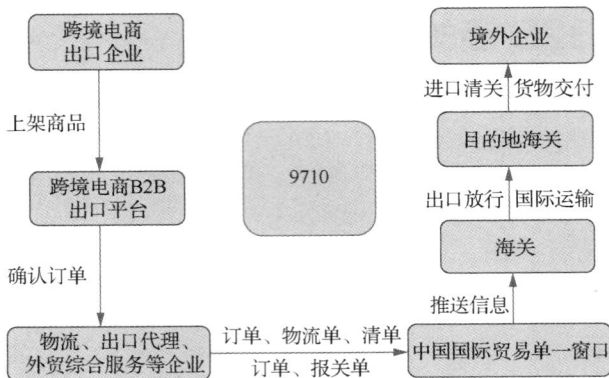

图 5-8　9710 模式业务流程

（1）清单方式申报。清单方式申报适用于单票金额在人民币 5 000 元（含）以内，且不涉证、不涉检、不涉税的跨境电商 B2B 出口货物。企业可以通过中国国际贸易单一窗口货物申报系统或跨境电商通关服务系统申报，这一方式下清单不再汇总成报关单。出口申报前，跨境电商出口企业或其代理人（含境内跨境电商平台企业）应向海关传输交易订单信息，物流企业应向海关传输物流信息，具备条件的可加传收款信息，并对数据真实性负责。订单类型为 "B"，电商平台代码（针对境外平台等无法提供情况）可填写 "无"，电商平台名称按实际填写，监管方式为 "9710"。申报的海关为综试区所在地海关的，可选 6 位 HS 编码简化申报。

（2）报关单方式申报。报关单方式申报适用于单票金额超过人民币 5 000 元，或涉证、涉检、涉税的跨境电商 B2B 出口货物。企业应通过中国国际贸易单一窗口货物申报系统申报。出口申报前，跨境电商出口企业或其代理人（含境内跨境电商平台企业）应向海关传输交易订单或海外仓订仓单信息，具备条件的可加传收款信息，并对数据真实性负责。订单类型为 "B"，电商平台代码（针对境外平台等无法提供情况）可填写 "无"，电商平台名称按实际填写，报关单的贸易方式代码为 "9710"，海关为试点关区，报关单的随附单证类别代码 10000004（跨境电商 B2B 出口单证）填写电商订单编号。在报关单的申报环节进行报关单（表头与表体）与订单比对校验，报关单可按现有方式录入，也可以选择跨境电商通道导入。

（二）9810 模式通关

1. 含义

根据海关总署公告 2020 年第 75 号，9810 全称为 "跨境电子商务出口海外仓"，简称 "跨境电商出口海外仓"。跨境电商出口海外仓模式，即跨境电商 B2B2C 出口模式，是指境内企业通过跨境物流将货物以一般贸易方式批量出口至海外仓，经跨境电商平台完成线上交易后，货物再由海外仓送至境外消费者手中的一种货物出口模式。

2. 功能与适用范围

9810 模式通过海外仓前置备货，物流配送时效更快，物流成本更低，退换货等售后更有保障，有利于提高跨境电商零售出口整体运行效率。开展跨境电商出口海外仓业务的企业，还应在海关办理出口海外仓业务模式备案。办理备案时，企业应向海关提交跨境电商海外仓出口企业备案登记表及跨境电商海外仓信息登记表，同时提供海外仓所有权文件（自有海外仓）、海外仓租赁协议（租赁海外仓）或其他可证明有海外仓使用权的相关证明材料（如海外仓入库信息截图、海外仓货物境外线上销售相关信息）。

知识园地

跨境电商海外仓
出口企业备案
登记表和跨境电商
海外仓信息登记表

3. 业务操作

　　跨境电商企业根据经营备货需要，确认备货订单，委托物流企业、出口代理企业或外贸综合服务企业等第三方机构提交"三单"信息给跨境电商综合服务平台；待平台校验信息成功后，推送报关信息给海关审核，海关审核通过后放行；货物通过国际物流运输至目的地进口清关后，进入海外仓；出口企业根据海外仓入仓情况将货物上架至跨境电商B2C平台，待产生订单后，通知海外仓发货给境外消费者；如果有退换货发生，海外仓将根据出口企业指令完成相关操作。9810模式分清单和报关单两种方式申报，业务流程如图5-9所示。

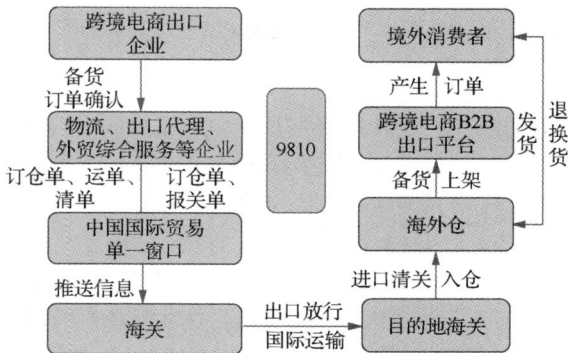

图 5-9　9810 模式业务流程

　　（1）清单方式申报。清单方式申报适用于单票金额在人民币 5 000 元（含）以内，且不涉证、不涉检、不涉税的跨境电商 B2B 出口货物。企业可以通过中国国际贸易单一窗口货物申报系统或跨境电商通关服务系统申报，清单不再汇总或报关单。出口申报前，跨境电商出口企业或其代理人（含境内跨境电商平台企业）应向海关传输海外仓订仓单信息，物流企业应向海关传输物流信息，具备条件的可加传收款信息，并对数据真实性负责；订单类型为"W"，电商平台代码填写"无"，电商平台名称填写海外仓名称，备注填写海外仓地址，监管方式为"9810"，收发货人（电商企业）或生产销售单位提前在海关完成申报关区和海外仓业务备案。申报的海关为综试区所在地海关的，可选 6 位 HS 编码简化申报。

　　（2）报关单方式申报。报关单方式申报适用于单票金额超过人民币 5 000 元，或涉证、涉检、涉税的跨境电商 B2B 出口货物。企业应通过中国国际贸易单一窗口货物申报系统申报。出口申报前，跨境电商出口企业或其代理人（含境内跨境电商平台企业）应向海关传输交易订单或海外仓订仓单信息，具备条件的可加传收款信息，并对数据真实性负责。合同、发票、装箱单等报关单随附单证可不传输。订单类型为"W"，电商平台代码填写"无"，电商平台名称填写海外仓名称，备注填写海外仓地址，报关单上的贸易方式代码为"9810"，申报的海关为试点关区。

　　企业应通过中国国际贸易单一窗口或"互联网+海关"的跨境电商通关服务系统向海关提交申报数据、传输电子信息。其中，跨境电商 B2B 出口有关电子信息报文沿用跨境服务系统现有 B2C 接入通道模式，支持 B2B 出口报关单报文导入；货物申报系统支持 B2B 出口报关单按现有模式录入或导入。报关单的随附单证类别代码 10000004（跨境电商 B2B 出口单证）填写海外仓订仓编号。在报关单的申报环节进行报关单（表头与表体）与订单比对校验，报关单可按现有方式录入或导入，也可以选择跨境电商通道导入。

　　跨境电商企业或其代理人通过跨境电商通关服务系统或货物申报系统向海关申报出口报关单，系统对企业资质及申报内容进行逻辑校验，校验通过的向 H2018 通关管理系统申报报关单。

（三）1039 模式通关

1. 含义

　　根据海关总署公告 2014 年第 54 号公告，1039 全称为"市场采购贸易方式"。市场采购贸易方式是指由符合条件的经营者在经国家商务主管部门等认定的市场集聚区内采购的、单票报关单商品货值 15 万（含 15 万）美元以下，并在采购地办理出口商品通关手续的贸易方式。

2. 功能与适用范围

　　1039 模式为小商品便捷出口提供了一条合法通道，既有利于激发国际市场潜在的需求，扩大中国小商品的国际市场覆盖面，又有利于激发中小微企业的生产潜力。同时，市场采购贸易方式的增值税免征免退、便利化通关及允许多主体收汇的优势，不仅推动了关、税、汇全面改革创新，促进专业市场外贸转型升级，更促进与"一带一路"共建国家和地区的贸易畅通、资金融通、民心相通。

1039 模式自 2013 年在浙江义乌试点以来，先后分 6 批增至 39 个试点城市，覆盖 21 个省（自治区、直辖市）。除了国家禁止或限制出口的商品、未经市场采购商品认定体系确认的商品、贸易管制主管部门确定的其他不适用市场采购贸易方式的商品以外，都可以通过 1039 模式出口，且单票报关单货值不超过 15 万美元。

3. 业务操作

1039 模式仅针对出口业务，业务操作包括六个阶段。

（1）市场采购备案。备案分为主体备案和商品备案。从事市场采购贸易的对外贸易经营者，应当向市场集聚区所在地商务主管部门办理市场采购贸易经营者备案登记，并按照海关相关规定在海关办理进出口货物收发货人备案。商品备案需要供货商通过市场采购贸易联网信息平台（简称"信息平台"）申报供货商品信息，原则上不在商务主管部门明确的不适用市场采购贸易方式出口的商品目录范围内的商品均可通过市场采购贸易方式出口。

（2）交易登记。市场采购贸易的对外贸易经营者与外商签订采购合同后，应通过信息平台在规定时限内申报出口商品采购地、供货商、采购商、代理商、交易情况等信息，供货商、市场采购贸易的对外贸易经营者对其申报商品的真实性、合法性承担责任。

（3）组货装箱。组货装箱操作即实现属地商品认定功能。

（4）报关申报。报关报检可以同步进行。在采购地实施检验检疫的市场采购贸易出口商品，可在出口申报前向采购地海关提出检验检疫申请。通过信息平台，可共享使用组货装箱信息进行预报关操作，无须二次录入即可发送至海关报关系统，可有效提高报关效率。

以市场采购贸易方式出口的商品应当在采购地海关申报，单票报关单的货值最高限额为 15 万美元。每票报关单对应的商品清单所列品种在 5 种以上的，可按以下方式实行简化申报。

货值排名前 5 的商品，按货值从高到低在出口报关单上逐项申报；其余商品以《中华人民共和国进出口税则》中"章"为单位进行归并，每"章"以价值最大商品的税号作为归并后的税号，货值、数量等也相应归并。有下列情形之一的商品不适用简化申报：①需征收出口关税的；②实施检验检疫的；③海关另有规定不适用简化申报的。

（5）免税管理。以市场采购贸易方式出口的商品，实行增值税免税政策。对外贸易经营者应在商品报关出口次月的增值税纳税申报期内，通过信息平台和金税四期系统在线提交增值税免税申请，核准后即免除相关增值税。

（6）收结汇操作。市场采购贸易方式允许采用人民币结算，允许出口外贸公司、市场供货商、境外采购商、采购中介等贸易主体开立外币结算账户，支持结汇个人通过互联网自助办理结汇业务，既方便根据汇率选择结汇时点，又提高了结汇的便利性。

四、跨境电商 C2C 通关

跨境电商 C2C 通关模式主要是指行邮模式。行邮模式即个人物品清关模式，是指个人的包裹、小包邮件及印刷品等物品通过邮政渠道和快递渠道通关。进出境个人邮递物品，应当以自用、合理数量为限，并接受海关监管。超出自用、合理数量的物品不能以行邮模式通关。个人邮寄进境物品，海关依法征收行邮税，但单个包裹内物品价值不超过 1 000 元人民币的（港澳台地区为 800 元），应征进口税税额在人民币 50 元（含 50 元）以下的，海关予以免征；超过限额的，将按照实际税额征收行邮税。跨境电商行邮模式主要针对进口业务，不设海关监管方式代码，适合个人买家、海淘卖家和转运公司。有些跨境电商商品如果不在正面清单内，是可以走个人物品清关的，但前提是要满足个人物品清关的要求，必须属于个人合理自用范围。

（一）邮政渠道通关

邮政渠道物品通关流程如图 5-10 所示。整批包裹入关时，邮政企业拆开邮袋后向海关提交邮件详细信息（已预申报邮件详细信息的除外）。海关对邮件申报信息的审核分为系统自动审核和人工审核两种。海关通过现场巡查、过机检查、重点开拆查验等方式对邮件进行查验。海关查验主要针对个人物品是否单货一致，是否涉证、涉税、涉检、侵权等，对于查验无异常、不涉税的个人物品立即放行，对于有异常情况或涉税的物品按规定进行分流处置。

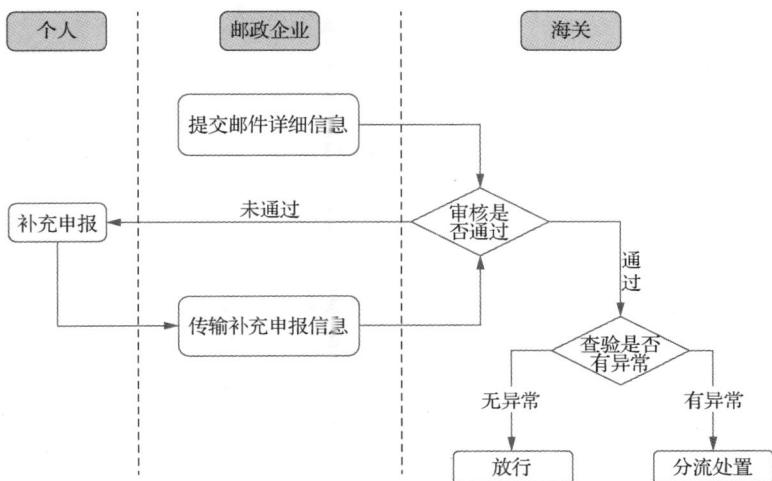

图 5-10 邮政渠道物品通关流程

素质提升：创新精神　　**全国首批行邮税电子缴库在广东珠海成功试点开通**

2021 年 8 月 23 日晚，全国首批行邮税电子缴库在拱北海关港珠澳大桥口岸成功缴纳，珠海国库收到该笔 699.4 元税款后按有关流程办理了入库手续，实现了行邮税全程电子直缴入库。依托中国人民银行开发的财关库银横向联网系统（TIPS），纳税人可通过手机银行、支付宝、云闪付等方式自助缴纳行邮税，实现税款电子缴库，极大方便了纳税人，提高了旅客通关速度。

行邮税电子缴库依托 TIPS，实现海关、国库、银行等机构之间的横向联网，使海关税费电子信息能够在各联网终端之间得到高效自动传输和处理，进而实现行邮税征缴入库全流程电子化，既提高了税款入库效率，又节省了征缴成本。

【请思考】（1）采用行邮模式进口商品，什么情况下需要缴纳行邮税？
　　　　　（2）采用行邮模式进口商品有哪些限制？

（二）快递渠道通关

快递渠道物品通关流程主要有申报—审核—查验—放行 4 个环节，如图 5-11 所示。

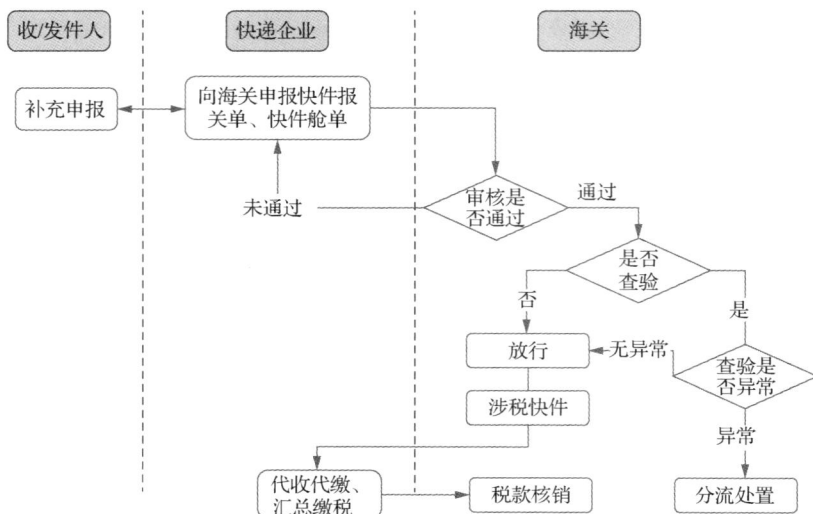

图 5-11　快递渠道物品通关流程

1. 申报

快递企业应向海关传输或递交进出境快件舱单或报关单，海关确认无误后接受申报。进出境快件分文件类（A 类）、个人物品类（B 类）和货物类（C 类）三类。A 类快件需要提交报关单、总运单（复印件）和海关需要的其他单证。B 类快件需要提交报关单、每一进出境快件的分运单、进境快件收件人或出境快件发件人身份证复印件和海关需要的其他单证。B 类快件的限量、限值、税收征管等事项应当符合海关总署关于邮递进出境个人物品相关规定。C 类快件需要提交报关单、代理报关委托书（或委托报关协议）、每一进出境快件的分运单、发票和海关需要的其他单证。C 类快件进出境的监管方式为"一般贸易"或者"货样广告品 A"，征免性质为"一般征税"，征减免税方式为"照章征税"。进境快件的收件人应自运输工具申报进境之日起 14 日内向海关申报，出境快件的发件人应在运输工具离境 3 小时之前向海关申报。

2. 审核

海关对快递企业提交的报关资料进行审核，对报关单信息和运抵报关信息进行符合性审查。如果数据相符且不涉及查验，立即放行。如果涉及查验，则进入查验环节。

3. 查验

海关在专门监管场所内查验进出境快件时，快递企业应派人到场，并负责进出境快件的搬移、开拆和重封包装。海关对进出境快件中的个人物品实施开拆查验时，快递企业应通知进境快件的收件人或出境快件的发件人到场；收件人或发件人不能到场的，快递企业应向海关提交其代理委托书，并承担相应法律责任。海关认为必要时，可对进出境快件予以径行开验、复验或者提取货样。

4. 放行

进出境快递物品无须查验或查验无异常的，即刻放行。查验有异常的，海关根据查验情况进行分流处置，分别施加征税放行、暂存待处置、退运、移交缉私或销毁等处置措施。海关放行后，对需要征收行邮税的物品，由快递企业以"代收代缴、汇总缴税"的形式向海关缴纳。

五、跨境电商监管模式对比与选择

（一）跨境电商监管模式对比

9610 是境内企业直邮物品到境外消费者手中。0110 是中国境内有进出口经营权的企业按一般贸易方式单边进口或单边出口货物，主要指境内企业与境外企业通过传统贸易方式达成交易。9710 是境内企业通过跨境电商平台与境外企业达成交易后，通过跨境物流将货物直接出口送达境外企业。9810 是境内企业先将出口货物通过跨境物流送达海外仓，通过跨境电商平台实现交易后从海外仓送至境外消费者手中。1210 相当于境内企业把生产出的货物存放在海关特殊监管区域或保税监管场所仓库中，之后按照订单由仓库发给境外消费者。1039 是在经批准的市场聚集区内以市场采购贸易方式进行跨境贸易。具体对比情况见表 5-1 至表 5-4。

表 5-1　跨境电商 B2B 出口与一般贸易出口的区别

项目	跨境电商 B2B 出口	一般贸易出口
企业实现交易方式	均通过线上跨境电商平台实现交易	主要采取线下方式实现交易
海关监管方式代码	跨境电商 B2B 直接出口：9710 跨境电商出口海外仓：9810 跨境电商小商品出口：1039	0110
随附单证	企业向海关传输订单、海外仓订仓单、物流信息等电子数据	企业向海关传输委托书、发票、箱单、合同等单证
简化申报措施	在综试区所在地海关通过跨境电商出口统一版通且无须出口退税的清单，可申请按 6 位 HS 编码进行简化申报	目前暂无相应的简化申报措施
查验和物流管理	适用全国海关通关一体化，同时可采用"跨境电商"模式办理转关，优先安排查验	按现有规定办理通关手续

表 5-2　跨境电商 B2B 出口与跨境电商 B2C 出口的区别

项目	跨境电商 B2B 出口	跨境电商 B2C 出口
境外购买方	境外购买方为企业或直接出口到海外仓	境外购买方为个人
海关监管方式代码	跨境电商 B2B 直接出口：9710 跨境电商出口海外仓：9810 跨境电商小商品出口：1039	跨境贸易电子商务：9610 保税跨境贸易电子商务：1210 保税跨境贸易电子商务A：1239
申报政策	跨境电商 B2B 企业申报清单且不涉及出口退税的，可按 6 位 HS 编码简化申报	综试区跨境电商出口企业获得"汇总统计"资质后，跨境电商零售出口清单商品可按 4 位 HS 编码简化申报
查验优先次序	可优先派单，优先查验	正常查验

表 5-3　跨境电商进口监管模式区别

项目	9610	1210	1239
首次进口要求	不执行有关商品首次进口许可批件、注册或备案要求。按照个人自用进境物品进行监管，但明令暂停进口的疫区商品和存在重大质量安全风险的商品除外		跨境电商零售进口商品清单中的商品免于向海关提交许可证件，"一线"进区时须按货物监管要求执行，首次进口可能需要许可批件、注册或备案，"二线"出区时参照个人物品监管要求执行
范围限制	原则上任何城市都可以开展，没有实施城市限制	截至 2022 年年底，仅支持在全国 86 个试点城市及海南全岛的海关特殊监管区域（含综合保税区、保税港区、保税区等）或保税物流中心（B 型）内试点	支持在试点城市之外的海关特殊监管区域或保税物流中心（B 型）开展

续表

项目	9610	1210	1239
物流方式	商品一般通过航空等国际物流运输至境内海关监管作业场所，运输时间较长，订单配送时间较长	商品一般通过海运方式批量运至海关特殊监管区域或物流中心，待境内消费者下单后，再运送给消费者，响应订单快，运输时间短，综合运费低	
入境后暂存地点	在海关监管作业场所内暂存	商品进口后作为保税货物存储在特殊区域或物流中心，存放时间可能长达数月	
退货手续	涉及国际物流运输、国外海关清关等业务场景，耗时较长	因备货及物流等在境内进行，退货手续简单	
商品范围	跨境电子商务零售进口商品清单范围内商品		
消费限额	消费者单次消费不超过 5 000 元，年度消费不超过 26 000 元		
税收政策	在限值以内进口的跨境电商零售进口商品，关税税率为 0%；进口环节增值税、消费税暂按法定应纳税额的 70%征收		

表 5-4　9610 模式进口与行邮模式进口的区别

通关模式	商品范围	交易限额	征收税费	申报
9610 模式	正面清单范围内（国家禁止邮递入境的除外）	每年 26 000 元限额，单笔小于 5 000 元	征收跨境电商综合税，无免征额	"四单"信息（支付单、运单、订单和清单）
行邮模式	无（国家禁止邮递入境的除外）	年度无限额，单笔少于 1 000 元（港澳台地区为 800 元）	征收行邮税，进口税税额在 50 元及以下免征	入境快件申报清单或入境邮件信息

（二）跨境电商监管模式选择

企业在选择监管模式时需要结合企业所在区域、业务类型、经营范围等因素进行综合考虑。

一是企业所在区域。如果企业在自贸试验区、跨境电商综试区、综合保税区、进口贸易促进创新示范区、保税物流中心（B 型）所在城市（及区域），可以选择 1210 模式进行跨境电商进出口业务。不在上述地区的企业可以选择 1239 模式。企业在经国家商务主管部门等认定的市场集聚区内，可以选择 1039 进行跨境电商出口业务。

二是业务类型。如果业务类型是 B2B 业务，企业可以选择 9710、9810、0110、1039 模式，并根据企业是否设立海外仓进一步选择 9710 模式或者 9810 模式；如果业务类型是 B2C 业务，那么企业可以选择 9610、1210、1239 模式，再结合海关监管场所是监管作业场所还是特殊监管区域进一步选择合适的监管模式；如果跨境电商业务是 C2C 业务，那么可以考虑行邮模式。同样，如果业务类型是进口业务，那么可供选择的监管模式有 9610、1210、1239 等；如果业务类型是出口业务，则可选择 9610、9710、9810、1210、1039、0110 等监管模式。

三是经营范围。若经营范围被纳入正面清单管理，则企业可以选择 9610、1210 等监管模式。如果跨境电商零售进口商品属于正面清单管理中"仅限网购保税商品"，则可以选择 1210 模式。若跨境商品不属于正面清单管理的范畴，且属于负面清单，则可以采用 0110、9610、9710、9810 及行邮模式。

此外，对于个人进境物品，可以考虑以 9610 模式申报进境，也可以选择用行邮模式申报入境。

测试与实训

项目测试

一、单选题

1. 在跨境电商零售进口业务中，消费者年度消费额度是（　　）元。
   A. 2 500　　　　　B. 5 000　　　　　C. 26 000　　　　　D. 50 000

2. 跨境电商所有业务中，可以按照"章"进行归并申报的业务模式是（　　）。
   A. 9610　　　　　B. 1039　　　　　C. 1239　　　　　D. 9810

3. 跨境电商零售进口业务类型适用的海关监管方式不包括（　　）。
   A. 0110　　　　　B. 9610　　　　　C. 1210　　　　　D. 1239

4. 海关监管的对象不包括（　　）。
   A. 货物　　　　　B. 运输工具　　　　C. 行李物品　　　　D. 人

5. 企业对企业的电子商务简称为（　　）。
   A. B2B　　　　　B. C2C　　　　　C. O2O　　　　　D. B2C

6. 我国最早开始探索市场采购模式的地方是（　　）。
   A. 浙江义乌　　　　　　　　　　　B. 江苏海门叠石桥国际家纺城
   C. 广东中山市利和灯博中心　　　　D. 新疆阿拉山口亚欧商品城

7. 跨境电商 1210 模式进口业务中，核注清单（进口）的监管方式和报关标志是（　　）。
   A. 监管方式为"一般贸易"，报关标志是"报关"
   B. 监管方式为"一般贸易"，报关标志是"非报关"
   C. 监管方式为"保税电商"，报关标志是"报关"
   D. 监管方式为"保税电商"，报关标志是"非报关"

8. 跨境电商零售出口商品向海关传输的单据信息不包括（　　）。
   A. 订单　　　　　B. 保险单　　　　C. 运单　　　　　D. 支付单

9. 1210 模式下填制出口报关单时，境内发货人应该填（　　）。
   A. 电商企业　　　　B. 物流企业　　　C. 仓储企业　　　D. 生产企业

10. 跨境电商特殊区域出口海外仓零售的监管代码是（　　）。
    A. 9610　　　　　B. 1210　　　　　C. 9710　　　　　D. 9810

二、多选题

1. 下列参与跨境电商业务的企业中，应当向海关办理注册登记的有（　　）。
   A. 跨境电商企业　　　　　　　　　B. 物流企业
   C. 支付企业　　　　　　　　　　　D. 跨境电商平台企业

2. 海关的基本任务有（　　）。
   A. 征收税费　　　　B. 监督管理　　　C. 海关统计　　　D. 查缉走私

3. 以下跨境电商通关模式中，属于出口通关模式的有（　　）。
   A. 9610　　　　　B. 9710　　　　　C. 9810　　　　　D. 1239

4. 适用 9810 模式申报的，应具备（　　）等条件。
   A. 货值低于 5 000 元　　B. 货物不涉证　　C. 货物不涉检　　D. 货物不涉税

5. 跨境电商通关"三单对碰"中的"三单"有（　　）。
   A. 订单　　　　　B. 运单　　　　　C. 支付单　　　　D. 报关单

6. 下列海关监管模式中适用清单报关和报关单报关的有（　　　）。

    A. 9610   B. 1210   C. 9710   D. 9810

7. 下列由物流企业申报的单证有（　　　）。

    A. 订单   B. 运单   C. 清单总分单   D. 离境单

8. 下列由跨境电商企业申报的业务单证有（　　　）。

    A. 订单   B. 清单   C. 汇总申请单   D. 支付单

9. 根据交易对象的不同，跨境电商主要分为（　　　）等类型。

    A. B2B   B. C2B   C. B2C   D. B2B2C

10. 海关特殊监管区域包括（　　　）。

    A. 综合保税区   B. 自由贸易区   C. 保税港区   D. 出口加工区

三、判断题

1. 在海关进行备案登记的企业就可以从事跨境电商进出口业务。（　　　）

2. 跨境电商零售进口商品都可以按照 9610 模式进行直购进口。（　　　）

3. 小吴从亚马逊上购买了 2 个价值共 300 美元的电子书阅读器，商品通过邮政快递到达境内后，小吴可凭个人身份证直接提取货物。（　　　）

4. 跨境电商零售进出口商品在申报前，跨境电商企业或其代理人、物流企业应当如实向海关传输"三单"信息。"三单"是指报关单、支付单和物流单。（　　　）

5. 我国跨境电商零售进口税收政策：在限值以内进口跨境电商零售进口商品，关税税率暂设为 0%；进口环节消费税、增值税暂按法定应纳税额的 70%征收。（　　　）

6. 只有在正面清单里面的跨境电商商品，才能以跨境电商模式出口。（　　　）

7. 跨境电商零售进口业务中消费者的个人年度消费限额为 26 000 元。（　　　）

8. 跨境电商出口，只有订单、运单、清单申报通过后才能申报运抵单。（　　　）

9. 跨境电商零售出口申报中，由物流企业向海关申报运抵单。（　　　）

10. 在跨境电子商务综合试验区内的电商企业通过出口统一版系统按 9610 申报，符合条件可按 6 位 HS 编码简化申报。（　　　）

四、简答题

1. 简述海关的基本职能。

2. 简述跨境电商 B2B 通关模式。

3. 简述跨境电商 B2C 通关模式。

4. 简述跨境电商 1210 模式与 1239 模式的区别。

5. 简述市场采购贸易模式的业务流程。

项目实训

一、跨境电商零售进口商品清单管理

对照跨境电商正面清单，判断商品是否属于跨境电商商品，并补全任务工单 5-1。

任务工单 5-1　跨境电商零售进口商品清单管理

HS 编码	商品描述	限制性要求
20095000		
	龙舌兰酒	
95061100		
	人参面霜	
17019100		
	水银体温计	

二、跨境电商通关调研

以小组为单位（每组 3～5 人），通过实地调研、网络调研、资料收集、文献阅读等方式，调研学校所在地区跨境电商通关模式，重点针对跨境电商 B2B、B2C 通关模式等进行调研，将其分布情况、基本介绍、主要功能、涉及区域、优势等填入任务工单 5-2，并选择一个典型跨境电商通关模式用 PPT 展开介绍。

任务工单 5-2　跨境电商物流网络调研

小组名称			完成日期		
通关模式	分布情况（有/无）	基本介绍	主要功能	涉及区域	优势
1210					
1239					
9610					
9710					
9810					
1039					
0110					
行邮模式					
小组总结					

三、填写跨境电子商务零售进口商品申报清单

消费者 A 通过亚马逊平台向港珠澳电子商务公司（海关代码为 4404G43256，统一社会信用代码为 91440400797791341W）订购了一支×××洁面乳（125 毫升/支）。港珠澳电子商务公司通过航空运输方式将商品从法国巴黎运往广州白云国际机场，并委托港珠澳 A 物流公司（海关代码为 4404W76532，统一社会信用代码为 91440400AN77914578）转关申报进境（运单号为 440411314520008888）。该商品被存放在跨境工业区的保税仓库（物流账册为 T4404W000008），由港珠澳 A 物流公司申报出区后，由快递公司送至境内消费者 A 手中。商品信息如表 5-5 所示。

表 5-5　商品信息

序号	订单编号	商品名称	商品编码	规格型号	毛重/克	净重/克	成交单位	单价	币种
118	88886548	×××洁面乳	33049900	洁面乳	131	125	支	15	美元

航班号：CZ5326　　　　　　日期：2022-12-21　　　　预录入编号：579120221000001314

主运单号：78445346698　　条形码：88716578899

料号：880044049988　　　清单编号：QD5791221000001234

请根据贸易背景资料，填写跨境电子商务零售进口商品申报清单。

任务工单 5-3　　中华人民共和国海关跨境电子商务零售进口商品申报清单

清单详细信息						
预录入编号		海关清单编号		申报类型	业务状态	
企业内部编号		申报口岸		进口口岸	入库时间	
电商企业代码		电商企业名称		电商平台代码	电商平台名称	
物流企业代码		物流企业名称		物流运单编号	订单编号	
区内企业代码		区内企业名称		账册编号	监管场所代码	
订购人		订购人证件类型		订购人证件号码	订购人电话	
启运国（地区）		许可证号		收货人地址		
运输方式		运输工具编号		航班航次号	提运单号	
运费		保费		币值	担保企业编号	
包装种类		件数		净重（kg）	毛重（kg）	
贸易方式		核注状态		备注		
清单表体信息						
商品序号		企业商品名称		商品编码	规格型号	
商品货号		商品名称		条码	原产国（地区）	
贸易国（地区）		数量		计量单位	法定数量	
法定计量单位		第二法定数量		第二计量单位	单价	
总价		币值		账册备案料号	备注	

巩固拓展

📖 敲黑板

1. 海关是根据国家法令，对进出关境的运输工具、货物、行李物品、邮递物品和其他物品进行监督管理，征收关税和其他税费、出入境检验检疫、查缉走私和编制海关统计的国家行政管理机关，一般设立在国家对外开放的口岸和海关监管业务集中的地点。

2. 跨境电商通关相关企业共 5 种类型，分别为跨境电商企业、跨境电商企业境内代理人、跨境电商平台企业、支付企业、物流企业。

3. 跨境电商平台企业、物流企业、支付企业等参与跨境电商零售进口业务的企业，应当向所在地海关办理备案登记。

4. 国家对跨境电商零售进口实施正面清单管理，非清单内商品不得以跨境电商零售进口方式入境销售。

5. 美国清关需要具备美国收货人的税号和保证金，还需准备委托书；欧盟清关需要拥有经营者注册号及纳税人识别号，签署委托书，可以递延清关。

6. 跨境电商 B2C 通关模式包含 1210、1239、9610 三种模式，其中 9610、1210 均有跨境电商进口和出口业务，1239 模式仅有进口业务。

7. 跨境电商 B2B 通关模式主要有 9710、9810 和 1039 模式。

📖 案例拓展

截至 2022 年年底，国务院批准设立的跨境电商综试区，已覆盖全国 31 个省（自治区、直辖市），开展跨境电商网购保税进口、特殊区域出口、直购进出口、跨境电商 B2B 出口等监管模式，实施清单申报核放、出口简化申报、创新退货监管等便利化监管措施。2020 年以来，海关总署增列跨境电商 B2B 直接出口（9710）、跨境电商出口海外仓（9810）等海关监管方式，为试点企业配套"一次登记、一点对接、优先查验、允许转关、便利退货"等通关便利措施；开发金关二期"跨境电商出口账册""跨境电商海外仓账册"等两种类型账册，规范跨境电商特殊区域出口业务。

【请思考】（1）我国在跨境电商通关监管方面有哪些创新实践？

（2）跨境电商监管模式的不断创新将为关务从业人员带来哪些挑战？

📖 项目实践

请调研所在城市企业跨境电商通关情况，分析跨境电商通关模式、主营业务、岗位需求、工作任务等，完成所在城市跨境电商通关发展调研报告。

学习笔记